부수명칭(部首名稱)

	1 획				
一	한 일	大	큰 대	木	나무 목
丨	뚫을 곤	女	계집 녀	欠	하품 흠
丶	점 주(점)	子	아들 자	止	그칠 지
丿	삐칠 별(삐침)	宀	집 면(갓머리)	歹(歺)	뼈앙상할 알(죽을사변)
乙(乚)	새 을	寸	마디 촌	殳	칠 수 (갖은등글월문)
亅	갈고리 궐	小	작을 소	毋	말 무
	2 획	尢(兀)	절름발이 왕	比	견줄 비
二	두 이	尸	주검 시	毛	터럭 모
亠	머리 두(돼지해머리)	屮(屮)	싹날 철	氏	각시 씨
人(亻)	사람 인(인변)	山	메 산	气	기운 기
儿	어진사람 인	巛(川)	개미허리(내 천)	水(氵)	물 수(삼수변)
入	들 입	工	장인 공	火(灬)	불 화
八	여덟 팔	己	몸 기	爪(爫)	손톱 조
冂	멀 경(멀경몸)	巾	수건 건	父	아비 부
冖	덮을 멱(민갓머리)	干	방패 간	爻	점괘 효
冫	얼음 빙(이수변)	幺	작을 요	爿	조각널 장(장수장변)
几	안석 궤(책상궤)	广	집 엄(엄호)	片	조각 편
凵	입벌릴 감 (위터진입구)	廴	길게걸을 인(민책받침)	牙	어금니 아
刀(刂)	칼 도	廾	손맞잡을 공(밑스물입)	牛(牜)	소 우
力	힘 력	弋	주살 익	犬(犭)	개 견
勹	쌀 포	弓	활 궁		5 획
匕	비수 비	彐(彑)	돼지머리 계(터진가로왈)	玄	검을 현
匚	상자 방(터진입구)	彡	터럭 삼(삐친석삼)	玉(王)	구슬 옥
匸	감출 혜(터진에운담)	彳	조금걸을 척(중인변)	瓜	오이 과
十	열 십		4 획	瓦	기와 와
卜	점 복	心(忄·㣺)	마음 심(심방변)	甘	달 감
卩(㔾)	병부 절	戈	창 과	生	날 생
厂	굴바위 엄(민엄호)	戶	지게 호	用	쓸 용
厶	사사로울 사(마늘모)	手(扌)	손 수(재방변)	田	밭 전
又	또 우	支	지탱할 지	疋	필 필
	3 획	攴(攵)	칠 복 (등글월문)	疒	병들 녁(병질엄)
口	입 구	文	글월 문	癶	걸을 발(필발머리)
囗	에울 위(큰입구)	斗	말 두	白	흰 백
土	흙 토	斤	도끼 근(날근)	皮	가죽 피
士	선비 사	方	모 방	皿	그릇 명
夂	뒤져올 치	无(旡)	없을 무(이미기방)	目(罒)	눈 목
夊	천천히걸을 쇠	日	날 일	矛	창 모
夕	저녁 석	曰	가로 왈	矢	화살 시
		月	달 월	石	돌 석

示(礻)	보일 시		谷	골 곡	\multicolumn{2}{c}{10 획}
內	짐승발자국 유		豆	콩 두	馬	말 마
禾	벼 화		豕	돼지 시	骨	뼈 골
穴	구멍 혈		豸	발없는벌레 치(갖은돼지시변)	高	높을 고
立	설 립		貝	조개 패	髟	머리털늘어질 표(터럭발)
\multicolumn{2}{c}{6 획}		赤	붉을 적	鬥	싸울 투
竹	대 죽		走	달아날 주	鬯	술 창
米	쌀 미		足(𧾷)	발 족	鬲	솥 력
糸	실 사		身	몸 신	鬼	귀신 귀
缶	장군 부		車	수레 거	\multicolumn{2}{c}{11 획}
网(罒·皿)	그물 망		辛	매울 신	魚	물고기 어
羊	양 양		辰	별 진	鳥	새 조
羽	깃 우		辵(辶)	쉬엄쉬엄갈 착(책받침)	鹵	소금밭 로
老(耂)	늙을 로		邑(阝)	고을 읍(우부방)	鹿	사슴 록
而	말이을 이		酉	닭 유	麥	보리 맥
耒	쟁기 뢰		釆	분별할 변	麻	삼 마
耳	귀 이		里	마을 리	\multicolumn{2}{c}{12 획}
聿	붓 율		\multicolumn{2}{c}{8 획}	黃	누를 황
肉(月)	고기 육(육달월변)		金	쇠 금	黍	기장 서
臣	신하 신		長(镸)	길 장	黑	검을 흑
自	스스로 자		門	문 문	黹	바느질할 치
至	이를 지		阜(阝)	언덕 부(좌부방)	\multicolumn{2}{c}{13 획}
臼	절구 구(확구)		隶	미칠 이	黽	맹꽁이 맹
舌	혀 설		隹	새 추	鼎	솥 정
舛(牟)	어그러질 천		雨	비 우	鼓	북 고
舟	배 주		靑	푸를 청	鼠	쥐 서
艮	그칠 간		非	아닐 비	\multicolumn{2}{c}{14 획}
色	빛 색		\multicolumn{2}{c}{9 획}	鼻	코 비
艸(艹)	풀 초(초두)		面	낯 면	齊	가지런할 제
虍	범의문채 호(범호)		革	가죽 혁	\multicolumn{2}{c}{15 획}
虫	벌레 충(훼)		韋	다룸가죽 위	齒	이 치
血	피 혈		韭	부추 구	\multicolumn{2}{c}{16 획}
行	다닐 행		音	소리 음	龍	용 룡
衣(衤)	옷 의		頁	머리 혈	龜	거북 귀(구)
襾	덮을 아		風	바람 풍	\multicolumn{2}{c}{17 획}
\multicolumn{2}{c}{7 획}		飛	날 비	龠	피리 약변
見	볼 견		食(飠)	밥 식(변)	*는 부수의 변형글자	*忄 심방(변) *扌 재방(변) *氵 삼수(변) *犭 개사슴록(변) *阝(邑) 우부(방) *阝(阜) 좌부(변)
角	뿔 각		首	머리 수		
言	말씀 언		香	향기 향		

중학 교육용 한자
900 ⊕ 고사성어
故事成語
쓰기교본

국립중앙도서관 출판예정도서목록(CIP)

중학 교육용 한자 900+고사성어 쓰기교본 /
창 [편]. -- 서울 : 창, 2016 p. ; cm
감수: 최청화, 유항미
권말부록: 부수(部首) 일람표 등
색인수록
ISBN 978-89-7453-421-9 13710 : ₩13000

한자 교본[漢字敎本]

711.47-KDC6
495.78-DDC23   CIP2016032116

중학 교육용 한자 900+고사성어 쓰기교본

2024년 09월 5일 5쇄 인쇄
2024년 09월 5일 5쇄 발행

감수자 | 최청화/유항미
펴낸이 | 이규인
펴낸곳 | 도서출판 **창**
등록번호 | 제15-454호
등록일자 | 2004년 3월 25일

주소 | 서울특별시 마포구 대흥로4길 49, 4층(용강동 월명빌딩)
전화 | (02) 322-2686, 2687 / **팩시밀리** | (02) 326-3218
홈페이지 | http://www.changbook.co.kr
e-mail | changbook1@hanmail.net

ISBN 978-89-7453-421-9   13710

정가 13,000원
*잘못 만들어진 책은 〈도서출판 **창**〉에서 바꾸어 드립니다.

*이 책의 저작권은 〈도서출판 **창**〉에 있습니다.
 저작권법에 의해 보호를 받는 저작물이므로 무단 전재와 복제를 금합니다.

중학 교육용 한자 900 + 고사성어
故事成語

최청화 · 유향미 감수

쓰기교본

F·o·r·e·w·o·r·d

간편하고 효율적인 학습을 위해

여러분은 지금 국제화 시대에 살고 있습니다. 한자는 중국 등 한자문화권 국가와의 비즈니스 관계에 따라 영어와 마찬가지로 여러분과 떼려야 뗄 수 없는 불가분의 관계입니다. 지구상에 글자를 소리글자과 뜻글자로 크게 분류한다면 소리글자가 영어라면 뜻글자는 한자입니다. 이러한 시대 상황을 고려하여 편집·제작된 '중학 교육용 한자 900+고사성어 쓰기교본'은 교육부에서 발표한 21세기 한자·한문 교육의 내실을 기하며, 새로운 교육적 전망을 확립하기 위하여 만들어졌습니다. 따라서 정부에서 정한 중학교 교육용 한자 900자와 고사성어를 능력시험의 8급~3급까지의 기초한자 및 필수한자와 핵심한자 등을 포함해서 누구나 부담없이 공부할 수 있도록 900자로 구성하였습니다. 그리고 왕초보자를 위해 필순을 넣어 쉽게 쓸 수 있도록 하였을뿐만 아니라 쓰기 연습을 넣어 한 번에 완벽하게 끝낼 수 있도록 하였으며, 또한 10년 이상 각종 시험자료에서 입증된 필수 고사성어만을 골라 함께 실었습니다. 우리 글은 상당 부분을 한자에서 유래된 말이 많이 차지하고 있어 비록 복잡하지만 공부해보면 정말 신비하고 재미있는 철학이 담겨 있다는 것을 알게 될 것입니다.

이 책의 구성을 살펴보면,
Part I 중학 교육용 한자 900(8~3급)
Part II 중학 교육용 고사성어 (8~2급)

이와 같이 중학교 교육용 기초한자는 급수별로 분류한 후, 중요도에 따라 알기 쉽게 '가나다(ㄱ, ㄴ, ㄷ)'순으로 배열·수록하였으며, 학생들이 언어생활과 전공 학습에 필요한 한자를 학습하고, 국가공인 한자자격증 시험을 준비하는 데 도움을 주고자 상용 한자 어휘의 자료를 충실히 반영하고, 그외 다양한 실생활과 학업에 필요한 한자만을 열거하였습니다. 모든 한자는 표제자(標題字)의 부수(部首), 획수(畫數), 총획수(總畫數)를 표시하여 중학교 교육용 한자만을 골라 900자와 고사성어로 구성되었습니다. 그리고 세계화에 대

F·o·r·e·w·o·r·d

비해서 완벽한 언어로 발전하기 위해 4개국어로 표기되어 누구든지 쉽게 활용할 수 있습니다. 또한 한자 어휘를 중심으로 해당 한자의 음과 뜻, 한자 어휘의 활용, 해당 어휘가 활용된 예를 제시하였으며, 중국어 간체자뿐만 아니라 일본어 약자 및 파생어 등도 함께 수록하여 한자 익히기에 도움을 주었습니다. 부록은 한자 학습에 꼭 필요한 알찬 내용만을 엄선하여 실었습니다. 꾸준히 반복하여 학습하면 많은 한자를 활용할 수 있을 것입니다.

참고로 이 책을 학습하는 데 필요한 사용기호를 살펴보면,

기본 뜻 외에 영어, 중국어, 일본어 등을 표기하고 교육용 1800 기본한자는 반대자와 상대자, 약자와 속자 등을 제시하고 영 → 영어 중 → 중국어 일 → 일본어 유 → 유의어 반 → 반의어를 표시하였습니다.

* 는 중요도를 표기했음.

〈본문설명〉

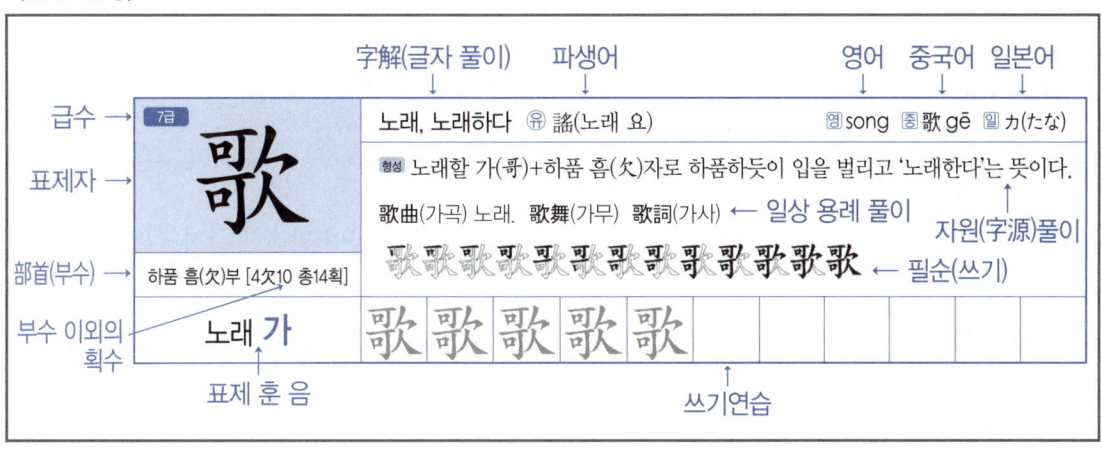

한자(漢字)에 대하여

1. 한자(漢字)의 필요성

지구상에서 한자가 통용되는 인구는 줄잡아 14억을 넘고 있다. 최근 글로벌 시대를 맞이하여 한자를 사용하고 있는 한국·중국·일본을 중심으로 한 동아시아의 경제와 문화가 급격히 부상하면서 한자 학습의 중요성이 더욱 강조되고 있다.

2. 한자(漢字)의 생성 원리

한글은 말소리를 나타내는 소리글자 즉, 표음문자(表音文字)이지만, 한자는 그림이나 사물의 형상을 본떠서 시각적으로 의미를 전달하는 뜻글자로 표의문자(表意文字)이다. 대부분의 사람들은 한자를 공부하는 데 우선 어렵다고 느껴지겠지만 한자의 기본 원칙인 육서(六書)를 익혀두고, 기본 부수풀이를 익힌다면 한자를 이해하는 데 많은 도움이 될 것이다.

(가) 한자(漢字)의 세 가지 요소

모든 한자는 고유한 모양 '형(形)'과 소리 '음(音)'과 뜻 '의(義)'의 세 가지 요소로 이루어져 있으며, 일반적으로 뜻을 먼저 읽고 나중에 음을 읽는다.

모양	天	地	日	月	山	川
소리	천	지	일	월	산	천
뜻	하늘	땅	해·날	달	메	내

(나) 한자(漢字)를 만든 원리

❶ 상형문자(象形文字) : 구체적인 사물의 모양을 본떠 만든 것.
   (예 : ◎ → 日 , ⛰ → 山 , 〰 → 川)
   日 : 해의 모양을 본뜬 글자로 '해'를 뜻한다.

❷ 지사문자(指事文字) : 그추상적인 뜻을 점이나 선으로 표시하여 발전한 글자.
   (예 : 上, 下, 一, 二, 三)

❸ 회의 문자(會意文字) : 상형이나 지사의 원리에 의하여 두 글자의 뜻을 합쳐 결합하여 새로운 뜻을 나타내는 글자.
   (예 : 日 + 月 → 明 , 田 + 力 → 男)

❹ 형성문자(形聲文字) : 상형이나 지사문자들을 서로 결합하여 뜻 부분과 음 부분 나타내도록 만든 글자.
(예 : 工 + 力 → 功)

❺ 전주문자(轉注文字) : 이미 만들어진 글자를 최대한으로 다른 뜻으로 유추하여 늘여서 쓰는 것.
(예 : 樂 → 풍류 악, 즐거울 락, 좋아할 요 惡 → 악할 악, 미워할 오)

❻ 가차문자(假借文字) : 이미 있는 글자의 뜻에 관계 없이 음이나 형태를 빌어다 쓰는 글자.
(예 : 自 → 처음에는 코(鼻 : 코 비)라는 글자였으나 그음을 빌려서 '자기'라는 뜻으로 사용.

(다) 부수(部首)의 위치와 명칭

❶ 머리(冠)ㆍ두(頭)
부수가 글자의 위에 있는 것.
대표부수: 亠, 宀, 竹, 艸(艹)

> 宀 갓머리(집면) : 官(벼슬 관)
> 艹(艸) 초두머리(풀초) : 花(꽃 화), 苦(쓸 고)

❷ 변(邊)
부수가 글자의 왼쪽에 있는 것.
대표부수: 人(亻), 彳, 心(忄), 手(扌), 木, 水(氵), 石

> 亻(人) 사람인변 : 仁(어질 인), 代(대신 대)
> 禾 벼화변 : 科(과목 과), 秋(가을 추)

❸ 발ㆍ다리(脚)
부수가 글자의 아래에 있는 것.
대표부수: 儿, 火(灬), 皿

> 儿 어진사람인 : 兄(형 형), 光(빛 광)
> 灬(火) 연화발(불화) : 烈(매울 열), 無(없을 무)

❹ 방(傍)
부수가 글자의 오른쪽에 있는 것.
대표부수: 刀(刂), 攴(攵), 欠, 見, 邑(阝)

> 刂(刀) 선칼도방 : 刻(새길 각), 刑(형벌 형)
> 阝(邑) 우부방 : 郡(고을 군), 邦(나라 방)

❺ 엄(广)

부수가 글자의 위에서 왼쪽으로 덮여 있는 것.

대표부수: 厂, 广, 疒, 虍

广 엄호(집엄) : 序(차례 서), 度(법도 도)

尸 (주검시) : 居(살 거), 局(판 국)

❻ 받침

부수가 왼쪽에서 밑으로 있는 것.

대표부수: 廴, 走, 辵(辶)

廴 민책받침(길게걸을인) : 廷(조정 정), 建(세울 건)

辶(辵) 책받침(쉬엄쉬엄갈착) : 近(가까울 근), 追(따를 추)

❼ 몸

부수가 글자를 에워싸고 있는 것.

대표부수: 凵, 口, 門

凵 위튼입구몸(입벌릴감) : 凶(흉할 흉), 出(날 출)

匸 감출혜 : 匹(짝 필), 區(구분할 구)

匚 튼입구몸(상자방) : 匠(장인 장), 匣(갑 갑)

門 문문 : 開(열 개), 間(사이 간)

囗 큰입구몸(에운담) :
四(넉 사), 困(곤할 곤), 國(나라 국)

❽ 제부수

부수가 그대로 한 글자를 구성한다.

木(나무목) : 本(근본 본), 末(끝 말)

車(수레거) : 軍(군사 군), 較(비교할 교)

馬(말마) : 驛(역마 역), 騎(말탈 기)

한자 쓰기의 기본 원칙

1. 위에서 아래로 쓴다.

위를 먼저 쓰고 아래는 나중에
工(장인 공) → 一 丁 工, 三(석 삼) → 一 二 三

2. 왼쪽에서 오른쪽으로 쓴다.

왼쪽을 먼저, 오른쪽을 나중에
川(내 천) → 丿 丿 川, 江(강 강) → 丶 丶 氵 汀 江 江

3. 가로획과 세로획이 겹칠 때에는 가로획을 먼저 쓴다.

木(나무 목) → 一 十 才 木
吉(길할 길) → 一 十 士 吉 吉 吉

4. 삐침과 파임이 만날 때에는 삐침을 먼저 쓴다.

人(사람 인) → 丿 人
文(글월 문) → 丶 亠 亣 文

5. 좌우가 대칭될 때에는 가운데를 먼저 쓴다.

小(작을 소) → 亅 小 小
水(물 수) → 亅 刁 水 水

6. 둘러싼 모양으로 된 자는 바깥쪽을 먼저 쓴다.

同(같을 동) → 丨 冂 冂 冋 同 同
固(굳을 고) → 冂 冂 冂 周 周 固

7. 글자 전체를 꿰뚫는 획은 나중에 쓴다.

中(가운데 중) → 丨 口 口 中
事(일 사) → 一 戸 戸 旦 亊 事

8. 글자를 가로지르는 획은 나중에 긋는다.

女(계집 여) → ㄑ ㄣ 女
丹(붉을 단) → ノ 几 月 丹

9. 오른쪽 위에 점이 있는 글자는 그 점을 나중에 찍는다.

犬(개 견) → 一 ナ 大 犬
伐(칠 벌) → ノ 亻 仁 代 伐 伐

10. 세로획을 먼저 쓴다.

세로획을 먼저 쓰는 경우 由(말미암을 유) → ㅣ 冂 门 由 由
둘러싸여 있지 않을 경우 王(임금 왕) → 一 丁 干 王

11. 가로획과 왼쪽 삐침일 경우, 가로획을 먼저 쓴다.

가로획을 먼저 쓸 경우 左(왼 좌) → 一 ナ 七 左 左
삐침을 먼저 쓰는 경우 右(오른 우) → ノ ナ 大 右 右

12. 책받침(辶·廴)은 나중에 쓴다.

遠(멀 원) → 十 土 吉 袁 袁 遠
建(세울 건) → ㄱ ㅋ 丰 聿 建 建

※ 받침이 있을 때 먼저 쓰는 글자 : 起(일어날 기) 題(제목 제)

영자팔법(永字八法)

영자팔법(永字八法)은 붓글씨를 쓸 때 한자의 글씨 쓰는 법을 가르치는 방법의 하나로 자주 나오는 여덟 가지 획의 종류를 '永(길 영)'자 한자 속에 쓰는 방법이다. 一(측:側)은 윗점, 二(늑:勒)는 가로획, 三(노:努)은 가운데 내리 획, 四(적:趯)는 아래 구부림, 五(책:策)는 짧은 가로획, 六(약:掠)은 오른쪽에서 삐침, 七(탁:啄)은 짧은 오른쪽 삐침, 八(책:磔)은 왼쪽에서 삐침을 설명한 것이다.

* '①~⑤'은 획순이며, '一~八'은 획의 종류 설명이다.

길 영 (물 수)부 [4水1 총5획]

차례

- 머리말   4
- 한자(漢子)에 대하여   6
- 한자(漢子)쓰기의 기본 원칙   9
- Part I 1단계 중학 교육용 한자 900   13
- Part II 2단계 중학 교육용 고사성어   195

〈부록〉

- 부수(部首) 일람표   296
- 두음법칙(頭音法則) 한자   304
- 동자이음(同字異音) 한자   305
- 약자(略字)·속자(俗字)   308
- 찾아보기(색인)   309

중학교 교육용 한자 900

중학 교육용 한자
900 ⊕ 고사성어
故事成語
쓰기교본

Part I

可 [5급]

옳다, 인정하다 (반) 否(아닐 부) — (영) right (중) 可 kě (일) カ(よい)

(형성) 입 구(口)+어여쁠 교(丁)자로 입에서 나온 소리는 '옳은' 소리다.

可憐(가련) 모양이 어여쁘고 아름다움. 可望(가망) 可決(가결) 可恐(가공)

입 구(口)부 [3口2 총5획]

可 可 可 可 可

옳을 가

可 可 可 可 可

加 [5급]

더하다, 뽐내다 (반) 減(덜 감) — (영) add (중) 加 jiā (일) カ(くわえる)

(회의) 힘 력(力)+입 구(口)자로 힘을 들여 말을 많이 하므로 '더하다'의 뜻이다.

加減(가감) 더함과 뺌. 加工(가공) 加擔(가담) 加算(가산) 加減乘除(가감승제)

힘 력(力)부 [2力3 총5획]

加 加 加 加 加

더할 가

加 加 加 加 加

佳 [3Ⅱ급]

아름답다, 좋다 — (영) beautiful (중) 佳 jiā (일) カ

(형성) 사람 인(亻)+서옥 규(圭)자로 균형이 잡혀 아름다운 '사람'을 뜻한다.

佳境(가경) 흥미로운 고비. 재미있는 판. 佳人(가인) 佳景(가경) 佳約(가약)

사람 인(人)부 [2人6 총8획]

佳 佳 佳 佳 佳 佳 佳 佳

아름다울 가

佳 佳 佳 佳 佳

家 [7급]

집, 가정 (유) 宅(집 택) — (영) house (중) 家 jiā (일) カ・ケ(いえ)

(회의) 움집 면(宀)+돼지 시(豕)자로 돼지는 새끼를 많이 낳으므로 사람이 모여사는 '집'을 뜻한다.

家系(가계) 한 집안의 혈통. 家奴(가노) 家具(가구) 家內(가내)

갓머리(宀)부 [3宀7 총10획]

家 家 家 家 家 家 家 家 家 家

집 가

家 家 家 家 家

假  [4Ⅱ급]

거짓 (반) 眞(참 진) — (영) false (중) 假 jiǎ (일) 仮 カ・ケ(かり)

(형성) 사람 인(亻)+빌릴 가(叚)로 허물이 있고 바르지 못한 사람은 일을 '거짓되게 함'을 뜻한다.

假令(가령) 가정하여 말할 때 쓰는 말. 假想(가상) 假橋(가교) 假髮(가발)

사람 인(人)부 [2人9 총11획]

假 假 假 假 假 假 假 假 假 假 假

거짓 가

假 假 假 假 假

4II급	街	거리, 시가 ㈜ 道(길 도)	영 street 중 街 jiē 일 カイ(まち)
		형성 다닐 행(行)+홀 규(圭)로 길이 교차되었으므로 '거리'를 뜻한다.	
		街路樹(가로수) 길거리에 심은 나무. 十字路(십자로) 街道(가도) 街頭(가두)	
다닐 행(行)부 [6行6 총12획]		街街街街街街街街街街街街	
거리 **가**		街 街 街 街 街	

7급	歌	노래, 노래하다 ㈜ 謠(노래 요)	영 song 중 歌 gē 일 カ(うた)
		형성 노래할 가(哥)+하품 흠(欠)자로 하품하듯이 입을 벌리고 '노래한다'는 뜻이다.	
		歌曲(가곡) 노래. 歌舞(가무) 歌詞(가사) 悲歌慷慨(비가강개)	
하품 흠(欠)부 [4欠10 총14획]		歌歌歌歌歌歌歌歌歌歌歌歌歌歌	
노래 **가**		歌 歌 歌 歌 歌	

5급	價(価)	값, 시세	영 value 중 价 jià 일 価 カ(あたい)
		형성 사람 인(亻)+앉은장사 고(賈)로 사람이 장사하는 데는 '물건 값'이 정해진다.	
		高價(고가) 높은 가격. 低價(저가) 價格(가격) 價値(가치) 同價紅裳(동가홍상)	
사람 인(人)부 [2人13 총15획]		價價價價價價價價價價	
값 **가**		價 價 價 價 價	

6급	各	각각, 제각기	영 each 중 各 gè 일 カク(おのおの)
		회의 뒤져올 치(夂)+입 구(口)자로 앞뒤에 한 말이 다르므로 '각각'의 뜻이다.	
		各樣(각양) 여러 가지의 모양. 各項(각항) 各界(각계) 各國(각국)	
입 구(口)부 [3口3 총6획]		各各各各各各	
각각 **각**		各 各 各 各 各	

6급	角	뿔, 모	영 horn 중 角 jiǎo 일 カク(つの)
		상형 짐승뿔 모양을 본뜬 글자로 뿔이 뾰족하므로 '모나다'는 것이다.	
		角弓(각궁) 뿔로 만든 활. 角門(각문) 角度(각도) 角膜(각막) 矯角殺牛(교각살우)	
뿔 각(角)부 [7角0 총7획]		角角角角角角角	
뿔 **각**		角 角 角 角 角	

중학 교육용 한자 900

脚

3II급 / 다리, 물건 떠받치는 것 / 영 leg 중 脚 jiǎo 일 キャク(あし)

형성 고기 육(月)+뒤로 물러날 각(却)자로 뒷걸음질칠 때 움직이는 몸, 즉 '정강이'를 뜻한다.
脚光(각광) 조명 장치의 하나. 脚色(각색) 脚本(각본) 脚注(각주)

고기 육(육달월) 肉(月)부 [4月7 총11획]

다리 각

干

4급 / 방패, 막다 반 戈(창 과) / 영 shield 중 干 gān 일 カン(ほす)

상형 나뭇가지로 만든 두 갈래진 창을 본뜬 글자로 무기로 적을 '찌르다'의 뜻이다.
干戈(간과) 창과 방패. 干求(간구) 干滿(간만) 干與(간여) 救國干城(구국간성)

방패 간(干)부 [3干0 총3획]

방패 간

看

4급 / 보다, 바라봄 / 영 see 중 看 kàn 일 カン(みる)

회의 손 수(手)+눈 목(目)자로 눈 위에 손을 얹고 '보다'는 뜻이다.
看守(간수) 지킴. 看做(간주) 看過(간과) 看病(간병) 走馬看山(주마간산)

눈 목(目)부 [5目4 총9획]

볼 간

間

7급 / 사이, 틈 / 영 gap 중 间 jiān 일 カン(あいだま)

회의 문 문(門)+날 일(日)자로 빛이 문틈으로 새어들어오므로 '사이'를 뜻한다.
間隔(간격) 서로 떨어져 있는 거리. 間色(간색) 間伐(간벌) 間食(간식)

문 문(門)부 [8門4 총12획]

사이 간

渴

3급 / 목마르다, 갈증 / 영 thirsty 중 渴 kě 일 カツ(かわく)

형성 물 수(氵)+그칠 갈(曷)자로 물이 말라버려 '목마른 것'을 뜻한다.
渴求(갈구) 애써 구함. 渴症(갈증) 渴急(갈급) 渴望(갈망) 渴而穿井(갈이천정)

물 수(삼수변) 水(氵)부 [3氵9 총12획]

목마를 갈

4급	甘	달다, 맛 좋다 반 苦(쓸 고) 영 sweet 중 甘 gān 일 カン(あまい)
		지사 입 구(口)+음식물을 머금고 있는 '一'를 더하므로 맛이 '달다'는 뜻이다.
		甘露(감로) 단 이슬. 甘味(감미) 甘瓜(감과) 甘草(감초) 甘言利說(감언이설)
달 감(甘)부 [5甘0 총5획]		甘 甘 甘 甘 甘
달 **감**		甘 甘 甘 甘 甘

4급	敢	감히, 함부로 영 venture 중 敢 gǎn 일 カン(あえて)
		형성 적을 치[攴]고 그 증표로 귀[耳]를 잘라오므로 '용감하다'의 뜻이다.
		敢當(감당) 과감히 떠맡음. 敢死(감사) 敢戰(감전) 敢鬪(감투) 果敢之氣(과감지기)
칠 복(등글월문)攴(攵)부 [4攵8 총12획]		敢 敢 敢 敢 敢 敢 敢 敢 敢 敢
용감할 **감**		敢 敢 敢 敢 敢

4Ⅱ급		덜다, 다하다 반 加(더할 가) 영 subtract 중 减 jiǎn 일 フツ(はらう)
		형성 물 수(氵)+다 함(咸)자로 물이 태양열에 증발하고 땅속으로 스며들어서 '덜다'의 뜻이다.
		減速(감속) 속도를 줄임. 減壽(감수) 減軍(감군) 減量(감량) 減死島配(감사도배)
물 수(삼수변) 水(氵)부 [3氵9 총12획]		減 減 減 減 減 減 減 減 減 減 減
덜 **감**		減 減 減 減 減

6급		느끼다, 깨닫다 영 feel 중 感 gǎn 일 カン(かんずる)
		형성 다 함(咸)+마음 심(心)자로 사람의 마음을 '느끼다'의 뜻이다.
		感覺(감각) 느끼어 깨달음. 感激(감격) 感謝(감사) 感懷(감회)
마음 심(심방변)心(忄/㣺)부 [4心9 총13획]		感 感 感 感 感 感 感 感 感 感 感 感 感
느낄 **감**		感 感 感 感 感

4급		갑옷, 첫째 천간 영 armor 중 甲 jiǎ 일 コウ(よろい)
		상형 거북의 등딱지 모양을 본뜬 글자이다.
		甲板(갑판) 큰 배에 철판·나무를 깐 평평한 바닥.
		甲富(갑부) 甲紗(갑사) 甲蟲(갑충) 甲論乙駁(갑론을박)
발 전(田)부 [5田0 총5획]		甲 甲 甲 甲 甲
갑옷 **갑**		甲 甲 甲 甲 甲

급수	한자	훈·음 및 설명
7급	江	강, 큰 내 (반) 山(뫼 산) / (영) river (중) 江 jiāng (일) コウ(え) (회의·형성) 물 수(氵=水)+만들 공(工)자로 가장 큰 물줄기를 만드는 '강'의 뜻이다. 江口(강구) 강 어귀. 江南(강남) 江邊(강변) 江村(강촌) 漢江投石(한강투석)

물 수(삼수변) 水(氵)부 [3氵3 총6획] — 강 강

| 4급 | 降 | 항복하다, 내리다 / (영) fall, yield (중) 降 jiàng (일) コウ(おりる)
(회의) 언덕 부(阝)+내릴 강(夅)자로 언덕에서 내려와 '항복한다'는 뜻이다.
降等(강등) 등급이나 계급이 내림. 降水(강수) 降臨(강림) 降伏(항복) |

언덕 부(좌부방) 阜(阝)부 [3阝6 총9획] — 내릴 강/항복할 항

| 6급 | 強 | 굳세다 (반) 弱(약할 약) / (영) strong (중) 强 qiáng (일) キョウ(しいる)
(형성) 클 홍(弘)+벌레 충(虫)자로 크고 단단한 껍질을 가진 벌레로 '강하다'는 뜻이다.
強健(강건) 굳세고 건강함. 強國(강국) 強烈(강렬) 強要(강요) 弱肉強食(약육강식) |

활 궁(弓)부 [3弓9 총12획] — 굳셀 강

| 4Ⅱ급 | 講 | 익히다, 강론하다 (유) 習(익힐 습) / (영) expound (중) 讲 jiǎng (일) コウ(ならう)
(형성) 말씀 언(言)+쌓을 구(冓)자로 나무토막을 쌓듯이 여러 각도에서 '강론하다'의 뜻이다.
講讀(강독) 글을 설명해가며 읽음. 講師(강의) 講究(강구) 講堂(강당) |

말씀 언(言)부 [7言10 총17획] — 강론할 강

| 5급 | 改 | 고치다, 바로잡다 / (영) improve (중) 改 gǎi (일) カイ(あらためる)
(형성) 몸 기(己)+칠 복(攵)자로 자기의 잘못을 질책하여 '고치다'의 뜻이다.
改刊(개간) 고쳐서 간행함. 改年(개년) 改良(개량) 改名(개명) 知過必改(지과필개) |

칠 복(등글월문)攴(攵)부 [4攵3 총7획] — 고칠 개

皆

3급 | 흰 백(白)부 [5白4 총9획] | 모두 개

다, 모두　　　영 all　중 皆 jiē　일 カイ(みな)

회의 견줄 비(比)+흰 백(白:말하다)자로 사람이 목소리를 맞추어 말하다의 뜻에서 '모두, 함께'를 뜻한다.

皆無(개무) 전혀 없음. 皆兵(개병) 皆納(개납) 皆勤(개근)

個

4Ⅱ급 | 사람 인(人)부 [2人8 총10획] | 낱 개

낱, 하나하나　　　영 piece　중 个 gè　일 カ·コ(ひとつ)

형성 사람 인(亻)+굳을 고(固)자로 사람이 홀로 독립한다는 '낱개'의 뜻이다.

個個(개개) 하나 하나. 個別(개별) 個當(개당) 個性(개성)

開

6급 | 문 문(門)부 [8門4 총12획] | 열 개

열다, 벌임　　반 閉(닫을 폐)　　영 open　중 开 kāi　일 カイ(ひらく)

형성 문 문(門)+빗장 견(幵)자로 문을 양손으로 '열다'의 뜻이다.

開封(개봉) 봉한 것을 엶. 開店(개점) 開講(개강) 開校(개교)

客

5급 | 갓머리(宀)부 [3宀6 총9획] | 손 객

손, 손님　　반 主(주인 주)　　영 guest　중 客 kè　일 キャク(まらうど)

회의·형성 집 면(宀)+각 각(各)자로 외부사람이 집으로 오는 것은 '손님'의 뜻이다.

客死(객사) 객지에서 죽음. 客談(객담) 客苦(객고) 客觀(객관)

更

4급 | 가로 왈(日)부 [4日3 총7획] | 다시 갱/고칠 경

고치다, 바꾸다　　　영 again　중 更 gēng　일 コウ(さら)

형성 밝을 병(丙)+칠 복(攴)자로 밝은 길로 나아가도록 '고쳐준다'는 뜻이다.

更生(갱생) 거의 죽을 지경에서 다시 살아남. 更新(갱신) 更紙(갱지) 更質(경질)

4급	 크다, 거대하다 ㉤ 大(큰 대)	㉤great ㉥巨 jù ㉦キョ(おおきい)
	상형 대목들이 쓰는 자[工]를 손에 들고 있는 모양을 본뜬 글자이다.	
	巨富(거부) 큰 부자. 巨星(거성) 巨軀(거구) 巨金(거금) 巨卿之信(거경지신)	
장인 공(工)부 [3工2 총5획]	巨 巨 巨 巨 巨	
클 거	巨 巨 巨 巨 巨	

5급	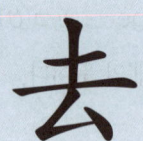 가다, 떠나다 ㉥ 來(올 래)	㉤leave ㉥去 qù ㉦キョ(さる)
	회의·형성 뚜껑이 있는 오목한 그릇을 본뜬 글자로 오목하므로 '모습을 감추다'의 뜻이다.	
	去去年(거거년) 지지난해. 去去日(거거일) 去殼(거각) 去毒(거독)	
마늘 모(厶)부 [2厶3 총5획]	去 去 去 去 去	
갈 거	去 去 去 去 去	

7급	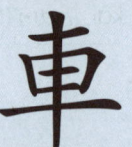 수레, 수레의 바퀴	㉤cart ㉥车 chē jū ㉦シャ(くるま)
	상형 외바퀴차의 모양을 본뜬 글자이다.	
	車馬費(거마비) 교통비. 車駕(거가) 車馬(거마) 車輛(차량) 前車覆轍(전거복철)	
수레 거(車)부 [7車0 총7획]	車 車 車 車 車 車 車	
수레 거/차	車 車 車 車 車	

4급	 살다, 있다 ㉤ 住(살 주)	㉤live ㉥居 jū ㉦キョ(いる·おる)
	형성 주검 시(尸)+옛 고(古)로 몸을 일정한 곳에 고정시키므로 '살다'의 뜻이다.	
	居留(거류) 남의 나라 영토에 머물러 삶. 居敬(거경) 居間(거간) 居士(거사)	
주검 시(尸)부 [3尸5 총8획]	居 居 居 居 居 居 居 居	
살 거	居 居 居 居 居	

5급	 들다, 일으키다	㉤lift ㉥举 jǔ ㉦挙 キョ(あげる)
	회의 더불어 여(與)+손 수(手)자로 여럿이 마음을 합하여 손을 '들다'는 뜻이다.	
	擧家(거가) 온 집안. 擧國(거국) 擧動(거동) 擧一反三(거일반삼)	
손 수(재방변) 手(扌)부 [4手14 총18획]	擧 擧 擧 擧 擧 擧 擧 擧 擧 擧 擧 擧	
들 거	擧 擧 擧 擧 擧	

5급	建	세우다, 길다	영 build 중 建 jiàn 일 ケン(たてる)
		회의 붓 율(聿)+길게 걸을 인(廴)자로 붓으로 글을 써서 계획을 '세우다'의 뜻이다.	
		建功(건공) 공을 세움. 建國(건국) 建軍(건군) 建立(건립) 德建名立(덕건명립)	
민책받침(廴)부 [3廴_6 총9획]		建建建建建建建建建	
세울 건		建 建 建 建 建	

3II급	乾	마르다, 하늘	영 dry, heaven 중 乾 qián 일 ケン(てん)
		형성 해돋을 간(倝)+새 을(乙:초목의 새싹)자로 아침 해가 뜨고 새싹이 향하는 곳, 즉 '하늘'을 뜻한다.	
		乾固(건고) 말라서 굳어짐. 乾沓(건답) 乾坤(건곤) 乾期(건기) 乾坤一擲(건곤일척)	
새 을(乙)부 [1乙10 총11획]		乾乾乾乾乾乾乾乾乾乾	
하늘·마를 건		乾 乾 乾 乾 乾	

4급	犬	개, 하찮은 것의 비유	영 dog 중 犬 quǎn 일 ケン(いぬ)
		상형 개가 옆으로 보고 있는 모양을 본뜬 글자이다.	
		犬戎(견융) 옛날 협서성에 있던 나라 이름. 鬪犬(투견) 犬公(견공) 狂犬(광견)	
개 견(犬/犭)부 [4犬0 총4획]			
개 견		犬 犬 犬 犬 犬	

5급	見	보다, 보이다	영 see, watch 중 见 jiàn 일 ケン(みる)
		회의·형성 눈 목(目)+어진사람 인(儿)자로 사람은 눈으로 '보다'의 뜻이다.	
		見習(견습) 남이 하는 것을 보고 익힘. 見學(견학) 見本(견본) 謁見(알현)	
볼 견(見)부 [7見0 총7획]			
볼 견/나타날, 뵐 현		見 見 見 見 見	

4급	堅	굳다, 단단함 유 固(굳을 고)	영 hard, firm 중 坚 jiān 일 ケン(かたい)
		형성 신하[臣]가 죽기를 각오하고 거듭[又] 땅[土]에 엎드려 상소드리니 '굳다'의 뜻이다.	
		堅靭(견인) 단단하고 질김. 堅果(견과) 堅固(견고) 堅實(견실)	
흙 토(土)부 [3土8 총11획]			
굳을 견		堅 堅 堅 堅 堅	

決 결단할 결

- 5급
- 물 수(삼수변) 水(氵)부 [3氵4 총7획]
- 결단하다, 나누다
- 영 break·decide 중 决 jué 일 ケツ(きめる)
- 형성 물 수(氵)+결단할 쾌(夬)자로 홍수의 범람을 막기 위해 둑을 '결단하다'의 뜻이다.
- 決勝(결승) 최후의 승부를 결정하는 일. 決算(결산) 決斷(결단) 決裂(결렬)

結 맺을 결

- 5급
- 실 사(糸)부 [6糸6 총12획]
- 맺다, 묶다
- 영 join·tie 중 结 jié 일 ケツ(むすぶ)
- 형성 실 사(糸)+길할 길(吉)자로 끊어진 실을 튼튼하고 좋게 '맺다'의 뜻이다.
- 結果(결과) 열매를 맺음. 結局(결국) 結實(결실) 結末(결말) 一致團結(일치단결)

潔 깨끗할 결

- 4Ⅱ급
- 물 수(삼수변) 水(氵)부 [3氵12 총15획]
- 깨끗하다, 깨끗이 하다 유 純(순수할 순)
- 영 clean 중 洁 jié 일 ケツ(いさぎよし)
- 형성 물 수(氵)+조촐할 결(絜)자로 물에 깨끗하게 씻은 실이므로 '깨끗하다'의 뜻이다.
- 潔白(결백) 마음이 깨끗함. 潔素(결소) 潔癖(결벽) 簡潔(간결) 淸廉潔白(청렴결백)

京 서울 경

- 6급
- 돼지해머리(亠)부 [2亠6 총8획]
- 서울, 수도(首都) 반 鄕(시골 향)
- 영 capital 중 京 jīng 일 キョウ
- 상형 높을 고(高)+작을 소(小)자로 높은 언덕에 임금이 사는 '서울'의 뜻이다.
- 京觀(경관) 적의 시체에 흙을 덮어 만든 무덤. 京畿(경기) 京仁(경인) 京鄕(경향)

庚 일곱째천간 경

- 3급
- 엄 호(广)부 [3广5 총8획]
- 일곱째 천간, 별
- 영 the 7th of the celestial stems 중 庚 gēng 일 コウ(かのえ)
- 상형 절굿공이를 들어 올려 곡식을 찧는 것, 즉 가차하여 '천간'의 뜻으로 쓰인다.
- 庚方(경방) 24방위의 하나. 庚帖(경첩) 庚伏(경복) 庚時(경시)

耕

[3II급]
쟁기 뢰(耒)부 [6耒4 총10획]
밭갈 경

갈다, 논밭을 갈
영 plough 중 耕 gēng 일 コウ(たがやす)

회의 쟁기 뢰(耒)+ 우물 정(井:농토)자로 쟁기로 논밭을 가지런히 가는 것을 뜻한다.
耕耘(경운) 농사짓는 일. 耕者(경자) 耕作(경작) 耕田(경전) 晴耕雨讀(청경우독)

景

[5급]
날 일(日)부 [4日8 총12획]
볕·경치 경

볕, 빛
영 sunlight 중 景 jǐng 일 ケイ

형성 해 일(日)+서울 경(京)자로 높은 언덕에 세운 궁궐을 밝게 비추는 '볕'을 뜻한다.
景觀(경관) 경치. 景慕(경모) 景氣(경기) 景品(경품) 晚秋佳景(만추가경)

經

[4II급]
실 사(糸)부 [6糸7 총13획]
지날·경서 경

경서, 날 유 過(지날 과)
영 warp threads 중 经 jīng 일 経 ケイ(たていと)

형성 실 사(糸)+물줄기 경(巠)자로 실이 물줄기처럼 이어지므로 '날줄'의 뜻이다.
經國(경국) 나라를 경륜함. 經年(경년) 經過(경과) 經歷(경력) 經達權變(경달권변)

敬

[5급]
칠 복(등글월문)攵(攴)부 [4攵9 총13획]
공경 경

공경하다, 공경
영 respect 중 敬 jìng 일 ケイ(うやまう)

회의 진실할 구(苟)+칠 복(攵)자로 회초리를 들고 성심껏 가르치는 사람을 '공경한다'는 뜻이다.
敬拜(경배) 숭상함. 敬老(경로) 敬虔(경건) 敬禮(경례)

輕

[5급]
수레 거(車)부 [7車7 총14획]
가벼울 경

가볍다, 적다 반 重(무거울 중)
영 light 중 轻 qīng 일 輕 ケイ(かるい)

형성 수레 거(車)+물줄기 경(巠)자로 물줄기처럼 가볍게 달리는 수레로 '가볍다'의 뜻이다.
輕妄(경망) 말이나 행동이 방정맞음. 輕犯(경범) 輕減(경감) 輕量(경량)

중학 교육용 한자 900 | 23

慶

4Ⅱ급 | 마음 심(심방변) 心(忄/㣺)부 [4心11 총15획] | 경사 경

경사, 경사스럽다 영 happy event 중 庆 qìng 일 ケイ(よろこぶ)

회의 남의 경사에 사슴 가죽을 바쳤다는 데서 비롯되어 '경사'의 뜻이다.

慶事(경사) 기쁜 일.　慶祝(경축)　慶宴(경연)　慶賀(경하)　慶弔相問(경조상문)

競

5급 | 설 립(立)부 [5立15 총20획] | 다툴 경

다투다, 말다툼으로 겨룸 유 爭(다툴 쟁) 영 quarrel 중 竞 jìng 일 キョウ(きそう)

회의 둘이 마주 서서[誩] 서로가 형[兄]이라고 심하게 '겨룸'의 뜻이다.

競技(경기) 기술이나 능력을 겨룸.　競馬(경마)　競合(경합)　競賣(경매)

驚

4급 | 말 마(馬)부 [10馬13 총23획] | 놀랄 경

놀라다, 놀래다 영 surprise 중 惊 jīng 일 キョウ(おどろかす)

형성 공경할 경(敬)+말 마(馬)자로 말이 '놀라다'의 뜻이다.

驚愕(경악) 크게 놀람.　驚歎(경탄)　驚異(경이)　驚蟄(경칩)　驚天動地(경천동지)

季

4급 | 아들 자(子)부 [3子5 총8획] | 끝·계절 계

계절, 끝 영 season 중 季 jì 일 キ(すえ)

회의 벼(禾)의 끝물(子)을 뜻하므로 '끝'의 뜻이다.

季氏(계씨) 남의 남동생을 높여 이르는 말.　季嫂(계수)　季刊(계간)　季節(계절)

計

6급 | 말씀 언(言)부 [7言2 총9획] | 셀 계

세다, 수 유 算(셈 산) 영 count 중 计 jì 일 ケイ(はからう)

회의 말씀 언(言)+열 십(十)자로 입으로 물건의 수를 '세다'를 뜻한다.

計量(계량) 분량이나 무게를 잼.　計算(계산)　計巧(계교)　計策(계책)

癸

3급

열째 천간(天干), 월경   영 north   중 癸 guǐ   일 キ(みづのと)

상형 두 개의 나무를 열십자로 맞추어 방위를 아는 기구의 형상이었으나 가차하여 쓰인다.

癸方(계방) 24 방위의 하나. 癸酉(계유) 癸未字(계미자)

걸을 발(癶)부 [5癶4 총9획]

북방·천간 계

界

6급

지경(地境), 범위   유 境(지경 경)   영 boundary   중 界 jiè   일 カイ(さかい)

형성 밭 전(田)+끼일 개(介)자로 밭과 밭을 나누는 '경계'란 뜻이다.

界內(계내) 국경안. 花柳界(화류계) 界標(계표) 界限(계한)

밭 전(田)부 [5田4 총9획]

지경 계

溪

3Ⅱ급

시내, 산골짜기   영 stream   중 溪 xī   일 ケイ(たに)

형성 물 수(氵)+어찌 해(奚:가는 끈)자로 실이 이어지듯 물이 계속 흐르는 '시냇물'을 뜻한다.

溪谷(계곡) 물이 흐르는 골짜기. 深溪(심계) 溪流(계류) 溪友(계우)

물 수(삼수변) 水(氵)부 [3氵10 총13획]

시내 계

鷄

4급

닭   영 cock   중 鸡 jī   일 鶏 ケイ(にわとり)

형성 어찌 해(奚)+새 조(鳥)자로 새벽을 알리는 '닭'을 뜻한다.

鷄冠(계관) 닭의 볏. 鷄卵(계란) 鷄肋(계륵) 鷄鳴(계명) 鷄卵有骨(계란유골)

새 조(鳥)부 [11鳥10 총21획]

닭 계

古

6급

예, 예전   영 old   중 古 gǔ   일 コ(ふるい)

회의 열 십(十)+입 구(口)자로 열 사람의 입으로 말할 만큼 '옛'의 뜻이다.

古宮(고궁) 옛 궁궐. 古來(고래) 古家(고가) 古物(고물) 博古知今(박고지금)

입 구(口)부 [3口2 총5획]

예 고

5급		상고하다, 생각 ㊌ 慮(생각할 려) 영 think 중 考 kǎo 일 キ(ふるう)
		형성 늙을 로(耂)+교묘할 교(巧)자로 노인은 수완이 좋으므로 '생각하다'의 뜻이다.
	늙을 로(老/耂)부 [4耂2 총6획]	考古(고고) 이것을 상고함. 考究(고구) 考慮(고려) 考課(고과)
		考考考考考考
	생각할 **고**	考 考 考 考 考

5급		알리다, 찾다 ㊌ 報(알릴 보) 영 tell 중 告 gào 일 コウ(つげる)
		회의 소 우(牛)+입 구(口)자로 소를 신에게 바치고 축사를 말하므로 '알리다'의 뜻이다.
	입 구(口)부 [3口4 총7획]	告祀(고사) 몸이나 집안에 탈이 없기를 비는 제사. 告白(고백) 告發(고발) 告寧(곡녕)
		告告告告告告
	알릴 **고** / 뵙고청할 **곡**	告 告 告 告 告

5급		굳다, 완고함 ㊌ 堅(굳을 견) 영 hard 중 固 gù 일 コ(かためる)
		형성 에울 위(囗)+옛 고(古)자로 오래된 나라는 기틀이 '굳다'는 뜻이다.
	큰입 구(囗)부 [3口5 총8획]	固守(고수) 굳게 지킴. 固執(고집) 固辭(고사) 固有(고유) 固我心柱(고아심주)
		固固固固固固固
	굳을 **고**	固 固 固 固 固

4Ⅱ급		연고, 예 영 ancient 중 故 gù 일 コ(ふるい·ゆえに)
		형성 옛 고(古)+칠 복(攵)자로 옛날 일을 들추어 그 까닭을 물으므로 '연고'의 뜻이다.
	칠 복(등글월문)支(攵)부 [4攵5 총9획]	故友(고우) 옛친구. 故居(고거) 故國(고국) 故事(고사) 莫知其故(막지기고)
		故故故故故故故故故
	연고 **고**	故 故 故 故 故

6급		쓰다, 쓴맛 ㊉ 樂(즐길 락), 甘(달 감) 영 bitter 중 苦 kǔ 일 ク(くるしい)
		형성 풀 초(艹)+옛 고(古)자로 풀이 오래 자라면 맛이 '쓰다'는 뜻이다.
	풀 초(초두) 艸(艹)부 [4艹5 총9획]	苦杯(고배) 쓴 술잔. 苦心(고심) 苦難(고난) 苦惱(고뇌) 苦盡甘來(고진감래)
		苦苦苦苦苦苦苦苦苦
	쓸 **고**	苦 苦 苦 苦 苦

高

6급 | 높을 고(高)부 [10高0 총10획] | 높을 고

높다, 위 반 低(낮을 저)　　영 high　중 高 gāo　일 コウ(たかい)

상형 성 위에 높이 세워진 망루누각과 드나드는 문을 본뜬 글자이다.

高潔(고결) 고상하고 깨끗함.　高額(고액)　高級(고급)　高空(고공)

高高高高高高高高高高

高高高高高

曲

5급 | 가로 왈(曰)부 [4曰2 총6획] | 굽을 곡

굽다, 굽히다 유 直(곧을 직)　　영 bent　중 曲 qǔ　일 キョク(まげる)

상형 대나무나 싸리로 만든 바구니 윗부분의 모양은 굴곡이 있어 '굽다'의 뜻이다.

曲禮(곡례) 자세한 예식.　曲水(곡수)　曲目(곡목)　曲藝(곡예)　迂餘曲折(우여곡절)

曲曲曲曲曲曲

曲曲曲曲曲

谷

3Ⅱ급 | 골 곡(谷)부 [7谷0 총7획] | 골 곡

골, 골짜기　　영 valley　중 谷 gǔ　일 コク(たに)

회의 물줄기가 계곡의 입구(口)에서 흘러나오는 모습으로, 즉 '골짜기'를 뜻한다.

深山幽谷(심산유곡) 깊은 산과 그윽한 골짜기.　谷泉(곡천)　谷澗(곡간)　谷水(곡수)

谷谷谷谷谷谷谷

谷谷谷谷谷

穀

4급 | 벼 화(禾)부 [5禾10 총15획] | 곡식 곡

곡식, 곡물　　영 corn, grain　중 穀 gǔ　일 穀 コク(たなつもの)

형성 벼 화(禾)+껍질 각(殼)자로 벼는 껍질로 덮여 있으므로 '곡물'을 뜻한다.

穀日(곡일) 좋은 날. 길일과 같은 뜻.　穀類(곡류)　穀氣(곡기)　穀物(곡물)

穀穀穀穀穀穀穀穀穀穀穀穀穀穀穀

穀穀穀穀穀

困

4급 | 큰입 구(口)부 [3口4 총7획] | 곤할 곤

곤하다, 괴로움　　영 distress　중 困 kùn　일 コン(こまる)

회의 에울 위(口)+나무 목(木)자로 갇힌 나무는 자라기 '곤란하다'는 뜻이다.

困境(곤경) 곤란한 처지.　困窮(곤궁)　困辱(곤욕)　困惑(곤혹)　困窮而通(곤궁이통)

困困困困困困困

困困困困困

중학 교육용 한자 900 | **27**

坤

3급 | 흙 토(土)부 [3土5 총8획] | 땅 곤

땅, 괘(卦) 이름 〔영〕divination sign 〔중〕坤 kūn 〔일〕コン(つち)

〔형성〕 흙 토(土)+펼 신(申)자로 끝없이 넓게 펼쳐진 '땅'을 뜻한다.

坤位(곤위) 왕후의 지위. 坤育(곤육) 坤卦(곤괘) 坤宮(곤궁) 乾坤淸氣(건곤청기)

骨

4급 | 뼈 골(骨)부 [10骨0 총10획] | 뼈 골

뼈, 뼈대 〔영〕bone 〔중〕骨 gǔ 〔일〕コツ(ほね)

〔회의〕 살발라낼 과(冎)+육달 월(肉:月)자로 살이 붙어 있는 '뼈'를 뜻한다.

骨格(골격) 뼈의 조직. 骨相(골상) 骨幹(골간) 骨折(골절) 粉骨碎身(분골쇄신)

工

7급 | 장인 공(工)부 [3工0 총3획] | 장인 공

장인, 교묘하다 〔영〕artisan 〔중〕工 gōng 〔일〕コウ(たくみ)

〔상형〕 목수가 사용하는 자를 본뜬 자로 '만들다'의 뜻이다.

工科(공과) 공업에 관한 학과. 工巧(공교) 工具(공구) 工夫(공부)

公

6급 | 여덟 팔(八)부 [2八2 총4획] | 공평할 공

공평하다, 공공(公共) 〔반〕私(사사 사) 〔영〕public 〔중〕公 gōng 〔일〕コウ(おおやけ)

〔지사·회의〕 여덟 팔(八)+사 사(厶)자로 사사롭지 않게 '공평하다'의 뜻이다.

公告(공고) 널리 세상에 알림. 公道(공도) 公金(공금) 公主(공주)

功

6급 | 힘 력(力)부 [2力3 총5획] | 공 공

공로, 일 〔반〕過(허물 과) 〔영〕merits 〔중〕功 gōng 〔일〕コウ(いさお)

〔형성〕 장인 공(工)+힘 력(力)자로 힘써 만들어 '공을 세우다'의 뜻이다.

功過(공과) 공로와 허물. 功名(공명) 功德(공덕) 功勞(공로) 螢雪之功(형설지공)

共

[6급] 함께, 모두 영 together 중 共 gòng 일 キョウ(ともに)

회의 스물 입(卄)+맞잡을 공(廾)자로 두 손을 써서 제물을 바친다는 데서 '함께'의 뜻이다.

共同(공동) 두 사람 이상이 함께 일을 함. 共榮(공영) 共鳴(공명) 共犯(공범)

여덟 팔(八)부 [2八4 총6획]

共共共共共共

함께 공 | 共 | 共 | 共 | 共 | 共

空

[7급] 비다, 하늘 유 虛(빌 허) 영 empty 중 空 kōng 일 クウ(そら)

형성 구멍 혈(穴)+장인 공(工)자로 공구로 땅을 파내므로 '비다'의 뜻이다.

空間(공간) 비어 있는 곳. 空白(공백) 空氣(공기) 空腹(공복)

구멍 혈(穴)부 [5穴3 총8획]

空空空空空空空空

빌 공 | 空 | 空 | 空 | 空 | 空

果

[6급] 과실, 나무의 열매 유 實(열매 실) 영 fruit 중 果 guǒ 일 カ(はて)

상형 나무 목(木)의 위에 열매[田]가 달려 있으므로 '과실'을 뜻한다.

果敢(과감) 결단성이 있고 용감함. 果報(과보) 果樹(과수) 果然(과연)

나무 목(木)부 [4木4 총8획]

果果果果果果果果

열매 과 | 果 | 果 | 果 | 果 | 果

科

[6급] 과목, 과정 영 subject, course 중 科 kē 일 カ(しな)

회의 벼 화(禾)+말 두(斗)자로 벼나 곡식을 말로 되어 나누므로 '과목'을 뜻한다.

科擧(과거) 관리를 등용하기 위하여 치르던 시험.
科目(과목) 科學(과학) 教科書(교과서) 登科外方(등과외방)

벼 화(禾)부 [5禾4 총9획]

科科科科科科科科科

과목 과 | 科 | 科 | 科 | 科 | 科

過

[5급] 지나다, 거치다 유 去(지날 거) 영 pass 중 过 guò 일 カ(すぎる)

형성 입삐뚤어질 괘(咼)+쉬엄쉬엄갈 착(辶)자로 입삐뚤어진 말처럼 잘못 말하면 '지나다'의 뜻이다.

過去(과거) 지나간 일. 過失(과실) 過多(과다) 過敏(과민)

쉬엄쉬엄갈 착(책받침) 辵(辶)부 [4辶9 총13획]

過過過過過過過過過過過過過

지날 과 | 過 | 過 | 過 | 過 | 過

5급	課	과정, 과목	영 imposition 중 课 kè 일 カ
		형 말씀 언(言)+실과 과(果)자로 일의 결과를 물어보므로 '시험하다'의 뜻이다.	
		課目(과목) 과정을 세분한 항목. 課程(과정) 課稅(과세) 課業(과업)	
말씀 언(言)부 [7言8 총15획]		課課課課課課課課課課課課課課課	
과정 과		課 課 課 課 課	

4Ⅱ급	官	벼슬, 벼슬아치 반 民(백성 민)	영 official rank 중 官 guān 일 カン(つかさ)
		회 집 면(宀)+언덕 부(阜)의 줄임자로 많은 사람들이 모인 집이므로 '벼슬'을 뜻한다.	
		官公署(관공서) 관청과 공청. 官給(관급) 官家(관가) 官吏(관리)	
갓머리(宀)부 [3宀5 총8획]		官官官官官官官官	
벼슬 관		官 官 官 官 官	

5급	關 (関)	빗장, 닫다	영 bolt, connect 중 关 guān 일 関 カン(せき)
		회·형 문[門]에 실[絲]을 꿰어 잠그므로 '빗장'의 뜻이다.	
		關門(관문) 국경이나 요새에 세운 문. 關鍵(관건) 關係(관계) 關心(관심) 關節(관절)	
문 문(門)부 [8門11 총19획]		關關關關關關關關關關關關	
빗장 관		關 關 關 關 關	

5급	觀 (观)	보다, 자세히 봄 유 覽(볼 람)	영 see 중 观 guān 일 観 カン(みる)
		형 황새 관(雚)+볼 견(見)자로 황새가 먹이를 찾아 자세히 '관찰하다'의 뜻이다.	
		觀客(관객) 구경하는 사람. 觀衆(관중) 觀念(관념) 觀戰(관전)	
볼 견(見)부 [7見18 총25획]			
볼 관		觀 觀 觀 觀 觀	

6급	光	빛, 재능·명성이 빛나다	영 light 중 光 guāng 일 コウ(ひかり)
		회 불 화(火)+어진 사람 인(儿)자로 사람이 횃불을 들고 있으므로 '빛'을 뜻한다.	
		光景(광경) 경치. 光陽(광양) 光度(광도) 光復(광복) 刮垢磨光(괄구마광)	
어진사람 인(儿)부 [2儿4 총6획]			
빛 광		光 光 光 光 光	

5급	廣 엄 호(广)부 [3广12 총15획] 넓을 광	넓다, 퍼지다　　영 broad　중 广 guǎng　일 広 コウ(ひろい) 형성 집 엄(广)+누를 황(黃)자로 땅처럼 큰 집으로 '넓다'를 뜻한다. 廣農(광농) 농업을 발전시킴.　廣野(광야)　廣告(광고)　廣域(광역)

6급	交 돼지해머리(亠)부 [2亠4 총6획] 사귈 교	사귀다, 섞이다　　영 associate　중 交 jiāo　일 コウ(まじわる) 회의·형성 위의[六]은 사람이고 밑의[乂]는 종아리를 엇걸어 꼬는 모양으로 '교차함'을 뜻한다. 交分(교분) 친구 사이의 정의.　交友(교우)　交感(교감)　交代(교대)

8급	校 나무 목(木)부 [4木6 총10획] 학교 교	학교, 가르치다　　영 school　중 校 xiào　일 コウ(くらべる) 형성 나무 목(木)+사귈 교(交)자로 구부러진 나무를 곧게 해주는 곳으로 '학교'라는 뜻이다. 校門(교문) 학교의 문.　校風(교풍)　校旗(교기)　校內(교내)

8급	敎 칠 복(등글월문) 攵(攴)부 [4攵7 총11획] 가르칠 교	가르치다, 학교　유 訓(가르칠 훈)　영 educate　중 教 jiào　일 教 キョウ(おしえる) 회의 어린아이를 사귀거나 '가르치다'의 뜻이다. 敎權(교권) 교육상 교육자의 권리.　敎具(교구)　敎師(교사)　敎生(교생)

5급	橋 나무 목(木)부 [4木12 총16획] 다리 교	다리, 교량　　영 bridge　중 桥 qiáo　일 キョウ(はし) 형성 나무 목(木)+높을 교(喬)자로 개울 위에 높고 구부러지게 걸쳐 놓은 '다리'를 뜻한다. 橋脚(교각) 다리를 받치는 기둥.　橋梁(교량)　架橋(가교)　板橋(판교)

중학 교육용 한자 900 | 31

九

8급 九

아홉, 아홉 번   영 nine   중 九 jiǔ   일 キユウ·ク(ここのつ)

지사 열 십(十)자의 열에서 하나 떨어져 나갔으므로 '아홉'을 뜻한다.

九曲(구곡) 아홉 굽이.   九十春光(구십춘광)   九氣(구기)   九族(구족)

새 을(乙)부 [1乙1 총2획]

아홉 **구**

口

7급 口

입, 말하다   영 mouth   중 口 kǒu   일 コウ(くち)

상형 사람의 입모양을 본뜬 글자이다.

口舌(구설) 입과 혀.   口徑(구경)   口頭(구두)   口蜜腹劍(구밀복검)

입 구(口)부 [3口0 총3획]

입 **구**

久

3Ⅱ급 久

오래다   영 long time   중 久 jiǔ   일 キユウ(ひさしい)

지사 노인을 뒤에서 붙잡고 있는 것으로 '오래다'를 뜻한다.

久遠(구원) 아득하고 오램.   持久力(지구력)   久年(구년)   久痢(구리)

삐침(丿)부 [1丿2 총3획]

오랠 **구**

句

4Ⅱ급 句

글귀, 구절   영 phrase   중 句 jù   일 ク

회의 쌀 포(勹)+입 구(口)자로 즉 단숨에 읽을 수 있는 '글귀'를 뜻한다.

句句節節(구구절절) 모든 구절.   句讀(구두)   句節(구절)   文句(문구)

입 구(口)부 [3口2 총5획]

글귀 **구**

究

4Ⅱ급 究

궁구하다, 연구하다   유 研(갈 연)   영 study   중 究 jiū   일 キユウ(きわめる)

형성 구멍 혈(穴)과 아홉 구(九)자로 굴속의 깊이까지 살펴들어가므로 '연구하다'는 뜻이다.

究竟(구경) 마침내. 필경.   究極(구극)   究考(구고)   究竟願(구경원)

구멍 혈(穴)부 [5穴2 총7획]

연구할 **구**

求

4Ⅱ급 | 구할 구 | 물 수(삼수변) 水(氵)부 [4水3 총7획]

구하다, 찾다   영 obtain, get   중 求 qiú   일 キュウ(もとめる)

상형 옷이 귀했던 시절은 누구나 가죽옷을 구하고자 하므로 '구하다'의 뜻이다.
求乞(구걸) 남에게 곡식·물건을 얻기 위해 청함.
求賢(구현)   求明(구명)   求愛(구애)   緣木求魚(연목구어)

救

5급 | 구원할 구 | 칠 복(등글월문) 攴(攵)부 [4攵7 총11획]

구원하다, 돕다   유 濟(건널 제)   영 relieve   중 救 jiù   일 キュウ(すくう)

형성 구할 구(求)+칠 복(攵)자로 강자를 치고 약한 사람을 '구하다'의 뜻이다.
救世主(구세주) 인류를 구제하는 사람.   救助(구조)   救難(구난)   救命(구명)

舊

5급 | 옛 구 | 절구 구(臼)부 [6臼12 총18획] | 旧

옛, 옛날   반 新(새 신)   영 old   중 旧 jiù   일 旧 キコウ(ふるい)

회의·형성 오래된 옛집을 찾아가니 처마에 새[隹]가 둥지를 틀고, 마당에 풀[艹]이 우거지고 마당엔 군데군데 웅덩이[臼]가 패어 있었다.
舊故(구고)   舊面(구면)   舊屋(구옥)   送舊迎新(송구영신)

國

8급 | 나라 국 | 큰입 구(口)부 [3口8 총11획] | 国

나라, 도읍   영 country   중 国 guó   일 国 コク(くに)

회의 에울 위(囗)+창 과(戈)+입 구(口)+한 일(一)자로 무기를 들고 백성 영토를 지키는 '나라'의 뜻이다.
國權(국권) 국가의 권력.   國手(국수)   國基(국기)   國道(국도)   庚戌國恥(경술국치)

君

4급 | 임금 군 | 입 구(口)부 [3口4 총7획]

임금, 봉호(封號)   반 臣(신하 신)   영 king   중 君 jūn   일 クン(きみ)

회의 다스릴 윤(尹)+입 구(口)자로 백성을 다스리는 분이 '임금'임을 뜻한다.
君國(군국) 임금과 나라.   君主(군주)   君臨(군림)   君臣(군신)   君臣有義(군신유의)

8급	**軍** 수레 거(車)부 [7車2 총9획] 군사 **군**	군사, 전투　　　　　　　　영 military·district　중 军 jūn　일 グン(いくさ) 회의 수레 거(車)+ 포(勹)자로 전차를 둘러싸고 있는 '군사'란 뜻이다. 軍官(군관) 군인과 관리. 軍紀(군기) 軍歌(군가) 軍犬(군견) 千軍萬馬(천군만마)
6급	**郡** 고을 읍(우부방) 邑(阝)부 [3阝7 총10획] 고을 **군**	고을, 행정 구역의 하나　　유 邑(고을 읍)　영 country　중 郡 jùn　일 グン(こおり) 형성 임금 군(君)+고을 읍(邑)자로 임금의 명을 받아 다스리는 '고을'을 뜻한다. 郡民(군민) 군의 백성. 郡守(군수) 郡界(군계) 郡內(군내) 百郡秦并(백군진병)
3Ⅱ급	**弓** 활 궁(弓)부 [3弓0 총3획] 활 **궁**	활, 활꼴　　　　　　　　　　영 bow　중 弓 gōng　일 キュウ(ゆみ) 상형 활의 모양을 본뜬 글자로 '활'을 뜻한다. 弓弩(궁노) 활과 쇠뇌. 弓師(궁사) 弓道(궁도) 弓矢(궁시) 驚弓之鳥(경궁지조)
4급	**卷** 병부 절(㔾/卩)부 [2㔾6 총8획] 책 **권**	책, 말　　　　　　　　　　　영 volume　중 卷 juàn　일 カン·ケン(まき) 형성 몸을 둥글게 둘러싸서 두 손으로 받는 모양이다. 卷頭言(권두언) 머리말. 卷末(권말) 席卷(석권) 手不釋卷(수불석권)
4급	**勸** 힘 력(力)부 [2力18 총20획] 권할 **권**	권하다, 힘쓰다　　　　　　　영 advise　중 劝 quàn　일 勧 カン(すすめる) 형성 황새 관(雚)+힘 력(力)자로 황새처럼 부지런히 힘써 일하도록 '권하다'의 뜻이다. 勸農(권농) 농사를 권장함. 勸告(권고) 勸士(권사)

4Ⅱ급	權 나무 목(木)부 [4木18 총22획]	권세, 권력　　　　　　　　　영 power　중 权 quán　일 權 ケン·ゴン 형성 나무 목(木)+황새 관(雚)자로 저울추를 당겨 무게 달듯 '권세'의 뜻이다. 權貴(권귀) 권세 있고 지위가 높음.　權道(권도)　權能(권능)　權益(권익) 權權權權權權權權權權權權
	권세 권	權 權 權 權

5급	貴 조개 패(貝)부 [7貝5 총12획]	귀하다, 비싸다　　　　　　　　영 noble　중 贵 guì　일 キ(とうとい) 형성 삼태기 궤(臾)+조개 패(貝:재물)자로 귀한 것을 삼태기에 담아두므로 '귀하다'의 뜻이다. 貴骨(귀골) 귀하게 생긴 사람.　貴宅(귀댁)　貴下(귀하)　貴人(귀인) 貴貴貴貴貴貴貴貴貴貴貴貴
	귀할 귀	貴 貴 貴 貴

4급	歸 그칠 지(止)부 [4止14 총18획]	돌아가다, 돌아오다　　　　영 return, go back　중 归 guī　일 帰 キ(かえる) 형성 며느리[帚]는 친정집에 오래 머무르지[止] 말고 빨리 '돌아와야' 한다. 歸家(귀가) 집으로 돌아감.　歸結(귀결)　歸京(귀경)　歸國(귀국) 歸歸歸歸歸歸歸歸歸歸歸歸
	돌아갈 귀	歸 歸 歸 歸

4급	均 흙 토(土)부 [3土4 총7획]	고르다, 가꾸다　　　　　　　영 even　중 均 jūn　일 キン(ならす) 형성 흙 토(土)+가지런할 균(勻)자로 흙을 가지런하게 하는 것으로 '고르다'를 뜻한다. 均田(균전) 백성에게 고루 농토를 나누어 줌.　均質(균질)　均等(균등)　均配(균배) 均均均均均均均
	고를·평평할 균	均 均 均 均

4Ⅱ급	極 나무 목(木)부 [4木9 총13획]	다하다, 지극하다　유 端(끝 단)　영 utmost　중 极 jí　일 ゴク·キョク(むね) 형성 용마루를 올리는 일은 위험하니 빨리 정성을 다해야 하므로 '지극하다'의 뜻이다. 極上(극상) 아주 좋음.　極光(극광)　極烈(극렬)　極言(극언)　極盛則敗(극성즉패) 極極極極極極極極極極極極極
	지극할 극	極 極 極 極 極

급수	한자	뜻/설명
6급	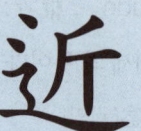 가까울 근 쉬엄쉬엄갈 착(辶)부 [4辶_4 총8획]	가깝다, 가까이하다 반 遠(멀 원) 영 near 중 近 jìn 일 キン(ちかい) 회의·형성 도끼 근(斤)+쉬엄쉬엄갈 착(辶)자로 도끼로 끊은 것처럼 '가깝다'의 뜻이다. 近刊(근간) 가까운 시일 내에 간행함. 近來(근래) 近代(근대) 近方(근방)
6급	 뿌리 근 나무 목(木)부 [4木6 총10획]	뿌리, 사물의 밑부분 유 本(근본 본) 영 root 중 根 gēn 일 コン(ね) 형성 나무 목(木)+그칠 간(艮)자로 나무의 뿌리와 밑부분은 '근본'을 뜻한다. 根莖(근경) 뿌리와 같이 생긴 줄기. 根性(근성) 根幹(근간) 根據(근거)
4급	勤 부지런할 근 힘 력(力)부 [2力11 총13획]	부지런하다, 힘쓰다 영 diligent 중 勤 qín 일 キン(つとめる) 형성 진흙 근(堇)+힘 력(力)자로 맥질하는 일은 공을 들여 힘쓰므로 '부지런하다'를 뜻한다. 勤勞(근로) 힘을 다함. 勤儉(근검) 勤勉(근면) 勤務(근무) 成實在勤(성실재근)
6급	 이제 금 사람 인(人)부 [2人2 총4획]	이제, 지금 반 古(예 고) 영 now 중 今 jīn 일 キン·コン(いま) 회의 사람이 모이는 곳에 때맞춰가므로 '이제'의 뜻이다. 今生(금생) 살고 있는 지금. 今昔(금석) 今年(금년) 今方(금방)
8급	 쇠 금 / 성 김 쇠 금(金)부 [8金0 총8획]	쇠, 금 영 gold 중 金 jīn 일 キン(かな) 형성 이제 금(今)+흙 토(土)를 합치고 양쪽에 두 점을 찍어 흙 속에서 빛을 발하는 '금'을 뜻한다. 金冠(금관) 금으로 만든 관. 金髮(금발) 金庫(금고) 金泉(김천)

禁

4급

금하다, 꺼림 영 forbid 중 禁 jìn 일 キン(きんずる)

형성 수풀 림(林)+보일 시(示)자로 수풀로 덮여 있는 신전에 접근을 금하므로 '금지'의 뜻이다.

禁食(금식) 종교상의 문제나 건강을 위해 일정기간 굶음. 禁中(금중) 禁忌(금기)

보일 시(示)부 [5示8 총13획]

禁禁禁禁禁禁禁禁禁禁禁禁禁

금할 **금**

及

3급

미치다 반 落(떨어질 락(낙)) 영 reach 중 及 jí 일 キユウ(およぶ)

회의 사람 인(人)+또 우(又)자로 사람의 손이 닿을 듯이 따라붙어, 즉 '미치다'를 뜻한다.

及其也(급기야) 마침내, 마지막에는. 及落(급락) 及第(급제) 言及(언급)

또 우(又)부 [2又2 총4획]

及及及及

미칠 **급**

急

6급

급하다, 서두르다 영 hurried 중 急 jí 일 キユウ(いそぐ)

형성 미칠 급(及)+마음 심(心)자로 쫓기는 마음으로 '급하다'의 뜻이다.

急速(급속) 갑자기. 急告(급고) 急減(급감) 急冷(급랭) 焦眉之急(초미지급)

마음 심(심방변) 心(忄/㣺)부 [4心5 총9획]

急急急急急急急急急

급할 **급**

給

5급

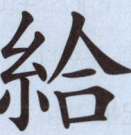

주다, 넉넉하다 유 與(줄 여) 영 give 중 给 gěi 일 キユウ(たまう)

형성 실 사(糸)+합할 합(合)자로 실이 길게 이어지듯이 물건을 계속 주므로 '주다'를 뜻한다.

給料(급료) 노력에 대한 보수. 給仕(급사) 給水(급수) 給食(급식)

실 사(糸)부 [6糸6 총12획]

給給給給給給給給給給給給

줄 **급**

己

5급

몸, 자기 영 self 중 己 jǐ 일 コ·キ(おのれ)

상형 사람이 자기 몸을 굽히고 있는 모양을 본뜬 글자로 '자기'를 뜻한다.

己見(기견) 자기 자신의 생각. 己巳(기사) 克己(극기) 利己(이기)

몸 기(己)부 [3己0 총3획]

己己己

몸·자기 **기**

技 [5급]

재주, 재능 유 藝(재주 예)　　　영 skill　중 技 jì　일 ギ(わざ)

형성 손 수(扌)+지탱할 지(支)자로 손으로 다루는 '재주'의 뜻이다.

技能(기능) 기술상의 재능. 技巧(기교) 技法(기법) 技術(기술) 妙技百出(묘기백출)

손 수(재방변) 手(扌)부 [3扌4 총7획]

재주 기

技 技 技 技 技 技 技
技 技 技 技 技

其 [3Ⅱ급]

그, 그것　　　영 it　중 其 qí　일 キ(その)

상형 곡식을 까부는 키(甘)와 그 키를 얹는 대(臺)를 그린 것이다. 뒤에 '그'의 뜻으로 가차되었다.

其實(기실) 사실은. 其間(기간) 其他(기타) 其人(기인)

여덟 팔(八)부 [2八6 총8획]

그 기

其 其 其 其 其 其 其 其
其 其 其 其 其

起 [4Ⅱ급]

일어나다, 일어서다　반 伏(엎드릴 복)　영 rise　중 起 qǐ　일 キ(おきる)

형성 달릴 주(走)+몸 기(己)자로 달아나려면 몸을 일으켜야 되므로 '일어나다'의 뜻이다.

起立(기립) 일어섬. 起伏(기복) 起床(기상) 起用(기용) 起死回生(기사회생)

달아날 주(走)부 [7走3 총10획]

일어날 기

起 起 起 起 起 起 起 起 起
起 起 起 起 起

記 [7급]

기록하다, 적다　유 錄(기록할 록)　영 record　중 记 jì　일 キ(しるす)

형성 말씀 언(言)+몸 기(己)자로 말을 다듬어 마음에 '기록하다'를 뜻한다.

記事(기사) 사실을 있는 그대로 적음. 記名(기명) 記錄(기록) 記帳(기장)

말씀 언(言)부 [7言3 총10획]

기록할 기

記 記 記 記 記 記 記 記 記 記
記 記 記 記 記

氣 [7급]

기운, 숨기　　　영 energy　중 气 qì　일 気 キ

형성 기운 기(气)+쌀 미(米)자로 쌀로 밥을 지을 때 나오는 '수증기'를 뜻한다.

氣骨(기골) 기혈과 골격. 氣母(기모) 氣球(기구) 氣道(기도) 浩然之氣(호연지기)

기운 기(气)부 [4气6 총10획]

기운 기

氣 氣 氣 氣 氣 氣 氣 氣 氣 氣
氣 氣 氣 氣 氣

3급	旣	이미, 본디	영 already 중 既 jì 일 既 キ(すでに)

형성 이미 기(旡)+고소할 핍(皀)자로 실컷 먹었다는 데서 끝났음을 뜻하는 '이미'를 뜻한다.

旣刊(기간) 이미 출간함. 旣決(기결) 旣述(기술) 旣約(기약)

없을 무(이미기방)(旡)부 [4旡7 총11획]

旣旣旣旣旣旣旣旣旣旣旣

이미 기 旣 旣 旣 旣 旣

5급	基	터, 근본	영 base 중 基 jī 일 キ(もとい)

형성 그 기(其)+흙 토(土)자로 삼태기나 키로 흙을 운반하여 땅을 굳히는 '터'를 뜻한다.

基幹(기간) 중심, 기초가 되는 부분. 基因(기인) 基金(기금) 基盤(기반)

흙 토(土)부 [3土8 총11획]

基基基基基基基基基基基

터 기 基 基 基 基 基

5급	期	기약하다, 바라다	영 expect·meet 중 期 qī 일 ヒツ(かならず)

형성 그 기(其)+달 월(月)자로 그믐을 지나 상현달로 돌아오는 기간으로 '기약하다'를 뜻한다.

期日(기일) 특히 정한 날짜. 期約(기약) 期待(기대) 期間(기간)

달 월(月)부 [4月8 총12획]

期期期期期期期期期期期期

기약할 기 期 期 期 期 期

3급	幾	몇, 자주	영 disposition, some 중 几 jǐ 일 キ(いくばく)

회의 작을 요(幺)두 개+지킬 수(戍)자로 작은 수의 군대가 지키는 것으로, 즉 '몇, 어찌'를 뜻한다.

幾回(기회) 몇 번. 幾微(기미) 幾何(기하) 萬幾(만기) 庶幾中庸(서기중용)

작을 료(幺)부 [3幺9 총12획]

幾幾幾幾幾幾幾幾幾幾幾幾

몇 기 幾 幾 幾 幾 幾

5급	吉	길하다, 상서로움 반 凶(흉할 흉)	영 lucky 중 吉 jí 일 キツ·キチ(よい)

회의 선비 사(士)+입 구(口)자로 선비의 입에서 나오는 말은 '길하다'를 뜻한다.

吉期(길기) 혼인날. 吉兆(길조) 吉夢(길몽) 吉祥(길상) 立春大吉(입춘대길)

입 구(口)부 [3口3 총6획]

吉吉吉吉吉吉

길할 길 吉 吉 吉 吉 吉

暖

날 일(日)부 [4日9 총13획]

따뜻할 난

따뜻하다, 온순하다　영 warm　중 暖 nuǎn　일 ダン(あたたか)

형성 날 일(日)+당길 원(爰)자로 햇빛을 당기어 들여서 '따뜻하다'의 뜻이다.

暖房(난방) 방을 따뜻하게 함.　暖色(난색)　暖帶(난대)　暖冬(난동)

難

새 추(隹)부 [8隹11 총19획]

어려울 난

어렵다, 재앙　반 易(쉬울 이)　영 difficult　중 难 nán　일 ナン(むずかしい)

형성 진흙 근(堇)+새 추(隹)자로 새가 진흙밭에서 빠져나오지 못하므로 '어렵다'의 뜻이다.

難局(난국) 어지러운 판국.　難堪(난감)　難關(난관)　難民(난민)

男

밭 전(田)부 [5田2 총7획]

사내 남

사내, 남자　반 女(계집 녀)　영 man　중 男 nán　일 ダン(おとこ)

회의 밭 전(田)+힘 력(力)자로 밭에 나가 노력하여 생산하는 '사내'의 뜻이다.

男系(남계) 남자쪽의 혈연계통.　男性(남성)　男妹(남매)　男便(남편)

南

열 십(十)부 [2十7 총9획]

남녘 남

남녘, 남으로 향하다　반 北(북녘 북)　영 south　중 南 nán　일 ナン(みなみ)

형성 싹나올 철(屮)+멀 경(冂)자로 나무가 무성해서 뻗어가는 곳은 '남녘'의 뜻이다.

南國(남국) 남쪽에 위치한 나라.　南方(남방)　南極(남극)　南部(남부)

乃

삐칠 별(삐침)(丿)부 [1丿1 총2획]

이에 내

이에, 너　영 namely　중 乃 nǎi　일 ナイ(すなはち)

지사 몸을 구부린 태아를 본뜬 모양, 즉 '너, 이에'를 뜻한다.

乃父(내부) 너의 아비.　乃者(내자)　乃祖(내조)　乃至(내지)　乃服衣裳(내복의상)

7급	內	안, 속 ⑮外(바깥 외)	영inside 중內 nèi 일內 ナイ(うち)

內

들 입(入)부 [2入2 총4획]

회의 멀 경(冂)+들 입(入)자로 집 안으로 들어오므로 '안'을 뜻한다.

內艱(내간) 어머니의 상사. 內申(내신) 內面(내면) 內服(내복) 外華內貧(외화내빈)

ㅣ 冂 內 內

안 내

內 內 內 內 內

8급 女

여자, 계집 ⑮男(사내 남) 영female 중女 nǚ 일ジョ(おんな)

상형 여자가 손을 앞으로 모으고 무릎을 꿇고 앉아 있는 '여자'의 모습이다.

女傑(여걸) 걸출한 여자. 女唱(여창) 女軍(여군) 女王(여왕)

계집 녀(女)부 [3女0 총3획]

女 女 女

계집 녀(여)

女 女 女 女 女

8급 年

해, 나이 ⑳歲(해 세) 영year 중年 nián 일ネン(とし)

형성 벼 화(禾)+일천 천(千)자로 벼 수확하는 기간이 1년이므로 '해'를 뜻한다.

年期(연기) 만년. 年老(연로) 昨年(작년) 權不十年(권불십년)

방패 간(干)부 [3干3 총6획]

年 年 年 年 年 年

해 년(연)

年 年 年 年 年

5급 念

생각, 생각하다 ㉾思(생각할 사) 영think 중念 niàn 일ネン(おもう)

형성 이제 금(今)+마음 심(心)자로 지금도 잊지 않고 마음속에 '생각하다'를 뜻한다.

念力(염력) 온 힘을 모아 수행하려는 마음. 念佛(염불) 念頭(염두) 念慮(염려)

마음 심(심방변) 心(忄/㣺)부 [4心4 총8획]

念 念 念 念 念 念 念 念

생각 념(염)

念 念 念 念 念

4Ⅱ급 怒

성내다, 성 ⑮喜(기쁠 희) 영angry 중怒 nù 일ド(いかる)

형성 종 노(奴)+마음 심(心)자로 무시당해 성난 종의 마음으로 '성내다'를 뜻한다.

怒濤(노도) 무섭게 밀려오는 큰 물결. 怒髮(노발) 怒氣(노기) 怒目(노목)

마음 심(심방변) 心(忄/㣺)부 [4心5 총9획]

怒 怒 怒 怒 怒 怒 怒 怒 怒

성낼 노

怒 怒 怒 怒 怒

農

7급 | 농사, 농사짓다 | 영 farming | 중 农 nóng | 일 ノウ

형성 굽을 곡(曲)+별 신(辰)자로 농부가 밭일할 때는 별을 보며 일하므로 '농사'를 뜻한다.

農耕(농경) 논밭을 경작함. 農功(농공) 農家(농가) 農夫(농부) 農不失時(농불실시)

별 진(辰)부 [7辰6 총13획]

농사 **농**

能

5급 | 능하다, 잘하다 | 영 able | 중 能 néng | 일 ノウ(よく)

상형 곰의 재주가 여러 가지로 '능하다'를 뜻한다.

能力(능력) 어떤 일을 이룰 수 있는 힘. 能文(능문) 能動(능동) 能通(능통)

고기 육(육달월) 肉(月)부 [4月6 총10획]

능할 **능**

多

6급 | 많다, 많아지다 | 반 少(적을 소) | 영 many | 중 多 duō | 일 タ(おおい)

회의 저녁 석(夕) 둘을 겹쳐 놓은 자로 일수(日數)가 '많다'의 뜻이다.

多感(다감) 감수성이 많음. 多年(다년) 多角(다각) 多量(다량) 多多益善(다다익선)

저녁 석(夕)부 [3夕3 총6획]

많을 **다**

丹

3Ⅱ급 | 붉다, 정성스럽다 | 영 red | 중 丹 dān | 일 タン(あか)

지사 단사(丹砂)를 채굴하는 우물(井)을 가리켜 갱도 밑바닥에 나타나는 붉은 빛깔의 '광석'을 뜻한다.

丹粧(단장) 화장. 얼굴을 곱게 꾸밈. 丹田(단전) 丹書(단서) 丹心(단심)

점 주(丶)부 [1丶3 총4획]

붉을 **단**

但

3Ⅱ급 | 다만, 오직 | 영 only | 중 但 dàn | 일 タン・ダン(ただし)

형성 사람 인(亻)+아침 단(旦)자로 '다만, 단지'라는 뜻이다.

但書(단서) 사건의 실마리. 但只(단지) 非但(비단) 但中星(단중성)

사람 인(人)부 [2亻5 총7획]

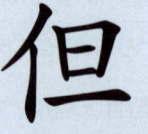

다만 **단**

單

4급

홀, 하나 반 複(겹칠 복) 영 single 중 单 dān 일 単 タン(ひとえ)

상형 끝이 두 갈래로 갈라진 납작한 모양의 '부채'를 나타낸다.

單純(단순) 복잡하지 아니함. 單身(단신) 單價(단가) 單獨(단독)

입 구(口)부 [3口9 총12획]

홀 **단**

短

6급

짧다, 작다 반 長(길 장) 영 short 중 短 duǎn 일 タン(みじかい)

형성 화살 시(矢)+콩 두(豆)자로 화살과 콩으로 함께 짧은 거리를 재어서 '짧다'의 뜻이다.

短身(단신) 키가 작은 몸. 短期(단기) 短劍(단검) 短歌(단가) 罔談彼短(망담피단)

화살 시(矢)부 [5矢7 총12획]

짧을 **단**

端

4급

끝, 가 유 末(끝 말) 영 end 중 端 duān 일 タン(はし)

형성 뫼 산(山)+설 립(立)자로 초목의 어린 싹이 돋아나므로 '실마리'를 뜻한다.

端緖(단서) 일의 시초. 端雅(단아) 端正(단정) 端役(단역) 端午(단오)

설 립(立)부 [5立9 총14획]

끝·바를 **단**

達

4급

통달하다, 통하다 유 到(이를 도) 영 succeed 중 达 dá 일 タツ(さとる)

형성 새끼양 달(羍)+쉬엄쉬엄갈 착(辶)자로 새끼양이 어미 양에게로 찾아가므로 '이르다'의 뜻이다.

達人(달인) 학문이나 기예 등에 뛰어난 사람. 達觀(달관) 達辯(달변) 達成(달성)

쉬엄쉬엄갈 착(책받침)辶(辵)부 [4辶9 총13획]

통달할 **달**

談

5급

말씀, 이야기하다 유 話(말씀 화) 영 speak 중 谈 tán 일 ダン(はなす)

형성 말씀 언(言)+불꽃 염(炎)자로 불가에 둘러앉아 '말'을 나누다.

談話(담화) 서로 이야기를 주고받음. 談笑(담소) 談判(담판) 談論(담론)

말씀 언(言)부 [7言8 총15획]

말씀 **담**

7급	 대답할 답	대답하다, 갚다 ⑪ 問(물을 문) 영 answer 중 答 dá 일 トウ(こたえる)
		형성 대 죽(竹)+합할 합(合)자로 옛날 대쪽에 써서 보낸 편지에 '대답'의 뜻이다.
		答禮(답례) 받은 예를 갚는 일. 答辭(답사) 答訪(답방) 答狀(답장)
	대 죽(竹)부 [6竹6 총12획]	答 答 答 答 答 答 答 答 答 答 答 答
		答 答 答 答 答

6급	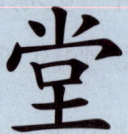 집 당	집, 마루 영 house 중 堂 táng 일 ドウ(おもてざしき)
		형성 높을 상(尙)+흙 토(土)자로 높은 언덕에 지은 '큰집'을 뜻한다.
		堂內(당내) 팔촌 이내의 일가. 堂堂(당당) 堂姪(당질) 堂山(당산)
	흙 토(土)부 [3土8 총11획]	堂 堂 堂 堂 堂 堂 堂 堂 堂 堂 堂
		堂 堂 堂 堂 堂

5급	 마땅할 당	마땅하다, 당하다 ⑪ 落(떨어질 락) 영 suitable 중 当 dāng 일 当 トウ(あたる)
		형성 높을 상(尙)+밭 전(田)자로 밭값이 비슷하여 서로 맞바꾸기에 '마땅'하다.
		當代(당대) 그 시대. 當場(당장) 當國(당국) 當惑(당혹) 孝當竭力(효당갈력)
	밭 전(田)부 [5田8 총13획]	當 當 當 當 當 當 當 當 當 當 當 當 當
		當 當 當 當 當

8급	 큰 대	크다, 많다 ㉾ 巨(클 거) 영 great 중 大 dà 일 タイ(おおきい)
		지사 사람이 팔과 다리를 크게 벌리고 있는 모양을 본뜬 글자로 '크다'를 뜻한다.
		大家(대가) 부귀한 집. 大吉(대길) 大闕(대궐) 大量(대량) 小貪大失(소탐대실)
	큰 대(大)부 [3大0 총3획]	大 大 大
		大 大 大 大 大

6급	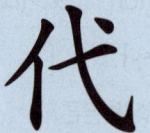 대신할 대	대신하다, 세대 영 substitute 중 代 dài 일 ダイ(かわる)
		형성 사람 인(亻)+주살 익(弋)자로 사람이 말뚝을 세워 국경을 '대신'한다는 뜻이다.
		代理(대리) 남을 대신하여 일을 처리함. 代替(대체) 代金(대금) 代讀(대독)
	사람 인(人)부 [2人3 총5획]	代 代 代 代 代
		代 代 代 代 代

待

6급

두인 변(彳)부 [3彳6 총9획]

기다릴 대

기다리다, 대접하다   영 wait   중 待 dài   일 タイ(まつ)

형성 자축거릴 척(彳)+절 사(寺)자로 관청에서 순서를 '기다린다'는 뜻이다.

待機(대기) 때가 오기를 기다림. 待人(대인) 待望(대망) 待遇(대우)

對

6급

마디 촌(寸)부 [3寸11 총14획]

대할 대

대하다, 대답하다   영 reply   중 对 duì   일 対 タイ(こたえる)

회의 많은 사람들이 앉아 양[羊]같이 온순하게 법도[寸]에 따라 서로 '마주보다'의 뜻이다.

對應(대응) 맞서서 서로 응함. 對局(대국) 對答(대답) 對備(대비)

德

5급

두인 변(彳)부 [3彳12 총15획]

덕 덕

크다, 덕   영 virtue   중 德 dé   일 徳 トク

형성 [彳+直+心]자로 바른 마음대로 행하는 것이 '덕'이다.

德談(덕담) 잘되기를 비는 말. 德望(덕망) 德澤(덕택) 德分(덕분)

刀

3Ⅱ급

칼 도(刀/刂)부 [2刀0 총2획]

칼 도

칼, 거룻배   영 knife   중 刀 dāo   일 トウ(かたな)

회의 날이 구부정하게 굽은 칼의 모양을 본뜬 글자이다.

刀劍(도검). 刀工(도공) 刀圭(도규) 刀銘(도명) 笑中有刀(소중유도)

到

5급

칼 도(刀/刂)부 [2刀6 총8획]

이를 도

이르다, 닿음   유 着(이를 착)   영 reach   중 到 dào   일 トウ(いたる)

형성 이를 지(至)+칼 도(刀)자로 옛날 먼길을 떠날 때 무기를 지녀야 무사히 '이르다'를 뜻한다.

到達(도달) 정한 곳에 이름. 到底(도저) 到來(도래) 到處(도처)

6급 度 엄 호(广)부 [3广6 총9획] 법도 도/헤아릴 탁	법도, 도수　　　　　　　　　　　　영 law　중 度 dù　일 ド(のり) 형성 여러 사람[庶]들이 손[又]으로 헤아린다는 뜻에서 비롯되어 '법도'의 뜻이다. 度數(도수) 거듭된 횟수.　度量(도량)　態度(태도)　忖度(존탁)　寬仁大度(관인대도) 度度度度度度度度度 度度度度度
5급 島 뫼 산(山)부 [3山7 총10획] 섬 도	섬　　　　　　　　　　　　　　　　영 island　중 岛 dǎo　일 トウ(しま) 형성 새 조(鳥)+뫼 산(山)자로 바다에 새같이 떠 있는 산이 '섬'이다. 島嶼(도서) 섬.　島國根性(도국근성)　島民(도민)　島配(도배)　無人孤島(무인고도) 島島島島島島島島島島 島島島島島
4급 徒 두인 변(彳)부 [3彳7 총10획] 무리 도	무리, 동아리　유 黨(무리 당)　　　　영 crowd　중 徒 tú　일 ト·ズ(かち) 형성 자축거릴 척(彳)+달릴 주(走)자로 많은 '무리'가 걸어가고 달려 달아났다. 徒步(도보) 탈 것을 타지 않고 걸어감.　徒囚(도수)　徒輩(도배)　徒黨(도당) 徒徒徒徒徒徒徒徒徒 徒徒徒徒徒
5급 都 고을 읍(우부방) 邑(阝)부 [3阝9 총12획] 도읍 도	도읍, 서울　　　　　　　　　　　　영 capital　중 都 dū　일 ト(みやこ) 형성 놈 자(者)+고을 읍(阝)자로 많은 사람들이 살고 있는 '도읍'을 뜻한다. 都心(도심) 도회의 중심.　古都(고도)　都市(도시)　都邑(도읍) 都都都都都都都都都都都都 都都都都都
7급 道 쉬엄쉬엄갈 착(책받침) 辵(辶)부 [4辶9 총13획] 길 도	길, 도로　유 路(길 로)　　　　　　　영 road　중 道 dào　일 ドウ(みち) 회의·형성 머리 수(首)+쉬엄쉬엄갈 착(辶)자로 사람이 마땅히 지켜야 할 도덕적인 일이 '도리'이다. 道德(도덕) 사람이 행해야할 바른 길.　道界(도계)　道具(도구)　道民(도민) 道道道道道道道道道道道道 道道道道道

6급	圖 [図]	그림, 지도　㊌ 畫(그림 화)　　㊀ picture　㊥ 图 tú　㊐ 図 ト(はかる)
	큰입 구(口)부 [3口11 총14획]	㊗ 화선지[口] 위에 땅을 분할한 것을 '그림'으로 그리다. 圖示(도시) 그림으로 된 양식.　圖解(도해)　圖錄(도록)　圖面(도면) 圖圖圖圖圖圖圖圖圖圖圖圖圖圖
그림 도		圖 圖 圖 圖 圖

5급	獨 [独]	홀로, 혼자　㊌ 孤(외로울 고)　　㊀ alone　㊥ 独 dú　㊐ 独 ドク
	개 견(犬/犭)부 [3犭13 총16획]	㊗ 개[犭]와 닭[蜀]은 잘 싸우기 때문에 따로따로 '홀로' 두어야 한다. 獨立(독립) 혼자 섬.　獨房(독방)　獨斷(독단)　獨島(독도) 獨獨獨獨獨獨獨獨獨獨獨
홀로 독		獨 獨 獨 獨 獨

6급	讀 [读]	읽다, 설명함　　　　　　　　　㊀ read　㊥ 读 dú　㊐ 読 ドク(よむ)
	말씀 언(言)부 [7言15 총22획]	㊗ 말씀 언(言)+팔 매(賣)자로 장사꾼들이 물건을 팔 때 소리내어 글을 '읽다'의 뜻이다. 讀者(독자) 책이나 신문 등을 읽는 사람.　讀解(독해)　讀經(독경)　句讀(구두) 讀讀讀讀讀讀讀讀讀讀讀讀讀
읽을 독/구절 두		讀 讀 讀 讀 讀

7급	冬	겨울, 동절기　　　　　　　　　㊀ winter　㊥ 冬 dōng　㊐ トウ(ふゆ)
	이 수(冫)부 [2冫3 총5획]	㊗ 뒤져올 치(夂)+얼음 빙(冫)자로 발밑에 얼음이 어는 '겨울'을 뜻한다. 冬季(동계) 겨울철.　冬眠(동면)　冬至(동지)　秋收冬藏(추수동장) 冬冬冬冬冬
겨울 동		冬 冬 冬 冬 冬

7급	同	한 가지, 같이 하다　㊋ 異(다를 이)　㊀ same　㊥ 同 tóng　㊐ トウ(おなじ)
	입 구(口)부 [3口3 총6획]	㊗ 무릇 범(凡)+입 구(口)자로 여러 사람의 입에서 나온 의견이 '한 가지'를 뜻한다. 同級(동급) 같은 학년.　同名(동명)　同甲(동갑)　同生(동생)　同病相憐(동병상련) 同同同同同同
한가지 동		同 同 同 同 同

8급	東 나무 목(木)부 [4木4 총8획] 동녘 **동**	동녘, 동쪽 ⟨반⟩ 西(서녘 서) ⟨영⟩ east ⟨중⟩ 东 dōng ⟨일⟩ トウ(ひがし) ⟨회의⟩ 해 일(日)+나무 목(木)자로 해가 떠올라 나뭇가지 중간에 걸쳐 있으므로 '동녘'을 뜻한다. 東史(동사) 우리 나라의 역사. 東床(동상) 東邦(동방) 東洋(동양) 東東東東東東東東 東 東 東 東 東
7급	洞 물 수(삼수변) 水(氵)부 [3氵6 총9획] 마을 **동**	고을, 구멍 ⟨영⟩ village ⟨중⟩ 洞 dòng ⟨일⟩ ドウ(ほら) ⟨형성⟩ 물 수(氵)+한 가지 동(同)자로 물로 움푹 패여 사람이 한데 모여사는 '마을'을 뜻한다. 洞窟(동굴) 깊고 넓은 큰 굴. 洞天(동천) 洞口(동구) 洞洞洞洞洞洞洞洞洞 洞 洞 洞 洞 洞
7급	動 힘 력(力)부 [2力9 총11획] 움직일 **동**	움직이다, 일하다 ⟨반⟩ 靜(고요할 정) ⟨영⟩ move ⟨중⟩ 动 dòng ⟨일⟩ ドウ(うごかす) ⟨형성⟩ 무거울 중(重)+힘 력(力)자로 무거운 것을 힘으로 '움직이다'의 뜻이다. 動産(동산) 금전 등으로 이동이 가능한 재산. 動因(동인) 動力(동력) 動脈(동맥) 動動動動動動動動動動動 動 動 動 動 動
6급	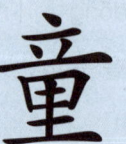 설 립(立)부 [5立7 총12획] 아이 **동**	아이, 어리석다 ⟨유⟩ 兒(아이 아) ⟨영⟩ child ⟨중⟩ 童 tóng ⟨일⟩ ドウ(わらべ) ⟨회의⟩ 설 립(立)+마을 리(里)자로 동네어귀에 서서 잘 뛰노는 '아이'를 뜻한다. 童心(동심) 어린아이의 마음. 童然(동연) 童詩(동시) 童顔(동안) 童童童童童童童童童童 童 童 童 童 童
4Ⅱ급	斗 말 두(斗)부 [4斗0 총4획] 말 **두**	말(용량의 단위), 10승(升) ⟨영⟩ measure ⟨중⟩ 斗 dǒu ⟨일⟩ ト(ます) ⟨상형⟩ 옛날 쌀이나 곡식의 양을 헤아리는 단위이다. 斗極(두극) 북극성. 斗起(두기) 斗頓(두돈) 斗量(두량) 一間斗屋(일간두옥) 斗斗斗斗 斗 斗 斗 斗 斗

4II급	豆	콩, 팥	영 bean 중 豆 dòu 일 ゴ(さとる)
		형성 먹는 여러 음식 중에서 힘을 보태주는 좋은 식품은 '콩'이다.	
		豆腐(두부) 콩으로 만든 식품의 한가지. 大豆(대두) 豆類(두류) 豆油(두유)	
	콩 두(豆)부 [7豆0 총7획]	豆豆豆豆豆豆豆	
콩·제기 **두**		豆 豆 豆 豆 豆	

6급	頭	머리, 우두머리	영 head 중 头 tóu 일 トウ(あたま)
		형성 콩 두(豆)+머리 혈(頁)자로 사람의 '머리'는 콩같이 둥글게 생겼다.	
		頭角(두각) 머리끝, 뛰어난 재능. 頭巾(두건) 頭痛(두통) 頭緖(두서)	
	머리 혈(頁)부 [9頁7 총16획]	頭頭頭頭頭頭頭頭頭頭頭頭頭	
머리 **두**		頭 頭 頭 頭 頭	

4II급	得	얻다, 깨닫다 반 失(잃을 실)	영 get 중 得 dé 일 トク(える)
		회의 자축거릴 척(彳)+조개 패(貝)+마디 촌(寸)자로 걸어가서 재물을 손에 '얻다'의 뜻이다.	
		得男(득남) 아들을 낳음. 得道(득도) 得勢(득세) 得票(득표) 一擧兩得(일거양득)	
	두인 변(彳)부 [3彳8 총11획]	得得得得得得得得得得得	
얻을 **득**		得 得 得 得 得	

7급		오르다, 기재하다	영 climb 중 登 dēng 일 ト·トウ(のぼる)
		회의 걸을 발(癶)+콩 두(豆)자로 두 발로 서서 높은 곳에 '오르다'의 뜻이다.	
		登高(등고) 높은 곳에 오름. 登用(등용) 登校(등교) 登極(등극)	
	걸을 발(癶)부 [5癶7 총12획]	登登登登登登登登登登登登	
오를 **등**		登 登 登 登 登	

6급	等	무리, 동아리	영 class 중 等 děng 일 トウ(ひとし)
		회의 대 죽(竹)+절 사(寺)자로 절주변에 대나무들이 '무리'를 지어 자생하고 있다.	
		等邊(등변) 길이가 같은 변. 等外(등외) 等級(등급) 等分(등분)	
	대 죽(竹)부 [6竹6 총12획]	等等等等等等等等等等等等	
무리 **등**		等 等 等 等 等	

중학 교육용 한자 900

4Ⅱ급	燈 (灯) 불 화(火/灬)부 [4火12 총16획]	등잔, 등 / 등잔 등	영 lamp 중 灯 dēng 일 灯 トウ(ひ) 형성 불 화(火)+오를 등(登)자로 불을 켜서 높이 올려놓는 '등잔'을 뜻한다. 燈下不明(등하불명) 등잔 밑이 어둡다는 뜻. 燈臺(등대) 燈油(등유) 燈盞(등잔)
5급	落 풀 초(초두) 艸(++)부 [4++9 총13획]	떨어지다 / 떨어질 락(낙)	반 及(미칠 급) 영 fall 중 落 luò 일 ラク(おとす) 회의 풀 초(艹)+낙수 락(洛)자로 초목의 잎이 '떨어지다'를 뜻한다. 落後(낙후) 뒤떨어짐. 落水(낙수) 落葉(낙엽) 落第(낙제) 烏飛梨落(오비이락)
6급	樂 나무 목(木)부 [4木11 총15획]	즐기다 / 즐길 락/풍류 악/좋아할 요	반 苦(쓸 고) 영 pleasure 중 乐 lè 일 楽 ラク(たのしい) 상형 어린 아이들[幺幺]이 손뼉치고[拍→白] 나무[木]를 두드리며 '즐거워하고' 있다. 樂劇(악극) 악곡을 극의 구성에 맞도록 만든 음악극. 苦樂(고락) 音樂(음악) 樂山樂水(요산요수) 喜怒哀樂(희로애락)
4급	卵 병부 절(卩/㔾)부 [2卩5 총7획]	알, 새·물고기·벌레 따위의 알 / 알 란(난)	영 egg 중 卵 luǎn 일 ラン(たまご) 상형 '알'에서 막 부화한 새끼들의 모양을 본뜬 글자이다. 卵白(난백) 알의 흰자. 卵塊(난괴) 卵生(난생) 卵巢(난소) 以卵投石(이란투석)
3Ⅱ급	浪 물 수(삼수변) 水(氵)부 [3氵7 총10획]	물결, 파도 / 물결 랑(낭)	영 wave 중 浪 làng 일 ロウ(なみ) 형성 물 수(氵)+어질 량(良)으로 '물결, 파도'를 뜻한다. 浪子(낭자) 도락에 빠지거나 방탕한 자. 浪人(낭인) 浪漫(낭만) 浪費(낭비)

3Ⅱ급	郎	사내, 낭군	영 man 중 郎 làng 일 ロウ(おとこ)

형성 마을 읍(阝)+어질 량(良)자로 '사내'를 뜻한다.

新郎(신랑) 갓 결혼한 남자. 郎君(낭군) 郎官(낭관) 兄郎(형랑)

고을 읍(우부방) 邑(阝)부 [3阝7 총10획]

사내 랑(낭)

7급	來	오다, 오게 하다 유 去(갈 거), 往(갈 왕)	영 come 중 来 lái 일 来 ライ(きたる)

상형 보리 이삭이 매달려 처져 있는 모양을 본뜬 글자로 하늘이 내리신 것이므로 '오다'를 뜻한다.

來訪(내방) 찾아옴. 來世(내세) 來賓(내빈) 來日(내일)

사람 인(人)부 [2人6 총8획]

올 래(내)

5급	冷	차다 유 寒(찰 한) 반 溫(따뜻할 온)	영 cool 중 冷 lěng 일 レイ(ひや)

형성 얼음 빙(冫)+명령 령(令)자로 얼음처럼 '차다'를 뜻한다.

冷却(냉각) 식혀서 차게 함. 冷茶(냉차) 冷笑(냉소) 冷待(냉대)

얼음 빙(冫)부 [2冫5 총7획]

찰 랭(냉)

5급	良	어질다, 좋다	영 good 중 良 liáng 일 リョウ(かて)

상형 체나 키로 쳐서 가려낸 좋은 종자[、]가 뿌리를 내려 '좋다'는 뜻이다.

良家(양가) 좋은 집안. 良弓(양궁) 良民(양민) 良書(양서) 良藥苦口(양약고구)

그칠 간(艮)부 [6艮1 총7획]

좋을·어질 량(양)

4Ⅱ급	兩	두, 둘	영 two 중 两 liǎng 일 両 リョウ

상형 천칭 저울을 본뜬 자로 저울추가 양쪽에 있다 하여 '둘'의 뜻이다.

兩得(양득) 한 가지 일로 두 가지 이득을 얻음. 兩面(양면) 兩國(양국)

들 입(入)부 [2入6 총8획]

두 량(양)

3II급	涼	서늘하다	영 cool 중 凉 liáng 일 凉 リョウ(すずしい)
		형성 삼수변(氵=水, 氺):물)+京(경)이 합하여 서늘함을 뜻한다.	
		涼天(양천) 서늘한 일기. 溫涼(온량) 涼傘(양산) 新涼燈火(신량등화)	
삼수변(氵)부 [3氵8 총11획]		涼涼涼涼涼涼涼涼涼涼涼	
서늘할 량(양)		涼 涼 涼 涼 涼	

5급	量	양, 분량	영 amount 중 量 liàng 일 リョウ(はかる)
		형성 가로 왈(曰)+무거울 중(重)자로 무게를 '헤아리다'의 뜻이다.	
		水量(수량) 물의 량. 物量(물량) 量産(양산) 量決(양결) 積載定量(적재정량)	
마을 리(里)부 [7里5 총12획]		量量量量量量量量量量量量	
헤아릴 량(양)		量 量 量 量 量	

5급	旅	나그네, 여행하다 유 客(손 객)	영 traveler 중 旅 lǚ 일 リョ(たび)
		회의 깃발 아래 많은 사람[从]들이 모인 '군사'를 뜻한다.	
		旅客(여객) 나그네. 길손. 旅情(여정) 旅館(여관) 旅行(여행)	
모 방(方)부 [4方6 총10획]		旅旅旅旅旅旅旅旅旅旅	
나그네 려(여)		旅 旅 旅 旅 旅	

7급	力	힘, 힘쓰다	영 strength 중 力 lì 일 ヨク·リキ(ちから)
		상형 물건을 들어올릴 때 팔에 생기는 근육의 모양을 본뜬 글자로 '힘쓰다'를 뜻한다.	
		力說(역설) 힘써 말함. 力點(역점) 力道(역도) 力士(역사)	
힘 력(力)부 [2力0 총2획]		力力	
힘 력(역)		力 力 力 力 力	

5급	歷	지내다, 겪다	영 through 중 历 lì 일 歴 レキ(へる)
		형성 책력 력(厤)+그칠 지(止)자로 책력과 같이 차례를 따라 걸어가 '지나다'의 뜻이다.	
		歷年(역년) 여러 해를 지냄. 歷代(역대) 歷任(역임) 歷史(역사)	
가그칠 지(止)부 [4止12 총16획]		歷歷歷歷歷歷歷歷歷歷	
지날 력(역)		歷 歷 歷 歷 歷	

4Ⅱ급	連 쉬엄쉬엄갈 착(책받침) 辵(辶)부 [4辶7 총11획] 이을 **련(연)**	잇다, 잇닿다 유 絡(이을 락) 영 connect 중 连 lián 일 レン(つらなる)

회의 수레 거(車)+쉬엄쉬엄갈 착(辶)자로 수레가 '잇다'의 뜻이다.

連帶(연대) 서로 연결함. 連累(연루) 連結(연결) 連絡(연락)

連連連連連連連連連連

連 連 連 連 連

5급	練 실 사(糸)부 [6糸9 총15획] 익힐 **련(연)**	익히다, 단련하다 유 習(익힐 습) 영 practice 중 练 liàn 일 練 レン(ねる)

형성 실 사(糸)+분별할 간(柬)자로 실을 삶아 깨끗이 '가리다'를 뜻한다.

練磨(연마) 갈고 닦음. 練達(연달) 練習(연습) 非熟練工(비숙련공)

練練練練練練練練練練練練練練練

練 練 練 練 練

4Ⅱ급	列 칼 도(刀/刂)부 [2刀4 총6획] 벌릴 **렬(열)**	벌이다, 늘어놓음 유 羅(벌릴 라) 영 display 중 列 liè 일 レツ(つらねる)

형성 앙상한 뼈 알(歹)+칼 도(刂)자로 고기를 발라낸 뼈를 차례로 '벌리다'를 뜻한다.

列國(열국) 여러 나라. 列島(열도) 列擧(열거) 列車(열차) 提燈行列(제등행렬)

列列列列列列

列 列 列 列 列

4급	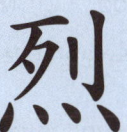 불 화(火/灬)부 [4灬6 총10획] 세찰 **렬(열)**	세차다, 굳세다 영 fierce 중 烈 liè 일 レツ(はげしい)

형성 벌릴 렬(列)+불화 발(灬)자로 불길이 여러 갈래로 번져 '세차다'는 뜻이다.

烈女(열녀) 절개가 굳고 기상이 강한 여자. 烈士(열사) 烈夫(열부) 烈火(열화)

烈烈烈烈烈烈烈烈烈烈

烈 烈 烈 烈 烈

5급	 사람 인(人)부 [2人3 총5획] 하여금 **령(영)**	명령하다, 법령 유 命(목숨 명) 영 order 중 令 lìng 일 レイ

회의 모을 합(合)+병부 절(卩)자로 무릎 꿇고 명령을 받는 것을 뜻한다.

令色(영색) 아름다운 얼굴빛. 令狀(영장) 令息(영식) 令愛(영애)

令令令令令

令 令 令 令 令

領

5급

옷깃, 거느리다 　　　　　　　　　영 collar　중 领 lǐng　일 リョウ(えり)

형성 명령 령(令)+머리 혈(頁)자로 명령을 내리는 우두머리로 '거느리다'의 뜻이다.

領內(영내) 영토 안.　領導(영도)　領土(영토)　領域(영역)

머리 혈(頁)부 [9頁5 총14획]

거느릴 **령(영)**

例

6급

본보기, 법식 　　　　　　　　　영 instance　중 例 lì　일 レイ

형성 사람 인(亻)+벌릴 렬(列)자로 사람을 차례로 줄세워 놓은 '본보기'을 뜻한다.

例法(예법) 용례로 드는 법.　例外(예외)　例文(예문)　例年(예년)

사람 인(亻)부 [2亻6 총8획]

법식 **례(예)**

禮

6급

예도, 예절 　　　　　　　　　영 courtesy　중 礼 lǐ　일 礼 レイ

회의 보일 시(示)+풍성할 풍(豊)자로 음식을 풍성하게 차려놓고 신에게 경의를 표하는 '예도'의 뜻이다.

禮拜(예배) 신이나 부처 앞에 경배함.　禮度(예도)　禮物(예물)　禮訪(예방)

보일 시(示)부 [5示13 총18획]

예도 **례(예)**

老

7급

늙다, 지치다　반 少(젊을 소)　　　영 old　중 老 lǎo　일 ロウ(おいる)

상형 머리카락이 길고 허리가 굽은 노인이 지팡이를 짚고 서 있는 모양을 본뜬 글자이다.

老境(노경) 늙바탕.　老年(노년)　老將(노장)　老翁(노옹)　一怒一老(일노일로)

늙을 로(耂/老)부 [6老0 총6획]

늙을 **로(노)**

勞

5급

수고롭다, 애쓰다　유 使(하여금 사)　　영 fatigues　중 劳 láo　일 労 ロウ(いたわる)

회의 밝을 형(熒)+힘 력(力)자로 밤에 불을 켜놓고 열심히 '수고롭다'의 뜻이다.

勞困(노곤) 일한 뒤끝의 피곤함.　勞力(노력)　勞苦(노고)　勤勞(근로)

힘 력(力)부 [2力10 총12획]

일할 **로(노)**

6급	길, 연줄 ㉭ 道(길 도)	영 road 중 路 lù 일 ロ(じ)

발 족(足)부 [7足6 총13획]

길 로(노)

형성 발 족(足)+각각 각(各)자로 사람이 각각 다니는 '길'을 뜻한다.

路面(노면) 길바닥. 路邊(노변) 路幅(노폭) 路線(노선) 一路邁進(일로매진)

3Ⅱ급	이슬, 은혜	영 dew 중 露 lù 일 ロ(つゆ)

비 우(雨)부 [8雨 13총21]

이슬 로(노)

형성 비 우(雨)+길 로(路)자로 길가의 풀잎에 맺혀 있는 물방울, 즉 '이슬을' 뜻한다.

露骨(노골) 속마음을 드러냄. 露積(노적) 露宿(노숙) 寒露(한로)

6급	푸르다, 초록빛 ㉭ 靑(푸를 청)	영 green 중 绿 lǜ 일 緑 ロク(みどり)

실 사(糸)부 [6糸8 총14획]

푸를 록(녹)

형성 실 사(糸)+나무깎을 록(彔)자로 나무의 껍질을 깎으면 초록빛으로 '푸르다'를 뜻한다.

綠色(녹색) 초록빛. 綠水(녹수) 綠茶(녹차) 草綠同色(초록동색)

4Ⅱ급	논의하다, 말하다 ㉭ 議(의논할 의)	영 discuss 중 论 lùn 일 ロン

말씀 언(言)부 [7言8 총15획]

논의할 론(논)

형성 말씀 언(言)+조리세울 륜(侖)자로 생각을 조리있게 '논의하다'를 뜻한다.

論據(논거) 논의 또는 논설의 근거. 論難(논란) 論理(논리) 論說(논설)

5급	헤아리다, 세다	영 measure 중 料 liào 일 リョウ(はかる)

말 두(斗)부 [4斗6 총10획]

헤아릴 료(요)

회의 쌀 미(米)+말 두(斗)자로 말로 쌀을 되듯이 '헤아리다'를 뜻한다.

料量(요량) 말로 됨. 料率(요율) 料金(요금) 料理(요리) 不出所料(불출소료)

柳

4급

버들, 버드나무   영 willow   중 柳 liǔ   일 リュウ(やなぎ)

형성 나무 목(木)+토끼 묘(卯)자로 가지와 잎이 나부끼는 '버드나무'의 뜻이다.

柳眉(유미) 버들잎처럼 가늘고 아름다운 눈썹. 柳車(유거) 柳器(유기) 柳絮(유서)

나무 목(木)부 [4木5 총9획]

버들 **류(유)**

柳柳柳柳柳柳柳柳柳

柳 柳 柳 柳 柳

流

5급

흐르다, 떠돌다   영 flow   중 流 liú   일 リュウ(ながす)

회의 깃발이 아래로 드리우듯이 물이 아래로 '흐르다'의 뜻이다.

流民(유민) 고향을 떠나 유랑하는 백성. 流水(유수) 流麗(유려) 流通(유통)

물 수(삼수변) 水(氵)부 [3氵7 총10획]

흐를 **류(유)**

流流流流流流流流流流

流 流 流 流 流

留

4Ⅱ급

머무르다, 체류하다   유 停(머무를 정)   영 stay   중 留 liú   일 リュウ(とめる)

형성 농부가 밭의 무성한 풀을 뽑기 위해 오래 '머무르다'의 뜻이다.

留念(유념) 마음에 새기고 생각함. 留任(유임) 留意(유의) 留學(유학)

밭 전(田)부 [5田5 총10획]

머무를 **류(유)**

留 留 留 留 留

六

8급

여섯, 여섯 번   영 six   중 六 liù   일 ロク

지사 양손의 세 손가락을 펼친 모양을 본뜬 글자로 합하여 '여섯'을 뜻한다.

六旬(육순) 60세. 또는 60일. 六角(육각) 六禮(육례) 六法(육법)

여덟 팔(八)부 [2八2 총4획]

여섯 **륙(육)**

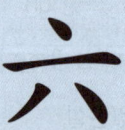

六 六 六 六 六

陸

5급

뭍, 육지   반 海(바다 해)   영 land   중 陆 lù   일 リク(おか)

형성 언덕 부(阝)+언덕 륙(坴)자로 바다에 대하여 흙이 높게 쌓인 '뭍'의 뜻이다.

陸軍(육군) 뭍에서 싸우는 군대. 陸陸(육륙) 陸橋(육교) 陸地(육지)

언덕 부(좌부방) 阜(阝)부 [3阝8 총11획]

뭍 **륙(육)**

陸 陸 陸 陸 陸

3II급	倫	인륜, 윤리　　　　　　　　　　　　영 morals　중 伦 lún　일 リン(みち·たぐい)
		형성 사람 인(亻)+생각할 륜(侖)자로 질서가 잡힌 '인간관계'를 뜻한다.
		倫理(윤리) 인륜 도덕의 원리.　倫次(윤차)　不倫(불륜)　背倫(배륜)
사람 인(人)부 [2人8 총10획]		倫倫倫倫倫倫倫倫倫倫
인륜 **륜**(윤)		倫 倫 倫 倫 倫

4II급	律	법, 법칙　　유 法(법 법), 規(법 규)　　영 law　중 律 lǜ　일 リツ·リチ
		형성 조금 걸을 척(彳)+붓 율(聿)자로 인간행위의 기준을 적은 것으로 '법률'의 뜻이다.
		律客(율객) 음률에 밝은 사람.　律師(율사)　律法(율법)　律動(율동)
두인 변(彳)부 [3彳6 총9획]		律律律律律律律律律
법률 **률**(율)		律 律 律 律 律

6급	利	이롭다, 이익　반 害(해로울 해)　　　영 profit　중 利 lì　일 リ(えきする)
		회의 벼 화(禾)+칼 도(刀)자로 날카로운 낫으로 벼를 베어 수확하니 '이롭다'를 뜻한다.
		利劍(이검) 날카로운 칼.　利得(이득)　利益(이익)　利子(이자)　漁夫之利(어부지리)
칼 도(刀/刂)부 [2刀5 총7획]		利利利利利利利
이로울 **리**(이)		利 利 利 利 利

6급		오얏, 오얏나무　　　　　　　　　　　영 plum　중 李 lǐ　일 リ(すもも)
		형성 나무 목(木)+아들 자(子)자로 나무에 열매가 많이 맺히는 나무로 '자두(오얏)'를 뜻한다.
		李花(이화) 오얏꽃.　李成桂(이성계)　李朝(이조)　李白(이백)　道傍苦李(도방고리)
나무 목(木)부 [4木3 총7획]		李李李李李李李
오얏나무 **리**(이)		李 李 李 李 李

7급	里	마을, 이　　　　　　　　　　　　　영 village　중 里 lǐ　일 リ(さと)
		회의·형성 밭 전(田)에 흙 토(土)자로 밭과 밭이 두렁을 사이에 두고 연이어 있는 '마을'을 뜻한다.
		鄕里(향리) 고향.　洞里(동리)　里長(이장)　一瀉千里(일사천리)
마을 리(里)부 [7里0 총7획]		里里里里里里里
마을 **리**(이)		里 里 里 里 里

6급	理	다스리다, 바루다　　　　　　　영 regulate　중 理 lǐ　일 リ(おさめる)
		형성 구슬 옥(玉)+마을 리(里)자로 옥은 주름에 따라 잘 '다스리다'의 뜻이다.
	구슬 옥(玉/王)부 [4王7 총11획]	理念(이념) 이성의 판단으로 얻은 최고의 개념. 理性(이성) 理想(이상) 理解(이해)
	다스릴 리(이)	理理理理理理理理理理理 理 理 理 理 理

7급	林	수풀, 숲　유 樹(나무 수)　　　　영 forest　중 林 lín　일 リン(はやし)
		회의 두 그루의 나무가 서있는 형상으로 나무가 한곳에 많이 모여 있는 '수풀'의 뜻이다.
	나무 목(木)부 [4木4 총8획]	林立(임립) 숲의 나무들처럼 죽 늘어섬. 林業(임업) 林産(임산) 林野(임야)
	수풀 림(임)	林林林林林林林林 林 林 林 林 林

7급	立	서다, 세우다　　　　　　　　영 stand　중 立 lì　일 ツ(たてる)
		회의 큰 대(大)+한 일(一)자로 사람이 땅 위에 바로 '서다'의 뜻이다.
	설 립(立)부 [5立0 총5획]	立脚(입각) 발판을 만듦. 立證(입증) 立地(입지) 立冬(입동) 德建名立(덕건명립)
	설 립(입)	立立立立立 立 立 立 立 立

5급	馬	말, 산가지　　　　　　　　　영 horse　중 马 mǎ　일 バ(うま)
		상형 말의 머리와 갈기 그리고 네 다리와 꼬리 등 말의 모양을 본뜬 글자이다.
	말 마(馬)부 [10馬0 총10획]	馬脚(마각) 말의 다리. 또는 거짓으로 숨긴 본성. 馬賊(마적) 馬券(마권) 馬上(마상)
	말 마	馬馬馬馬馬馬馬馬馬馬 馬 馬 馬 馬 馬

3Ⅱ급	莫	없다, 멀다　　　　　　　　　영 not　중 莫 mò　일 バク(ない)
		회의 풀 초(艹)+햇빛 대(旲)자로 태양이 초원에 지는 것을 뜻하였으나 가차하여 '없다'를 뜻한다.
	풀초(초두) 艸(艹)부 [4艸7 총11획]	莫强(막강) 아주 강함. 莫莫(막막) 莫大(막대) 莫論(막론) 莫無可奈(막무가내)
	없을 막	莫莫莫莫莫莫莫莫莫莫莫 莫 莫 莫 莫 莫

3급	晩	저물다, 저녁	영 late 중 晚 wǎn 일 バン(おくれる)

형성 날 일(日)+면할 면(免)자로 해가 지상에서 빠져나가 저문 것을 뜻한다.

晩年(만년) 노후. 晩學(만학) 晩秋(만추) 晩霜(만상) 大器晩成(대기만성)

날 일(日)부 [4日7 총11획]

晚晚晚晚晚晚晚晚晚晚晚

저물 만 晚 晚 晚 晚 晚

8급	萬 万	1만, 다수	영 ten thousand 중 万 wàn 일 万 マン(よろず)

상형 독충인 전갈 모양을 본뜬 자로 무리지어 사는 전갈은 수가 많다의 '일만'의 뜻이다.

萬福(만복) 많은 복. 萬歲(만세) 萬感(만감) 萬能(만능)

풀초(초두) 艸(艹)부 [4艹9 총13획]

萬萬萬萬萬萬萬萬萬萬萬

일만 만 萬 萬 萬 萬 萬

4II급	滿	차다, 넉넉하다 반 干(마를 간)	영 full 중 满 mǎn 일 満 マン(みちる)

형성 물 수[氵]이 사방으로 평평하게 가득차서 '차다'의 뜻이다.

滿朔(만삭) 아이 낳을 달이 참. 滿山(만산) 滿開(만개) 滿喫(만끽)

물 수(삼수변) 水(氵)부 [3氵11 총14획]

滿滿滿滿滿滿滿滿滿滿滿

찰 만 滿 滿 滿 滿 滿

5급	末	끝, 지엽(枝葉) 유 端(끝 단)	영 end 중 末 mò 일 マツ(すえ)

지사 나무의 위쪽+한 일(一)의 부호를 그려서 그 나무의 위쪽가지 곧 '끝'을 뜻한다.

末期(말기) 끝나는 시기. 末尾(말미) 末路(말로) 末世(말세) 物有本末(물유본말)

나무 목(木)부 [4木1 총5획]

末 末 末 末 末

끝 말 末 末 末 末 末

5급	亡	망하다, 멸망하다 유 滅(멸망할 멸)	영 ruin 중 亡 wáng 일 ボウ(ほろびる)

회의 사람 인(亻)+숨은 은(隱)자로 사람이 잘못을 저지르고 은폐된 곳에 들어간다.

亡國(망국) 나라를 멸망시킴. 亡失(망실) 亡靈(망령) 亡身(망신)

돼지해머리(亠)부 [2亠1 총3획]

亡 亡 亡

잃을 망/없을 무 亡 亡 亡 亡 亡 亡

忙

3급

마음 심(심방변) 心(忄/㣺)부 [3忄3 총6획]

바쁠 망

바쁘다, 조급하다 · 영 busy · 중 忙 máng · 일 ボウ(いそがしい)

형성 마음 심(忄)+잃을 망(亡)자로 차분한 마음을 잃어 바쁘고 조급한 것을 뜻한다.

忙殺(망쇄) 아주 바쁨. 忙月(망월) 多忙(다망) 奔忙(분망) 忙中有閑(망중유한)

忘

3급

마음 심(심방변) 心(忄/㣺)부 [4心3 총7획]

잊을 망

잊다, 버리다 · 영 forget · 중 忘 wàng · 일 ボウ(わすれる)

형성 잃을 망(亡)+마음 심(心)자로 마음속으로부터 기억이 없어지는 것을 뜻한다.

忘却(망각) 잊음. 健忘症(건망증) 忘恩(망은) 忘德(망덕) 白骨難忘(백골난망)

望

5급

달 월(月)부 [4月7 총11획]

바랄 망

바라다, 기다리다 · 유 希(바랄 희) · 영 hope · 중 望 wàng · 일 ボウ(のぞむ)

회의 잃을 망(亡)+달 월(月)+우뚝설 임(壬)자로 없는 달이 뜨기를 '바란다'는 뜻이다.

望哭(망곡) 바라보며 통곡함. 望九(망구) 望臺(망대) 望樓(망루)

每

7급

말 무(毋)부 [5毋2 총7획]

매양 매

매양, 늘 · 영 every, always · 중 每 měi · 일 マイ(ごと)

형성 싹날 철(屮)+어미 모(母)자로 풀이 무성한 것을 뜻하며 '매양'의 뜻이다.

每番(매번) 번번이. 每事(매사) 每年(매년) 每日(매일) 每事盡善(매사진선)

妹

4급

계집 녀(女)부 [3女5 총8획]

손아래누이 매

손아래누이, 누이 · 영 younger sister · 중 妹 mèi · 일 マイ(いもうと)

형성 계집 녀(女)+아닐 미(未)자로 아직 철나지 않은 '손아래 누이'를 뜻한다.

妹夫(매부) 누이의 남편. 妹弟(매제) 妹兄(매형) 男妹(남매) 妹結緣(자매결연)

5급	買	사다, 구매하다　반 賣(팔 매)　　　　　　　영 buy　중 买 mǎi　일 バイ(かう)
		회의 그물 망(罒)+조개 패(貝)자로 조개로 바꾼 물건을 그물로 '사다'의 뜻이다.
		買價(매가) 사는 값.　買收(매수)　買氣(매기)　買入(매입)　買占賣惜(매점매석)
조개 패(貝)부 [7貝5 총12획]		買買買買買買買買買買買買
살 매		買買買買買

5급	賣 売	팔다, 넓히다　반 買(살 매)　　　　　　　영 sell　중 卖 mài　일 売 バイ(うる)
		회의·형성 선비 사(士)+살 매(買)자로 사들인 물건을 다시 내놓는 것으로 '팔다'의 뜻이다.
		賣却(매각) 팔아버림.　賣渡(매도)　賣店(매점)　賣物(매물)　薄利多賣(박리다매)
조개 패(貝)부 [7貝8 총15획]		賣賣賣賣賣賣賣賣賣賣賣
팔 매		賣賣賣賣賣

3급	麥 麦	보리, 메밀　　　　　　　　　　　　　영 barley　중 麦 mài　일 麦 バク(むぎ)
		회의 올 래(來)+뿌리내릴 치(夊)자로 땅 속 깊이 뿌리내린 '보리'를 뜻한다.
		麥麴(맥국) 보리 기름.　麥農(맥농)　麥芽(맥아)　麥酒(맥주)
보리 맥(麥)부 [11麥0 총11획]		麥麥麥麥麥麥麥麥麥麥麥
보리 맥		麥麥麥麥麥

3급	免	면하다, 벗어나다　　　　　　　　　영 avoid　중 免 miǎn　일 メン(まぬかれる)
		회의 태아가 어미의 자궁에서 힘겹게 나오는 모습에서 '벗어나다'를 뜻한다.
		免喪(면상) 부모의 3년 상을 벗음.　免除(면제)　免稅(면세)　免役(면역)
어진사람 인(儿)부 [2儿6 총8획]		免免免免免免免
면할·벗어날 면		免免免免免

4급	勉	힘쓰다, 권하다　　　　　　　　　　영 exert　중 勉 miǎn　일 ベン(つとめる)
		형성 면할 면(免)+힘 력(力)자로 고생을 면하려면 힘써 일해야 되므로 '힘쓰다'의 뜻이다.
		勉勵(면려) 스스로 애써 노력함.　勉學(면학)　勤勉(근면)　勸勉(권면)
힘 력(力)부 [2力7 총9획]		勉勉勉勉勉勉勉勉
힘쓸 면		勉勉勉勉勉

面

7급 얼굴 면(面)부 [9面0 총9획]

낮, 얼굴   영 face   중 面 miàn   일 メン(かお)

상형 목과 얼굴의 윤곽을 그려 '얼굴'을 뜻한다.

面鏡(면경) 얼굴을 볼 수 있는 작은 거울.   面刀(면도)   面談(면담)   面貌(면모)

얼굴 **면**

眠

3Ⅱ급 눈 목(目)부 [5目5 총10획]

잠자다, 졸다   영 sleep   중 眠 mián   일 ミン(ねむる)

형성 눈 목(目)+백성 민(民)자로 모든 사람이 눈을 감고 '잠자는 것'을 뜻한다.

眠睡(면수) 잠을 잠.   冬眠(동면)   睡眠(수면)   高枕安眠(고침안면)

잘 **면**

名

7급 입 구(口)부 [3口3 총6획]

이름, 외형   영 name   중 名 míng   일 メイ(な)

회의 저녁 석(夕)+입 구(口)자로 저녁에는 얼굴을 분간할 수 없어 '이름'을 불러야 한다는 뜻이다.

名曲(명곡) 이름난 악곡.   名士(명사)   名物(명물)   名分(명분)   有名無實(유명무실)

이름 **명**

命

7급 입 구(口)부 [3口5 총8획]

목숨, 수명   유 令(하여금 령)   영 life   중 命 mìng   일 メイ(いのち)

회의 명령 령(令)+입구(口)자로 임금의 명령은 '목숨'을 바쳐 지켜야 한다는 뜻이다.

命令(명령) 윗사람이 아랫사람에게 시킴.   命中(명중)   命巾(명건)   運命(운명)

목숨 **명**

明

6급 날 일(日)부 [4日4 총8획]

밝다, 밝히다   유 朗(밝을 랑)   반 暗(어두울 암)   영 light   중 明 míng   일 メイ(あかり)

회의 해 일(日)+달 월(月)자로 해는 낮, 달은 밤에 밝게 비춰주므로 '밝다'의 뜻이다.

明鑑(명감) 밝은 거울.   明鏡止水(명경지수)   明堂(명당)   明朗(명랑)

밝을 **명**

鳴

4급

새 조(鳥)부 [11鳥3 총14획]

울 명

울다, 새·짐승 울음　　　영 chirp　중 鸣 míng　일 メイ(なく)

회의 입 구(口)+새 조(鳥)자로 새가 입을 벌려 '운다'는 뜻이다.

鳴金(명금) 징 치는 것.　鳴禽類(명금류)　鷄鳴(계명)　共鳴(공명)

毛

4Ⅱ급

털 모(毛)부 [4毛0 총4획]

털 모

털, 머리털　유 髮(터럭 발)　　영 hair　중 毛 máo　일 モウ(け)

상형 사람의 머리털이나 눈썹 또는 짐승의 털모양을 본떠 만든 글자이다.

毛孔(모공) 털구멍.　毛髮(모발)　毛根(모근)　毛織(모직)　毛骨悚然(모골송연)

母

8급

말 무(毋)부 [5毋0 총5획]

어미 모

어미, 근원　　영 mother　중 母 mǔ　일 ボ(はは)

상형 어미가 어린아이를 가슴에 품고 있는 모양을 본뜬 글자다.

母校(모교) 자기의 출신 학교.　母體(모체)　母系(모계)　母國(모국)

暮

3급

날 일(日)부 [4日11 총15획]

저물 모

저물다, 해지다　　영 evening　중 暮 mù　일 ボ(くれる)

회의 날 일(日)+없을 막(莫)자로 해가 없어져 '저물다'를 뜻한다.

暮景(모경) 저녁 무렵의 경치.　暮年(모년)　暮色(모색)　旦暮(단모)

木

8급

나무 목(木)부 [4木0 총4획]

나무 목

나무, 목재　유 樹(나무 수)　　영 tree　중 木 mù　일 ボク(き)

상형 땅에 뿌리를 박고 가지를 벌리고 서있는 나무의 모양을 본뜬 글자이다.

木工(목공) 나무로 물건을 만드는 일.　木器(목기)　木馬(목마)　木石(목석)

目

6급

눈 목(目)부 [5目0 총5획]

눈, 안구(眼球) 한 眼(눈 안) 영 eye 중 目 mù 일 モク(め)

회의·형성 사람의 눈 모양을 본뜬 글자이다.

目擊(목격) 자기 눈으로 직접 봄. 目前(목전) 目錄(목록) 目禮(목례)

目 目 目 目 目

눈 **목**

卯

3급

병부 절(卩/㔾)부 [2卩3 총5획]

토끼, 넷째 지지 영 rabbit 중 卯 mǎo 일 ボウ(う)

상형 양쪽 문짝을 열어젖뜨린 모양을 본뜬 글자로 십이지의 넷째로 쓰인다.

卯生(묘생) 묘년(卯年)에 태어난 사람. 卯日(묘일) 卯時(묘시) 卯酒(묘주)

卯 卯 卯 卯 卯

토끼·넷째지지 **묘**

妙

4급

계집 녀(女)부 [3女4 총7획]

묘하다, 뛰어나다 영 strange 중 妙 miào 일 チョク(なおす)

형성 계집 녀(女)+젊을 소(少)자로 젊은 여자는 예쁘고 '묘하다'의 뜻이다.

妙計(묘계) 묘한 꾀. 妙技(묘기) 妙味(묘미) 妙手(묘수) 妙技百出(묘기백출)

妙 妙 妙 妙 妙 妙 妙

戊

3급

창 과(戈)부 [4戈1 총5획]

다섯째 천간 중 戊 wù 일 ボ(つちのえ)

상형 도끼와 같은 날이 달린 '창'의 모양을 본뜬 글자이다.

戊夜(무야) 새벽 3시부터 5시 사이. 戊戌酒(무술주) 戊辰(무진) 戊戌(무술)

戊 戊 戊 戊 戊

다섯째천간 **무**

武

4II급

그칠 지(止)부 [4止4 총8획]

호반(虎班), 굳세다 판 文(글월 문) 영 military 중 武 wǔ 일 ブ(たけしい)

형성 창 과(戈)+그칠 지(止)자로 무기를 들고 침략을 미연에 방어하는 '군사'의 뜻이다.

武術(무술) 무도의 기술. 武勇(무용) 武功(무공) 武器(무기) 用武之地(용무지지)

武 武 武 武 武 武 武

茂

3Ⅱ급

무성하다　　　영 flourishing　중 茂 máo　일 モ(しげる)

형성 풀 초(艹)+무성할 무(戊)자로 풀이 뒤덮고 우거져 '무성한 것'을 뜻한다.
茂盛(무성) 초목이 아주 잘 자라나 잎이 무성한 것을 나타냄.
茂勳(무훈)　茂林(무림)　松柏之茂(송백지무)

풀초(초두) 艹(++)부 [4艹+5 총9획]

무성할 무

務

4Ⅱ급

힘쓰다, 일　　　영 exert　중 务 wù　일 ム(つとめる)

형성 창[矛]으로 적을 치듯[攵] 힘써 '힘쓰다'를 뜻한다.
務望(무망) 간절히 바람.　務實力行(무실역행)　服務(복무)　業務(업무)

힘 력(力)부 [2力9 총11획]

힘쓸 무

無

5급

없다, 아니다　　반 有(있을 유)　영 nothing　중 无 wú　일 ム(ない)

회의 나무가 무성한 숲이라도 불나면 '없어진다'는 뜻이다.
無故(무고) 까닭이 없음.　無能(무능)　無禮(무례)　無料(무료)　眼下無人(안하무인)

불 화(火/灬)부 [4灬8 총12획]

없을 무

舞

4급

춤추다, 무용하다　　　영 dance　중 舞 wǔ　일 ブ(まい・まう)

형성 없을 무(無)+어그러질 천(舛)자로 발을 엇갈리고 손을 비스듬히 하며 '춤춘다'는 뜻이다.
舞曲(무곡) 춤을 출 때 부르는 노래.　舞踊(무용)　舞臺(무대)　舞童(무동)

어그러질 천(舛)부 [6舛8 총14획]

춤출 무

墨

3급

먹, 형벌 이름　　　영 ink　중 墨 mò　일 ボク(すみ)

형성 검을 흑(黑)+흙 토(土)자로 검댕과 흙으로 만든 '먹'을 뜻한다.
墨家(묵가) 묵적의 학파.　墨池(묵지)　墨客(묵객)　墨香(묵향)　近墨者黑(근묵자흑)

흙 토(土)부 [3土12 총15획]

먹 묵

文

7급 글월, 문장 유 章(글 장) 영 letter 중 文 wén 일 ブン(もじ)

상형 사람의 몸에 그린 무늬 모양을 본뜬 '글자'의 뜻이다.

文格(문격) 문장의 품격. 文魁(문괴) 文明(문명) 文魚(문어) 博我以文(박아이문)

글월 문(文)부 [4文0 총4획]

글월 **문**

門

8급 문, 문간 영 door 중 门 mén 일 モン(かど)

상형 두 개의 문짝을 달아놓은 모양을 본뜬 글자로 '집 안'을 뜻한다.

門客(문객) 집안에 있는 식객. 門限(문한) 門前(문전) 門中(문중)

문 문(門)부 [8門0 총8획]

문 **문**

問

7급 묻다, 안부를 묻다 반 答(대답 답) 영 ask 중 问 wèn 일 モン(とう)

형성 문 문(門)+입 구(口)자로 문 앞에서 입을 열어 말하며 '묻다'의 뜻이다.

問病(문병) 앓는 사람을 찾아보고 위로함. 問罪(문죄) 問答(문답) 問題(문제)

입 구(口)부 [3口8 총11획]

물을 **문**

聞

6급 듣다, 냄새 맡다 유 聽(들을 청) 영 hear 중 闻 wén 일 ブン(きく)

형성 문 문(門)+귀 이(耳)자로 방문자가 문 앞에서 묻는 것을 문틈으로 '듣는다'는 뜻이다.

見聞(견문) 보고 들어서 깨닫고 얻은 지식. 所聞(소문) 新聞(신문) 聞道(문도)

귀 이(耳)부 [6耳8 총14획]

들을 **문**

勿

3Ⅱ급 말다, 기(旗) 영 don't 중 勿 wù 일 モツ・モチ(なかれ)

상형 활시위를 퉁겨서 불길한 것을 떨쳐 버리는 모양으로 가차되어 '~하지 말라'를 뜻한다.

勿忘草(물망초) 지칫과에 딸린 여러해살이풀. 勿失好機(물실호기) 勿論(물론) 勿驚(물경)

쌀 포(勹)부 [2勹2 총4획]

말 **물**

物

7급

소 우(牛)부 [4牛4 총8획]

물건 **물**

만물, 일 유 件(물건 건) 영 matter, goods 중 物 wù 일 ブツ(もの)

상형·지사 소 우(牛)+말 물(勿)자로 부정이 씻긴 산제물인 소의 뜻에서 '물건'을 뜻한다.

物價(물가) 물건의 값. 物望(물망) 物件(물건) 物量(물량)

未

4Ⅱ급

나무 목(木)부 [4木1 총5획]

아닐 **미**

아니다, 못하다 영 not 중 未 wèi 일 ミ·ビ(いまだ)

회의·형성 나무[木]에 가지[一]가 많아 아직 자라지 않았다는 뜻이다.

未納(미납) 아직 바치지 아니하거나 못함. 未備(미비) 未開(미개) 未達(미달)

米

6급

쌀 미(米)부 [6米0 총6획]

쌀 **미**

쌀, 열매 영 rice 중 米 mǐ 일 マイ(こめ)

상형 네 개의 점은 낟알을, '十'은 낟알이 따로따로 매달려 있는 모양을 뜻한다.

米價(미가) 쌀값. 米穀(미곡) 米飮(미음) 玄米(현미) 米珠薪桂(미주신계)

尾

3급

주검 시(尸)부 [3尸4 총7획]

꼬리 **미**

꼬리, 교미하다 유 末(끝 말) 영 tail 중 尾 wěi 일 ビ(お)

회의 주검 시(尸)+털 모(毛)자로 엉덩이 끝의 털로 이루어진 '꼬리'를 뜻한다.

尾骨(미골) 꽁지 뼈. 尾行(미행) 後尾(후미) 尾宿(미수) 去頭截尾(거두절미)

味

4Ⅱ급

입 구(口)부 [3口5 총8획]

맛 **미**

맛, 풍미(風味) 영 taste 중 味 wèi 일 ミ(あじ)

형성 입 구(口)+아닐 미(未)자로 맛이 어떤가 입으로 '맛보다'의 뜻이다.

味覺(미각) 맛을 아는 감각. 味盲(미맹) 嘗味(상미) 興味(흥미)

6급	美 양 양(羊)부 [6羊3 총9획] 아름다울 미	아름답다, 맛나다 유 麗(고울 려) 영 beautiful 중 美 měi 일 ビ(うつくしい) 회의 양 양(羊)+큰 대(大)자로 양은 클수록 '아름답다'는 뜻이다. 美觀(미관) 훌륭한 정치. 美德(미덕) 美女(미녀) 美談(미담)
8급	民 성 씨(氏)부 [5氏0 총5획] 백성 민	백성, 평민 반 官(벼슬 관) 영 people 중 民 mín 일 ミン(たみ) 회의 덮을 멱(冖)+성 씨(氏)자로 집안 가득한 '백성'의 뜻이다. 民權(민권) 인민의 권리. 民族(민족) 民家(민가) 民泊(민박)
4Ⅱ급	密 갓머리(宀)부 [3宀8 총11획] 빽빽할 밀	빽빽하다, 자세하다 영 dense, secret 중 密 mì 일 ミツ(ひそか) 형성 빽빽할 밀(宓)+뫼 산(山)자로 산에 나무가 '빽빽하다'는 뜻이다. 密使(밀사) 은밀하게 보내는 밀사. 密室(밀실) 密告(밀고) 密林(밀림)
6급	朴 나무 목(木)부 [4木2 총6획] 순박할·성 박	순박하다, 나무껍질 영 naive 중 朴 pǔ 일 ボク(ほお) 회의 나무 목(木)+점칠 복(卜)자로 나무하고 점치고 하며 사는 사람들은 '순박'하다. 朴鈍(박둔) 무기 등이 예리하지 못함. 素朴(소박) 朴訥(박눌) 質朴(질박)
6급	反 또 우(又)부 [2又2 총4획] 돌이킬 반/뒤집을 번	돌이키다, 되풀이 영 return 중 反 fǎn 일 ハン(そる) 회의 민엄 호(厂)+또 우(又)자로 덮어가린 것을 손으로써 '돌이키다'의 뜻이다. 反感(반감) 다른 사람의 의견에 반대함. 反對(반대) 反省(반성) 反田(번전)

6급	반, 한가운데	영half 중半bàn 일半ハン(かば)
 열 십(十)부 [2+3 총5획]	회의 여덟 팔(八)+소 우(牛)자로 소를 잡아 반씩 나눈다는 '반'의 뜻이다. 半徑(반경) 반지름. 半島(반도) 半開(반개) 半音(반음) 功過相半(공과상반) 半半半半半	
반 **반**	半 半 半 半 半	

3Ⅱ급	밥, 먹다	영boiled rice 중饭fàn 일ハン(めし)
 밥 식(食)부 [9食4 총13획]	형성 밥 식(食)+돌이킬 반(反)자로 곡식을 끓여서 만든 '밥'을 뜻한다. 飯床器(반상기) 밥상 하나를 차리는 데 필요한 한 벌의 그릇. 飯顆(반과) 飯床(반상) 飯酒(반주) 家常茶飯(가상다반) 飯飯飯飯飯飯飯飯飯飯飯	
밥 **반**	飯 飯 飯 飯 飯	

6급	피다, 쏘다 반着(붙을 착)	영bloom 중发fā 일発ハツ(ひらく)
 発 걸을 발(癶)부 [5癶7 총12획]	형성 짓밟을 발(癶)+활 궁(弓)자로 두 발로 풀밭을 힘있게 딛고 서서 활을 '쏘다'는 뜻이다. 發覺(발각) 숨겼던 일이 드러남. 發見(발견) 發信(발신) 發掘(발굴) 發發發發發發發發發發發發	
쏠·필 **발**	發 發 發 發 發	

7급	모, 각	영square 중方fāng 일ホウ(かた)
方 모 방(方)부 [4方0 총4획]	상형 두 척의 뱃머리를 하나로 묶어놓은 모양으로 '방위'의 뜻이다. 方今(방금) 지금, 금방. 方書(방서) 方途(방도) 方面(방면) 方方方方	
모 **방**	方 方 方 方 方	

4Ⅱ급	막다, 둑 유衛(지킬 위) 반攻(칠 공)	영block 중防fáng 일ボウ(ふせぐ)
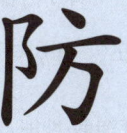 언덕 부(좌부방) 阜(阝)부 [3阝4 총7획]	형성 언덕 부(阝)+모 방(方)자로 흐르는 물을 '막다'의 뜻이다. 防空(방공) 공중으로 오는 적을 막아냄. 防犯(방범) 防水(방수) 防禦(방어) 防防防防防防防	
막을·둑 **방**	防 防 防 防 防	

放 놓을 방

6급 | 칠 복(등글월문)攵(攴)부 [4攵4 총8획]

놓다, 풀어주다 　영release 　중放 fàng 　일ホウ(はなし)

형성 방위 방(方)+칠 복(攵)자로 회초리를 들고 멀리 내쫓는다는 것으로 '놓다'를 뜻한다.
放遣(방견) 놓아서 돌려보냄. 　放光(방광) 　放課(방과) 　放浪(방랑)

房 방 방

4Ⅱ급 | 집 호(戶)부 [4戶4 총8획]

방, 곁방 　영room 　중房 fáng 　일ボウ(へや)

형성 집 호(戶)+모 방(方)자로 지게문에 이어진 모진 '방'의 뜻이다.
房宿(방수) 28수의 하나로 남쪽에 있는 별자리. 　房帳(방장) 　房門(방문) 　庫房(고방)

訪 찾을 방

4Ⅱ급 | 말씀 언(言)부 [7言4 총11획]

찾다, 뵙다 　유探(찾을 탐) 　영visit 　중访 fǎng 　일ホウ(とう)

형성 말씀 언(言)+방위 방(方)자로 좋은 말을 듣기 위해 널리 '찾다'의 뜻이다.
訪問(방문) 찾아봄. 　探訪(탐방) 　訪韓(방한) 　巡訪(순방) 　戶別訪問(호별방문)

杯 잔 배

3급 | 나무 목(木)부 [4木4 총8획]

잔, 대접 　영cup 　중杯 bēi 　일ハイ(さかずき)

형성 나무 목(木)+아니 불(不)자로 나무로 만든 '잔, 대접'을 뜻한다.
杯觴(배상) 나무 술잔. 　乾杯(건배) 　苦杯(고배) 　杯狀(배상) 　杯水救車(배수구거)

拜 절 배

4Ⅱ급 | 손 수(재방변)手(扌)부 [4扌5 총9획]

절, 절하다 　영bow 　중拜 bài 　일ハイ(おがむ)

형성 손 수(手)를 두 개 합치고 아래 하(下)를 받친 자로 두 손 모아 '절하다'는 뜻이다.
拜見(배견) 귀인을 뵘. 　拜金(배금) 　拜禮(배례) 　拜上(배상) 　百拜謝罪(백배사죄)

8급	白	희다, 깨끗하다　㊀ 伯(맏 백)　㊁ 黑(검을 흑)　㊄ white　㊅ 白 bái　㊆ ハク(しろい)
		㊇ 해 일(日)+삐칠 별(丿)자로 해가 빛을 발해 '희다'를 뜻한다.
		白骨(백골) 흰 뼈.　白露(백로)　白晝(백주)　白人(백인)　淸廉潔白(청렴결백)
흰 백(白)부 [5白0 총5획]		白 白 白 白 白
흰 **백**		白 白 白 白 白

7급	百	일 백, 100　　　　　　　　　　　　㊄ hundred　㊅ 百 bǎi　㊆ ヒャク(もも)
		㊇ 한 일(一)+흰 백(白)자로 머리카락이 하얗게 센 사람은 '많다'는 뜻이다.
		百家(백가) 많은 집.　百方(백방)　百官(백관)　百姓(백성)　百年大計(백년대계)
흰 백(白)부 [5白1 총6획]		百 百 百 百 百 百
일백 **백**		百 百 百 百 百

6급		차례, 번　　　　　　　　　　　　㊄ order, follow　㊅ 番 fān　㊆ バン(つかい)
		㊇ 밭 전(田)+분별할 변(釆)자로 곡식 중 익은 것을 가려 '차례'로 거둬들이다.
		番數(번수) 번들어 지킴.　番地(번지)　番外(번외)　番號(번호)　世代交番(세대교번)
밭 전(田)부 [5田7 총12획]		番 番 番 番 番 番 番 番 番 番 番 番
차례 **번**		番 番 番 番 番

4Ⅱ급		치다(징벌하다), 베다　㊀ 討(칠 토)　　㊄ attack　㊅ 伐 fá　㊆ バツ(うつ)
		㊇ 사람 인(亻)+창 과(戈)자로 사람이 창을 들고 적을 '치다'의 뜻이다.
		伐木(벌목) 나무를 벰.　伐採(벌채)　伐草(벌초)　征伐(정벌)　禁火伐草(금화벌초)
사람 인(人)부 [2人4 총6획]		伐 伐 伐 伐 伐 伐
칠 **벌**		伐 伐 伐 伐 伐

3Ⅱ급	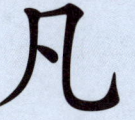	무릇　　　　　　　　　　　　　　㊄ common　㊅ 凡 fán　㊆ ボン·ハン(およそ)
		㊇ 땅에서 하늘에까지 미침으로 '모두'를 뜻한다.
		凡例(범례) 책 머리의 설명글.　凡常(범상)　凡失(범실)　凡人(범인)
안석 궤(책상궤)(几)부 [2几1 총3획]		凡 凡 凡
무릇 **범**		凡 凡 凡 凡 凡

法 [5급]

법, 방법　유 律(법칙 률), 規(법 규)　영 law　중 法 fǎ　일 ホウ(のり)

회의 물 수(氵)+갈 거(去)자로 물이 평평하게 흘러가듯 옳고 그름을 가리는 '법'을 뜻한다.

法則(법칙) 모든 현상들의 원인과 결과.　法益(법익)　法鼓(법고)　法規(법규)

물 수(삼수변) 水(氵)부 [3氵5 총8획]

法法法法法法法法

법 **법**　　法 法 法 法 法

變 [5급]

변하다, 바뀌다　반 化(될 화)　영 change　중 変 biàn　일 変 ヘン(かわる)

회의 말로 달래고 회초리로 가르치면 나쁜 버릇도 '변한다'의 뜻이다.

變貌(변모) 모양이 달라짐.　變色(변색)　變更(변경)　變動(변동)

말씀 언(言)부 [7言16 총23획]

變變變變變變變變變變變

변할 **변**　　變 變 變 變 變

別 [6급]

다르다, 나누다　유 選(가릴 선)　영 different　중 別 bié　일 ベツ(わかれる)

회의 뼈 골(骨)+칼 도(刀)자로 칼로써 뼈와 살을 갈라놓는 것으로 '다르다'의 뜻이다.

別居(별거) 따로 떨어져 삶.　別淚(별루)　別個(별개)　別曲(별곡)

칼 도(刀/刂)부 [2刀5 총7획]

別別別別別別別

다를·나눌 **별**　　別 別 別 別 別

丙 [3Ⅱ급]

셋째 천간, 남녘　　영 south　중 丙 bǐng　일 ヘイ(ひのえ)

회의 다리가 내뻗친 상의 모양으로 가차하여 십간(十干)의 '셋째'를 뜻한다.

丙寅(병인) 60갑자의 셋째.　丙座(병좌)　丙子胡亂(병자호란)　丙科(병과)

한 일(一)부 [1—4 총5획]

丙丙丙丙丙

남녘 **병**　　丙 丙 丙 丙 丙

兵 [5급]

군사, 병사　반 將(장수 장)　영 soldier　중 兵 bīng　일 ヘイ(つわもの)

회의 도끼 근(斤)+맞잡을 공(廾)자로 두 손에 무기를 가진 사람으로 '군사'의 뜻이다.

兵戈(병과) 싸움에 쓰는 창이란 뜻으로 무기를 뜻함.
兵亂(병란)　兵力(병력)　兵法(병법)　兵家常事(병가상사)

여덟 팔(八)부 [2八5 총7획]

兵兵兵兵兵兵兵

군사 **병**　　兵 兵 兵 兵 兵

6급	病 병질 엄(疒)부 [5疒5 총10획]	병들다, 질병 영illness 중病 bìng 일ビョウ(やむ) 형성 병 녁(疒)+밝을 병(丙)자로 병이 점점 심해지므로 '병들다'의 뜻이다. 病苦(병고) 병으로 인한 고통. 病床(병상) 病暇(병가) 病菌(병균)
	병 **병**	

4II급	步 그칠 지(止)부 [4止3 총7획]	걸음, 걷다 영walk 중步 bù 일步 ホ·ブ(あるく) 상형 조금씩[少] 멈추었다[止] 서는 것으로 두 발을 번갈아 떼어놓으므로 '걷다'는 뜻이다. 步道(보도) 사람이 걸어 다니는 인도. 步兵(보병) 步調(보조) 步行(보행)
	걸을 **보**	

4II급	保 사람 인(人)부 [2人7 총9획]	보호하다, 지키다 유守(지킬 수) 영keep 중保 bǎo 일ホウ(たもつ) 회의 사람 인(亻)+보호할 보(呆)자로 어린아이를 강보에 싸서 '보호한다'는 뜻이다. 保姆(보모) 탁아 시설 등에서 어린이를 돌보는 여자. 保身(보신) 保健(보건) 保管(보관) 保身之策(보신지책)
	보호할 **보**	

4II급	報 흙 토(土)부 [3土9 총12획]	갚다, 보답 유告(고할 고) 영repay 중报 bào 일ホウ(むくいる) 회의·형성 죄를 짓고 벌을 받도록 '갚다'를 뜻한다. 報國(보국) 나라를 위해 충성함. 報恩(보은) 報告(보고) 報答(보답)
	갚을 **보**	

4급	伏 사람 인(人)부 [2人4 총6획]	엎드리다, 엎어짐 반起(일어날 기) 영lie face down 중伏 fú 일フク(ふす) 회의 사람 인(亻)+개 견(犬)자로 개가 주인 옆에서 '엎드리다'의 뜻이다. 伏望(복망) 엎드려 바람. 伏中(복중) 伏拜(복배) 伏兵(복병) 伏地不動(복지부동)
	엎드릴 **복**	

중학 교육용 한자 900 | 73

| 6급 | 服
달 월(月)부 [4月4 총8획]
옷 복 | 옷, 의복 ㊌ 衣(옷 의) ㊇ clothes ㊄ 服 fú ㊊ フク(きもの)
㊀ 둥근달처럼 포근하게 몸을 보호하는 '옷'의 뜻이다.
服務(복무) 직무에 힘씀. 服色(복색) 服用(복용) 服裝(복장) 紋繡之服(문수지복)
服服服服服服服服
服 服 服 服 服 |

| 4Ⅱ급 | 復
두인 변(彳)부 [3彳9 총12획]
회복할 복/다시 부 | 회복하다, 다시 ㊋ 往(갈 왕) ㊇ repeat ㊄ 复 fù ㊊ フク(かえる)
㊀ 조금걸을 척(彳)+거듭 복(复)자로 갔던 길을 되돌아오는 것으로 '회복하다'를 뜻하다.
復歸(복귀) 본래 대로 돌아감. 復讐(복수) 復古(복고) 復活(부활)
復復復復復復復復復復復
復 復 復 復 復 |

| 5급 | 福
보일 시(示)부 [5示9 총14획]
복 복 | 복, 행복 ㊌ 幸(행복 행) ㊇ fortune ㊄ 福 fú ㊊ フク(さいわい)
㊀ 볼 시(示)+찰 복(畐)자로 신에게 정성스럽게 빌면 우리에게 '복'을 준다.
福券(복권) 경품권. 福音(복음) 福金(복금) 福祿(복록) 轉禍爲福(전화위복)
福福福福福福福福福
福 福 福 福 福 |

| 6급 | 
나무 목(木)부 [4木1 총5획]
근본 본 | 근본, 근원 ㊌ 根(뿌리 근) ㊇ origin ㊄ 本 běn ㊊ ホン(もと)
㊀ 나무[木]의 밑뿌리[一]로 모든 일에 '근본' 뿌리이다.
本家(본가) 본집. 本夫(본부) 本能(본능) 本來(본래) 拔本塞源(발본색원)
本本木木本
本 本 本 本 本 |

| 5급 | 
큰 대(大)부 [3大5 총8획]
받들 봉 | 받들다, 바치다 ㊇ honor ㊄ 奉 fèng ㊊ ホウ(たてまつる)
㊀ 무성할 봉(丰)+들 공(廾)+손 수(手)자로 두 손으로 물건을 '받들다'를 뜻한다.
奉仕(봉사) 공손히 시중을 듦. 奉事(봉사) 奉養(봉양) 奉祝(봉축)
奉奉奉奉奉奉奉奉
奉 奉 奉 奉 奉 |

3Ⅱ급	逢	만나다, 상봉하다　　　　　　　　　영meet 중逢 féng 일ホウ(あう)
		회의·형성 쉬엄쉬엄갈 착(辶)+끌 봉(夆)자로 길에서 마주 걸어와 '만남'을 뜻한다.
		逢着(봉착) 만남.　逢變(봉변)　逢迎(봉영)　相逢(상봉)　雷逢電別(뇌봉전별)
쉬엄쉬엄갈 착(책받침) 辶(辶) [4辶_7 총11획]		
만날 봉		

8급	父	아비, 아버지　　반母(어미 모)　　　　　영father 중父 fù 일フ(ちち)
		상형 오른 손[乂:又]에 도끼 들고 일하는 남자로 가족을 거느리고 인도하는 '아버지'를 뜻한다.
		父道(부도) 아버지로서 지켜야할 도리.　父命(부명)　父女(부녀)　父母(부모)
아비 부(父)부 [4父0 총4획]		
아버지 부		

7급	夫	지아비(남편), 사내　반婦(아내 부)　　영husband 중夫 fū 일フ(おっと)
		회의 큰 대(大)+한 일(一)자로 머리 위에 상투 틀어 관례를 올린 성인남자인 '지아비'의 뜻이다.
		夫婦(부부) 남편과 아내.　夫日(부일)　夫君(부군)
큰 대(大)부 [3大1 총4획]		
지아비 부		

3Ⅱ급	扶	돕다, 부축하다　　　　　　　　　　영assist 중扶 fú 일フ(たすける)
		형성 손 수(扌)+지아비 부(夫)자로 사나이가 손을 뻗어 '돕는 것'을 뜻한다.
		扶養(부양) 혼자 살아갈 능력이 없는 사람의 생활을 돌봄.
		扶助(부조)　扶支(부지)　挾扶(협부)　相扶相助(상부상조)
손 수(재방변) 手(扌)부 [3扌4 총7획]		
도울 부		

4급	否	아니다, 부정하다　반可(옳을 가)　　　영not, no 중否 fǒu 일ヒ·ビ(いな)
		회의 아닐 불(不)+입 구(口)자로 입으로 '아니다'의 뜻이다.
		否認(부인) 그렇다고 인정하지 아니함.　否決(부결)　否票(부표)　否運(비운)
입 구(口)부 [3口4 총7획]		
아닐 부/막힐 비		

3Ⅱ급	 浮	건너다, 걸어서 돌아다니다 영float 중浮 fú 일フ(うかぶ)
	물 수(삼수변) 水(氵)부 [3氵7 총10획]	형성 물 수(氵)+종자씨 부(孚)자로 물 위로 부풀어 뜨는 것을 뜻한다. 浮袋(부대) 물고기의 장 부근에 있는 공기 주머니. 浮說(부설) 浮橋(부교) 浮動(부동) 浮浮浮浮浮浮浮浮浮浮
	뜰 부	浮 浮 浮 浮 浮

4Ⅱ급	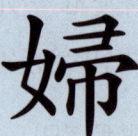 婦	며느리, 아내 반夫(지아비 부) 영wife 중妇 fù 일フ(おんな)
	계집 녀(女)부 [3女8 총11획]	회의 계집 녀(女)+비 추(帚)자로 비를 들고 집안 청소를 하는 여자로 '아내'의 뜻이다. 婦女(부녀) 부인과 여자. 부녀자라고도 함. 婦德(부덕) 婦人(부인) 子婦(자부) 婦婦婦婦婦婦婦婦婦婦婦
	며느리 부	婦 婦 婦 婦 婦

6급	 部	떼, 무리 영department 중部 bù 일ブ(ベ)
	고을 읍(우부방) 邑(阝)부 [3阝8 총11획]	형성 가를 부(阝)+고을 읍(邑)자로 여러 고을을 나누어 다스리는 것으로 '나누다'를 뜻한다. 部分(부분) 전체(全體)를 몇으로 나눈 것의 하나하나. 部落(부락) 部隊(부대) 部部部部部部部部部部部
	나눌·거느릴 부	部 部 部 部 部

4Ⅱ급	 富	가멸(재산이 많다), 넉넉하다 반貧(가난할 빈) 영rich 중富 fù 일フウ(とみ)
	갓머리(宀)부 [3宀9 총12획]	회의·형성 집 면(宀)+찰 복(畐)자로 집안에 재물이 가득하므로 '넉넉하다'를 뜻한다. 富國(부국) 재물이 풍부한 나라. 富者(부자) 富强(부강) 富農(부농) 富富富富富富富富富富富富
	부자 부	富 富 富 富 富

8급	北	북녘, 북쪽 반南(남녘 남) 영north 중北 běi 일ホク(きた)
	비수 비(匕)부 [2匕3 총5획]	상형 서로 등진 두 사람을 뜻한다. 北極(북극) 북쪽 끝. 北斗(북두) 北道(북도) 敗北(패배) 北北北北北
	북녘 북/달아날 배	北 北 北 北 北

6급	 나누다, 나누이다	영 divide 중 分 fēn 일 フン(わける)
	회의 나눌 팔(八)+칼 도(刀)자로 칼로 '나누다'를 뜻한다.	
	分立(분립) 갈라서 나누어 섬. 分擔(분담) 分家(분가) 分錢(푼전)	
칼 도(刀/刂)부 [2刀2 총4획]	分 分 分 分	
나눌 분/단위 푼	分 分 分 分 分	

7급	不 아니다, 못하다	영 not 중 不 bù 일 フ·ブ
	지사 하나(一)의 작은(小) 잘못도 아니 된다.	
	不德(부덕) 덕이 없음. 不變(불변) 不安(불안) 不渡(부도) 表裏不同(표리부동)	
한 일(一)부 [1—3 총4획]	不 不 不 不	
아니 불 / 아닐 부	不 不 不 不 不	

4Ⅱ급	佛 (仏) 부처, 깨닫다 유 寺(절 사)	영 buddha 중 佛 fó 일 仏 フ(ほとけ)
	형성 활[弓]이나 칼[刂] 같은 힘이나 무력이 아닌 덕을 베푸는 사람(亻)이 '부처'다.	
	佛經(불경) 불교의 경전. 佛書(불서) 佛家(불가) 佛像(불상)	
사람 인(人)부 [2人5 총7획]	佛 佛 佛 佛 佛 佛	
부처 불	佛 佛 佛 佛 佛	

3급	 벗, 친구	영 friend 중 朋 péng 일 ホウ(とも)
	상형 달 월(月)+달 월(月)자로 같은 무리가 나란히 있는 것으로 '벗'을 뜻한다.	
	朋友(붕우) 친구. 朋執(붕집) 朋黨(붕당) 面朋(면붕) 朋友有信(붕우유신)	
달 월(月)부 [4月4 총8획]	朋 朋 朋 朋 朋 朋 朋 朋	
벗 붕	朋 朋 朋 朋 朋	

5급	 견주다, 비교하다	영 compare 중 比 bǐ 일 ヒ(くらべる)
	회의 사람이 나란히 앉아 있는 모양으로 '견주어보다'의 뜻이다.	
	比肩(비견) 어깨를 나란히 함. 比較(비교) 比率(비율)	
견줄 비(比)부 [4比0 총4획]	比 比 比 比	
견줄 비	比 比 比 比 比	

중학 교육용 한자 900 | 77

4Ⅱ급	非	아니다, 거짓 世 是(옳을 시) 영 not 중 非 fēi 일 ヒ(あらず)
		지사 새의 양쪽 날개가 서로 다른 방향으로 '어긋난다'는 뜻이다.
		非經濟(비경제) 경제적이 아님
		非番(비번) 非難(비난) 非理(비리) 是是非非(시시비비)
아닐 비(非)부 [8非0 총8획]		非 非 非 非 非 非 非 非
아닐 비		非 非 非 非 非

4Ⅱ급	飛	날다, 날리다 영 fly 중 飞 fēi 일 ヒ(とぶ)
		상형 새가 두 날개를 활짝 펴고 하늘 높이 '날다'의 뜻이다.
		飛閣(비각) 높은 누각
		飛報(비보) 飛上(비상) 飛躍(비약) 飛龍乘雲(비룡승운)
날 비(飛)부 [9飛0 총9획]		飛 飛 飛 飛 飛 飛 飛 飛 飛
날 비		飛 飛 飛 飛 飛

4Ⅱ급	備	갖추다, 구비하다 유 具(갖출 구) 영 prepare 중 备 bèi 일 ビ(そなえる)
		형성 사람[亻]이 언제나 늘 공동으로[共] 쓸 수 있도록[用] '갖추다'의 뜻이다.
		備忘錄(비망록) 잊지 않기 위하여 적어두는 기록.
		備置(비치) 備蓄(비축) 備品(비품) 有備無患(유비무환)
사람 인(人)부 [2人10 총12획]		備 備 備 備 備 備 備 備 備
갖출 비		備 備 備 備

4Ⅱ급	悲	슬프다, 슬퍼하다 世 喜(기쁠 희) 영 sad 중 悲 bēi 일 ヒ(かなしい)
		형성 아닐 비(非)+마음 심(心)자로 바라는 바가 어겨지고 마음이 '슬프다'는 뜻이다.
		悲歌(비가) 슬픈 노래. 悲感(비감) 悲觀(비관) 悲劇(비극) 興盡悲來(흥진비래)
마음 심(심방변) 心(忄/㣺)부 [4心8 총12획]		悲 悲 悲 悲 悲 悲 悲 悲 悲 悲 悲
슬플 비		悲 悲 悲 悲 悲

5급	鼻	코, 처음 영 nose 중 鼻 bí 일 ゼ(はな)
		형성 스스로 자(自)+줄 비(畀)자로 남에게 자기를 가리킬 때 주로 '코'를 가리킨다.
		鼻孔(비공) 콧구멍. 鼻笑(비소) 鼻炎(비염) 鼻音(비음) 耳目口鼻(이목구비)
코 비(鼻)부 [14鼻0 총14획]		鼻 鼻 鼻 鼻 鼻 鼻 鼻 鼻 鼻 鼻 鼻
코 비		鼻 鼻 鼻 鼻 鼻

貧 (가난할 빈) — 4II급

가난하다, 모자라다 유 窮(궁할 궁) 영 poor 중 贫 pín 일 ヒン(まずしい)

회의·형성 나눌 분(分)+조개 패(貝)자로 재물이 나누어져 적어지니 '가난하다'는 뜻이다.

貧者(빈자) 가난한 사람. 貧弱(빈약) 貧困(빈곤) 貧國(빈국) 貧賤之交(빈천지교)

조개 패(貝)부 [7貝4 총11획]

氷 (얼음 빙) — 5급

얼음, 얼다 반 炭(숯 탄) 영 ice 중 冰 bīng 일 ヒョウ(こおり)

회의 얼음 빙(冫)+물 수(水)자로 물이 '얼음'을 뜻한다.

氷菓(빙과) 얼음 과자. 氷山(빙산) 氷水(빙수) 氷板(빙판) 氷姿玉質(빙자옥질)

물 수(삼수변) 水(氵)부 [4水1 총5획]

巳 (뱀 사) — 3II급

뱀, 여섯째 지지(地支) 영 snake 중 巳 sì 일 シ(み)

상형 뱀이 몸을 서리고 꼬리를 드리운 모양을 본뜬 글자다.

巳年(사년) 태세(太歲)의 지지가 사(巳)인 해.
巳座(사좌) 巳時佛供(사시불공) 巳正(사정) 乙巳五賊(을사오적)

몸 기(己)부 [3己0 총3획]

士 (선비 사) — 5급

선비, 사내 유 兵(병졸 병) 영 scholar 중 士 shì 일 シ

회의 열 십(十)+한 일(一)자로 하나를 듣고 배우면 열을 깨우치는 사람이 '선비'의 뜻이다.

士林(사림) 훌륭한 선비들의 세계. 士族(사족) 士氣(사기) 士兵(사병)

선비 사(士)부 [3士0 총3획]

仕 (벼슬·섬길 사) — 5급

벼슬, 벼슬살이 영 public office 중 仕 shì 일 シ(つかえる)

형성 사람 인(亻)+선비 사(士)자로 학문을 익힌 사람은 선비가 되어 '벼슬하다'의 뜻이다.

出仕(출사) 벼슬길에 나감. 給仕(급사) 仕官(사관) 仕版(사판) 學優登仕(학우등사)

사람 인(人)부 [2人3 총5획]

5급

역사, 사기　　　영 history　중 史 shǐ　일 シ(ふみ)

회의 가운데 중(中)+또 우(又)자로 손으로 올바른 사실을 기록하는 '사기'의 뜻이다.

史記(사기) 역사(歷史)를 기록한 책.　史蹟(사적)　史料(사료)　女史(여사)

입 구(口)부 [3口2 총5획]

역사 **사**

史史史史史

8급

넷, 네 번　　　영 four　중 四 sì　일 シ(よ・よつ)

지사 에울 위(口)+여덟 팔(八)자로 사방을 네 부분으로 나누는 모양으로 '넷'의 뜻이다.

四角(사각) 네모.　四面(사면)　四季(사계)　四足(사족)　朝三暮四(조삼모사)

큰입 구(口)부 [3口2 총5획]

넷 **사**

四四四四四

6급

죽다, 죽은 이　반 活(살 활), 生(날 생)　영 die　중 死 sǐ　일 シ(しぬ)

회의 목숨이 다해 살이 빠지고 앙상한 뼈로 변한다 하여 '죽다'는 뜻이다.

死亡(사망) 죽음.　死文(사문)　死力(사력)　死守(사수)　虎死留皮(호사유피)

죽을 사(歹)부 [4歹2 총6획]

죽을 **사**

死死死死死死

4Ⅱ급

절, 불도를 수행하는 곳　유 佛(부처 불)　영 temple　중 寺 sì　일 ジ(てら)

회의 갈 지(土=之)+마디 촌(寸)자로 일정한 법도 하에서 일을 해나가는 '관청'의 뜻이다.

寺內(사내) 절안.　寺刹(사찰)　本寺(본사)　寺人(시인)　山寺野店(산사야점)

마디 촌(寸)부 [3寸3 총6획]

절 **사**/관청 **시**

寺寺寺寺寺寺

4급

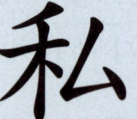

사사(私事), 개인　반 公(공평할 공)　영 private　중 私 sī　일 シ(わたくし)

형성 벼 화(禾)+사사 사(厶)자로 공적인 조세에 대응해 자기 벼라는데서 '사사롭다'는 뜻이다.

私感(사감) 개인적인 원한.　私物(사물)　私見(사견)　私製(사제)

벼 화(禾)부 [5禾2 총7획]

사사로울 **사**

私私私私私私

使

6급 · 사람 인(人)부 [2人6 총8획] · **부릴 사**

부리다, 사신　반 勞(수고로울 로)　영 employ　중 使 shǐ　일 シ(つかう)

회의 사람 인(亻)+아전 리(吏)자로 윗사람이 아전에게 일을 '부리다'의 뜻이다.

使命(사명) 해야할 일.　使人(사인)　使臣(사신)　勞使(노사)　咸興差使(함흥차사)

舍

4Ⅱ급 · 혀 설(舌)부 [6舌2 총8획] · **집 사**

집, 가옥　유 屋(집 옥)　영 house　중 舍 shě　일 シャ

상형 집은 사람[人]에 길한[吉] 좋은 곳이다.

舍兄(사형) 편지 등에서 형이 아우에게 이르는 말
舍叔(사숙)　舍監(사감)　舍利(사리)　他家劫舍(타가겁사)

事

7급 · 갈고리궐(亅)부 [1亅7 총8획] · **일 사**

일하다, 직분　영 work　중 事 shì　일 ジ(こと)

형성 역사 사(史)+갈 지(之)자로 관청이나 상점에서 기를 내걸고 일을 취급한데서 '일'의 뜻이다.

事件(사건) 뜻밖에 있는 변고.　事理(사리)　事故(사고)　事實(사실)

思

5급 · 마음 심(심방변) 心(忄/㣺)부 [4心5 총9획] · **생각할 사**

생각하다, 바라다　유 慮(생각할 려)　영 think　중 思 sī　일 シ(おもう)

회의 밭 전(田)+마음 심(心)자로 농부의 마음은 항상 밭의 곡식을 '생각한다'는 뜻이다.

思考(사고) 생각하고 이것저것 궁리함.　思想(사상)　思料(사료)　思慕(사모)

射

4급 · 마디 촌(寸)부 [3寸7 총10획] · **쏠 사**

쏘다, 벼슬 이름　영 shoot　중 射 shè　일 シャ(いる)

회의 몸 신(身)+화살 시(矢)자로 몸에서 화살을 '쏘다'의 뜻이다..

射擊(사격) 총이나 활 등을 쏨.　射殺(사살)　射倖(사행)　射手(사수)

師

4II급 | 스승, 선생 | 반 弟(제자 제) | 영 teacher | 중 师 shī | 일 シ(せんせい)

회의 언덕 위에서 군사 훈련을 시킴에서 지도하는 '스승'을 뜻한다.

師母(사모) 스승의 부인
師事(사사) 師道(사도) 師範(사범) 師子吼(사자후)

수건 건(巾)부 [3巾7 총10획]

師師師師師師師師師師

스승 사

師 師 師 師 師

絲

4급 | 실, 명주실 | | 영 thread | 중 丝 sī | 일 糸 シ(いと)

회의 실 사(糸)+실 사(糸)자로 실감아놓은 실타래의 겹쳐진 모양을 본뜬 글자이다.

鐵絲(철사) 쇠를 가느다랗게 만든 것. 絲竹(사죽) 絹絲(견사) 螺絲(나사)

실 사(糸)부 [6糸6 총12획]

絲絲絲絲絲絲絲絲絲絲絲絲

실 사

絲 絲 絲 絲 絲

謝

4II급 | 사례하다, 사과하다 | | 영 thank | 중 谢 xiè | 일 シャ(あやまる)

형성 말씀 언(言)+쏠 사(射)자로 활을 쏘듯이 분명한 의사를 밝히는 '사례하다'를 뜻한다.

謝恩(사은) 은혜에 사례함. 謝禮(사례) 謝過(사과) 謝意(사의) 百倍謝禮(백배사례)

말씀 언(言)부 [7言10 총17획]

謝謝謝謝謝謝謝謝謝謝

사례할 사

謝 謝 謝 謝 謝

山

8급 | 뫼(메), 산 | 반 川(내 천), 海(바다 해) | 영 mountain | 중 山 shān | 일 サン(やま)

상형 지평선 위에 솟아 있는 세 산봉우리를 본뜬 자로 '산'을 뜻한다.

山林(산림) 산과 숲, 또는, 산에 있는 숲. 山寺(산사) 山蔘(산삼) 山脈(산맥)

뫼 산(山)부 [3山0 총3획]

山 山 山

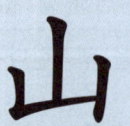 **뫼 산**

山 山 山 山 山

産

5급 | 낳다, 나다 | 유 生(날 생) | 영 bear | 중 产 chǎn | 일 サン(うむ)

형성 선비 언(彦)+날 생(生)자로 훗날 선비가 될 잘 생긴 아이를 '낳다'의 뜻이다.

産出(산출) 만들어 냄. 産室(산실) 産卵(산란) 産物(산물) 恒産恒心(항산항심)

날 생(生)부 [5生6 총11획]

産産産産産産産産産産産

 **낳을 산**

産 産 産 産 産

散

4급 | 칠 복(등글월문)攵부 [4攵8 총12획] | **흩어질 산**

흩다, 흩어지다 반 集(모일 집) 영 scatter 중 散 sǎn 일 サン(ちらす)

회의 스물 입(卄)+고기 육(月)+칠 복(攵)자로 단단한 힘줄의 고기를 회초리로 치니 '흩어진다'는 뜻이다.

散錄(산록) 붓이 가는 대로 적음. 散步(산보) 散漫(산만) 散髮(산발)

算

7급 | 대 죽(竹)부 [6竹8 총14획] | **셈할 산**

셈하다, 산가지 유 計(셀 계) 영 count 중 算 suàn 일 サン(かぞえる)

회의 대나무 죽(竹)+갖출 구(具)를 합친 자로 산가지나 주판을 손에 잡고 '셈하다'는 뜻이다.

算法(산법) 계산하는 법. 算入(산입) 算數(산수) 算出(산출) 甕算畵餠(옹산화병)

殺

4Ⅱ급 | 칠 수(殳)부 [4殳7 총11획] | **죽일 살/감할 쇄**

죽이다, 없애다 영 kill 중 杀 shā 일 サツ(ころす)

형성 죽일 살(杀)+칠 수(殳)자로 나무를 베어 넘어뜨리는 것으로 '죽이다'의 뜻이다.

殺菌(살균) 병균을 죽임. 殺人(살인) 殺氣(살기) 殺到(쇄도) 殺身成仁(살신성인)

三

8급 | 한 일(一)부 [1一2 총3획] | **셋 삼**

석, 셋 영 three 중 三 sān 일 サン(みっつ)

지사 세 개의 가로줄 모양 또는 손가락 셋을 나란히 한 모양으로 '셋'을 뜻한다.

三更(삼경) 밤 12시.
三權(삼권) 三冬(삼동) 三族(삼족) 作心三日(작심삼일)

上

7급 | 한 일(一)부 [1一2 총3획] | **위 상**

위, 위쪽 반 下(아래 하) 영 upper 중 上 shàng 일 ジョウ(うえ)

회의·형성 기준 가로선 위에 짧은 하나의 선을 그어 위쪽을 가리킨다.

上昇(상승) 위로 올라감. 引上(인상) 上向(상향) 歷史上(역사상)

尚

3II급 · 작을 소(小)부 [3小5 총8획]

오히려, 바라다 — 영 rather 중 尚 shàng 일 ショウ(なお)

회의 향할 향(向)+나눌 팔(八)자로 위로 향하여 비는 모양으로, 즉 '오히려, 바라다'를 뜻한다.

尚今(상금) 이제까지.　尚武(상무)　嘉尚(가상)　尚存(상존)　口尚乳臭(구상유취)

오히려 **상**

相

5급 · 눈 목(目)부 [5目4 총9획]

서로, 바탕 — 영 mutually 중 相 xiàng 일 ショウ(あい)

회의 나무 목(木)+눈 목(目)자로 눈으로 나무의 성장을 '서로'의 뜻이다.

相見(상견) 서로 봄.　相公(상공)　相關(상관)　相談(상담)　同病相憐(동병상련)

서로 **상**

常

4II급 · 수건 건(巾)부 [3巾8 총11획]

항상, 늘　반 班(양반 반) — 영 always 중 常 cháng 일 ジョウ(とこ)

형성 높을 상(尚)+수건 건(巾)자로 사람은 항상 옷을 입고 다니는 것은 '떳떳한' 일이다.

常客(상객) 늘 찾아오는 손님. 단골손님.　常途(상도)　常勤(상근)　常習(상습)

떳떳한·항상 **상**

商

5급 · 입 구(口)부 [3口8 총11획]

장사하다, 장사 — 영 trade 중 商 shāng 일 ショウ(あきない)

회의 밝힐 장(효=章)+빛날 경(冏)자로 물품의 가격을 상의해 밝히고 결정해 파는 '장사'의 뜻이다.

商歌(상가) 비통한 가락의 노래.　商術(상술)　商談(상담)　商標(상표)

장사 **상**

喪

3II급 · 입 구(口)부 [3口9 총12획]

복(服)입다, 죽다 — 영 mourning 중 喪 sàng 일 ソウ(うしなう)

형성 울 곡(哭)+잃을 망(亡)자로 사람이 죽어 슬프게 울거나 물건을 잃는 것을 뜻한다.

喪家(상가) 초상집.　喪失(상실)　喪輿(상여)　喪主(상주)　落膽喪魂(낙담상혼)

죽을 **상**

4Ⅱ급 想 마음 심(심방변) 心(忄/㣺)부 [4心9 총13획] 생각할 **상**	생각하다, 상상하다 유 念(생각할 념) 영 think 중 想 xiǎng 일 ソウ(おもう) 형성 서로 상(相)+마음 심(心)자로 서로가 마음을 맞바라보듯 '생각하다'를 뜻한다. 想起(상기) 지난 일을 생각해냄. 想思(상사) 想念(상념) 想定(상정) 想想想想想想想想想想想想想 想 想 想 想 想
4급 傷 사람 인(人)부 [2人11 총13획] 다칠 **상**	다치다, 상하다 영 injure 중 伤 shāng 일 ショウ(きずつ) 형성 사람의 몸이 상처를 입어 '다치다'는 뜻이다. 傷心(상심) 마음이 상함. 傷害(상해) 傷處(상처) 負傷(부상) 兩敗俱傷(양패구상) 傷傷傷傷傷傷傷傷傷傷傷傷傷 傷 傷 傷 傷 傷
5급 賞 조개 패(貝)부 [7貝8 총15획] 상줄 **상**	상 주다, 상 반 罰(벌할 벌) 영 reward 중 赏 shǎng 일 ショウ(ほめる) 형성 숭상할 상(尙)+조개 패(貝)로 공을 세운 사람에게 '상주다'의 뜻이다. 賞罰(상벌) 상과 벌. 賞讚(상찬) 賞金(상금) 賞狀(상장) 信賞必罰(신상필벌) 賞賞賞賞賞賞賞賞賞賞賞賞賞賞賞 賞 賞 賞 賞 賞
3Ⅱ급 霜 비 우(雨)부 [8雨9 총17획] 서리 **상**	서리, 해 영 frost 중 霜 shuāng 일 ソウ(しも) 형성 비 우(雨)+서로 상(相)자로 만물을 시들게 하는 비, 즉 '서리'를 뜻한다. 霜菊(상국) 서리가 내릴 때 피는 국화. 霜降(상강) 霜雪(상설) 秋霜(추상) 霜霜霜霜霜霜霜霜霜霜霜霜 霜 霜 霜 霜 霜
7급 色 빛 색(色)부 [6色0 총6획] 빛 **색**	빛, 빛깔 영 color 중 色 sè 일 ショク(いろ) 회의 사람 인(亻)+병부 절(㔾)자로 사람의 얼굴에 나타난 것이 '낯빛'의 뜻이다. 色界(색계) 색의 세계, 화류계. 色魔(색마) 色感(색감) 色盲(색맹) 色色色色色色 色 色 色 色 色

8급  날 생(生)부 [5生0 총5획] 날 **생**	나다, 낳다　㊤産(낳을 산)　㊥死(죽을 사)　㋐born　㊥生 shēng　㋑セイ(なま) 상형 초목의 새싹이 땅위로 솟아나오는 모양을 본뜬 자로 '살다'의 뜻이다. 生家(생가) 자기가 난 집.　生計(생계)　生氣(생기)　生命(생명)　見物生心(견물생심) 生生生生生 生 生 生 生 生	

8급  덮을 아(襾)부 [6襾0 총6획] 서녘 **서**	서녘, 서쪽　㊥東(동녘 동)　㋐west　㊥西 xī　㋑セイ(にし) 상형 새가 둥지에 앉은 모양을 본뜬 자로 새가 둥지로 돌아올 무렵이 '서녘'이다. 西藏(서장) 티베트.　西風(서풍)　西曆(서력)　西洋(서양)　東奔西走(동분서주) 西西西西西西 西 西 西 西 西	

5급  엄 호(广)부 [3广4 총7획] 차례 **서**	차례, 차례를 매기다　㋐order　㊥序 xù　㋑ジョ(ついで) 형성 집 엄(广)+줄 여(予)자로 앞에 있는 방으로부터 들어가므로 '처음'의 뜻이다. 序曲(서곡) 가곡 등의 개막 전에 연주하는 음악.　序文(서문)　序頭(서두)　序列(서열) 序序序序序序序 序 序 序 序 序	

6급 書 가로 왈(曰)부 [4曰6 총10획] 글 **서**	글, 책　㊤册(책 책)　㋐writing　㊥书 shū　㋑ショ(かく) 형성 붓 율(聿)+가로 왈(曰)자로 성현의 말씀 이야기를 붓으로 적는 '책'의 뜻이다. 書簡(서간) 편지.　書庫(서고)　書架(서가)　書堂(서당)　讀書三到(독서삼도) 書書書書書書書書書書 書 書 書 書 書	

3급  날 일(日)부 [4日9 총13획] 더울 **서**	덥다, 무더움　㋐hot　㊥暑 shǔ　㋑ショ(あつい) 형성 날 일(日)+놈 자(者)자로 햇볕이 타오르는 불처럼 내리쬐어 '더운 것'을 뜻한다. 暑氣(서기) 더운 기운.　暑月(서월)　暴暑(폭서)　避暑地(피서지) 暑暑暑暑暑暑暑暑暑暑暑暑暑 暑 暑 暑 暑 暑	

夕

7급 | 저녁 석(夕)부 [3夕0 총3획] | 저녁 석

저녁, 밤 반 朝(아침 조) 영 evening 중 夕 xī 일 セキ(ゆう)

지사 초저녁에 뜬 반달을 본뜬 자로 달[月]에서 한 획을 뺀 것이 초승달이다.

夕刊(석간) 저녁 신문. 夕室(석실) 夕霧(석무) 夕陽(석양) 朝變夕改(조변석개)

石

6급 | 돌 석(石)부 [5石0 총5획] | 돌 석

돌, 돌로 만든 악기 반 玉(구슬 옥) 영 stone 중 石 shí 일 セキ(いし)

회의·형성 'ㅁ'는 언덕 아래 굴러 있는 돌멩이 곧 '돌'을 나타낸다.

石間水(석간수) 바위틈에서 솟는 샘물. 石工(석공) 石磬(석경) 石燈(석등)

昔

3급 | 날 일(日)부 [4日4 총8획] | 예 석

예, 옛날 영 past·ancient 중 昔 xī 일 セキ(むかし)

회의 날 일(日)+(포개어 쌓은 고깃점)자로 햇빛에 쌓아 말린 고기처럼 날이 거듭된다는 데서 '옛날'을 뜻한다.

昔人(석인) 옛 사람. 昔日(석일) 昔年(석년) 今昔(금석) 今昔之感(금석지감)

席

6급 | 수건 건(巾)부 [3巾7 총10획] | 자리 석

자리, 차지하고 있는 곳 유 座(자리 좌) 영 seat 중 席 xí 일 セキ(むしろ·せき)

형성 무리 서(庶) 밑에 수건 건(巾)자로 여러 사람이 앉을 수 있는 '자리'의 뜻이다.

席藁(석고) 자리를 깔고 엎드림. 席捲(석권) 席次(석차) 首席(수석)

惜

3Ⅱ급 | 마음 심(심방변) 心(忄/小)부 [3忄8 총11획] | 아낄 석

아끼다 영 prize 중 惜 xī 일 セキ(おしむ)

형성 마음 심(忄)+옛 석(昔)자로 마음에 오래남아 아낌을 뜻한다.

惜命(석명) 목숨을 아낌. 惜別(석별) 惜敗(석패) 哀惜(애석) 愛之惜之(애지석지)

중학 교육용 한자 900 | **87**

仙 신선 선

5급 · 사람 인(人)부 [2人3 총5획]

신선, 선교(仙敎) 영hermit 중仙 xiān 일セン

형성 사람 인(亻)+뫼 산(山)자로 사람이 산속에 들어가 불로장생의 도를 닦은 '신선'의 뜻이다.

仙境(선경) 신선이 사는 곳. 仙遊(선유) 仙女(선녀) 仙風(선풍)

先 먼저 선

8급 · 어진사람 인(儿)부 [2儿4 총6획]

먼저, 우선 반後(뒤 후) 영first 중先 xiān 일セン(さき)

회의 갈 지(之)+어진사람 인(儿)자로 남보다 '먼저'란 뜻이다.

先見(선견) 장래 일어날 일을 미리 알아냄. 先例(선례) 先導(선도) 先頭(선두)

船 배 선

5급 · 배 주(舟)부 [6舟5 총11획]

배 영ship 중船 chuán 일セン(ふね)

형성 짐을 싣고 늪이나 강을 건너다니는 '배'의 뜻이다.

船價(선가) 배 삯. 船客(선객) 船內(선내) 船上(선상) 一葉小船(일엽소선)

善 착할 선

5급 · 입 구(口)부 [3口9 총12획]

착하다, 좋다 반惡(악할 악) 영good 중善 shàn 일ゼン(よい)

회의 양[羊]같이 온순한 사람이 하는 말[言]은 '착하다'의 뜻이다.

善良(선량) 착하고 어짊. 善人(선인) 善導(선도) 善行(선행) 多多益善(다다익선)

線 줄 선

6급 · 실 사(糸)부 [6糸9 총15획]

줄, 금 영line 중线 xiàn 일セン(すじ)

형성 실 사(糸)+샘 천(泉)자로 샘물이 실같이 길게 흐르므로 '선'의 뜻이다.

線路(선로) 좁은 길. 線上(선상) 混線(혼선) 戰線(전선) 絲來線去(사래선거)

5급	 쉬엄쉬엄갈 착(辶)부 [4辶12 총16획]	가리다, 보내다 ㉮ 擇(가릴 택) 영select 중选 xuǎn 일セン(えらぶ)
	가릴 **선**	형성 쉬엄쉬엄갈 착(辶)+유순할 손(巽)자로 신께 제사지낼 유순한 사람을 '가려뽑는다'는 뜻이다. 選擧(선거) 많은 사람 가운데 적당한 사람을 뽑음. 選定(선정) 選曲(선곡) 選拔(선발)

5급	 물고기 어(魚)부 [11魚6 총17획]	곱다, 선명하다 영fine 중鲜 xiān 일セン(あざやか)
	고울 **선**	형성 고기 어(魚)+양 양(羊)자로 제사지낼 때 바치는 생선과 양은 '신선하다'의 뜻이다. 鮮度(선도) 고기나 채소 등의 신선함 정도를 가리킴. 鮮明(선명) 鮮血(선혈) 朝鮮(조선)

4급	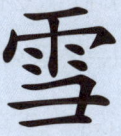 혀 설(舌)부 [6舌0 총6획]	혀, 말 영tongue 중舌 shé 일ゼツ(した)
	혀 **설**	상형 사람의 혀가 입에서 내밀어진 모양에 침이 밖으로 떨어지는 모양으로 '혀'라는 뜻이다. 舌根(설근) 혀뿌리. 舌戰(설전) 舌耕(설경) 毒舌(독설) 赤口毒舌(적구독설)

6급	 비 우(雨)부 [8雨3 총11획]	눈, 눈이 오다 영snow 중雪 xuě 일セツ(ゆき)
	눈 **설**	형성 비 우(雨)+쓸 혜(彗)자로 비가 얼어서 내리면 빗자루로 쓰는 것은 '눈'이라는 뜻이다. 雪景(설경) 눈이 내리거나 눈이 쌓인 경치. 雪膚(설부) 雪嶺(설령) 雪害(설해)

4Ⅱ급	設 말씀 언(言)부 [7言4 총11획]	베풀다, 늘어놓다 ㉮ 施(베풀 시) 영give 중设 shè 일セツ(もうける)
	베풀 **설**	형성 말씀 언(言)+칠 수(殳)자로 사람을 시켜 일을 하도록하는 '베풀다'의 뜻이다. 設令(설령) 그렇다 하더라도 設置(설치) 設計(설계) 設備(설비)

5급	說	말씀, 달래다 ㉨ 話(말씀 화) ㉢ speak ㉰ 说 shuō ㉪ セツ(とく)
		회의 말씀 언(言)+기쁠 태(兌)자로 자기의 뜻을 '말하다'의 뜻이다.
		說破(설파) 상대방의 이론을 뒤집어 깨뜨림. 說敎(설교) 遊說(유세) 說喜(열희)
말씀 언(言)부 [7言7 총14획]		說說說說說說說說說說說說說說
말씀 **설**/달랠 **세**/기뻐할 **열**		說 說 說 說 說

6급	成	이루다, 이루어지다 ㉫ 敗(패할 패) ㉢ accomplish ㉰ 成 chéng ㉪ セイ(なる)
		회의·형성 무성할 무(戊)+장정 정(丁)자로 혈기왕성한 장정이 되면 무엇이든 '이루다'의 뜻이다.
		成家(성가) 집을 지음. 成功(성공) 成句(성구) 成長(성장) 大器晩成(대기만성)
창 과(戈)부 [4戈2 총6획]		成成成成成成
이룰 **성**		成 成 成 成 成

7급	姓	성, 성씨 ㉢ family name ㉰ 姓 xìng ㉪ セイ(みょうじ)
		회의·형성 계집 녀(女)+날 생(生)자로 여자가 자식을 낳으면 이름을 짓는 '성'의 뜻이다.
		姓名(성명) 성과 이름. 姓氏(성씨) 百姓(백성) 同姓(동성) 二姓之合(이성지합)
계집 녀(女)부 [3女5 총8획]		姓姓姓姓姓姓姓姓
성 **성**		姓 姓 姓 姓 姓

5급	性	성품, 천성 ㉢ nature ㉰ 性 xìng ㉪ セイ(さが)
		형성 마음 심(忄)+날 생(生)자로 사람이 태어날 때부터 가지고 있는 '성품'이란 뜻이다.
		性格(성격) 각 사람이 가진 성질. 性急(성급) 性能(성능) 性質(성질)
마음 심(심방변) 心(忄/㣺)부 [3忄5 총8획]		性性性性性性性性
성품 **성**		性 性 性 性 性

4Ⅱ급	星	별, 세월 ㉢ star ㉰ 星 xīng ㉪ セイ·ツョウ(ほし)
		형성 날 일(日)+날 생(生)자로 해와 같이 빛을 발하는 '별'의 뜻이다.
		星群(성군) 별무리 星霜(성상) 星雲(성운) 晨星(신성) 星行夜歸(성행야귀)
날 일(日)부 [4日5 총9획]		星星星星星星星星
별 **성**		星 星 星 星 星

6급 省 눈 목(目)부 [5目4 총9획] 살필 성/덜 생	살피다, 깨닫다 유 察(살필 찰) 영 abbreviate 중 省 shěng 일 セイ(かえりみる)
	회의 적을 소(少)+눈 목(目)자로 아주 작은 것까지 자세히 보는 것으로 '살피다'의 뜻이다.
	省察(성찰) 깊이 생각함. 省墓(성묘) 反省(반성) 省略(생략)
	省省省省省省省省省
	省 省 省 省 省

4Ⅱ급 城 흙 토(土)부 [3土6 총9획] 성 성	성, 재 영 castle 중 城 chéng 일 ジョウ(しろ)
	회의·형성 흙 토(土)+이룰 성(成)자로 흙을 높게 쌓아 백성이 모여 살게 만든 '성'을 뜻한다.
	城砦(성채) 성과 진지. 城址(성지) 城郭(성곽) 城內(성내) 孤城落日(고성낙일)

	城 城 城 城 城

4Ⅱ급 盛 그릇 명(皿)부 [5皿6 총11획] 성할·담을 성	성하다, 넘치다 영 thriving 중 盛 shèng 일 セイ(さかり)
	형성 이룰 성(成)+그릇 명(皿)자로 성공해 잔치하는데 그릇과 음식이 '많다'는 뜻이다.
	盛年(성년) 원기가 왕성한 젊은 나이. 盛大(성대) 盛業(성업) 盛行(성행)

	盛 盛 盛 盛 盛

4Ⅱ급 聖 귀 이(耳)부 [6耳7 총13획] 성인 성	성인(聖人), 거룩한 사람 영 saint 중 圣 shèng 일 セイ(ひじり)
	형성 귀 이(耳)+드러날 정(呈)자로 사람의 말을 귀로 들으면 '성인이다'의 뜻이다.
	聖君(성군) 거룩한 임금. 聖上(성상) 聖歌(성가) 聖經(성경) 作狂作聖(작광작성)
	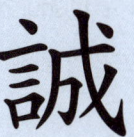
	聖 聖 聖 聖 聖

4Ⅱ급 誠 말씀 언(言)부 [7言6 총13획] 정성 성	정성, 진심 유 精(정성 정) 영 sincerity 중 诚 chéng 일 セイ(まこと)
	형성 자기가 한 말[言]을 책임지고 이루려[成] 정성을 쏟다.
	誠金(성금) 정성으로 내는 돈 誠心(성심) 誠實(성실) 誠意(성의)
	誠誠誠誠誠誠誠
	誠 誠 誠 誠 誠

聲

4Ⅱ급

소리, 음향 　🅢 음(소리 음)　　🅔 voice　🅒 声 shēng　🅙 声 セイ(こえ)

형성 경쇠 경(殸)+귀 이(耳)자로 경쇠를 치는 소리가 귀에 들리므로 '소리'의 뜻이다.

聲價(성가) 명성과 평가.　聲量(성량)　聲樂(성악)　聲優(성우)　虛張聲勢(허장성세)

귀 이(耳)부 [6耳11 총17획]

소리 성

世

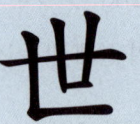

7급

대, 세대　　🅔 generation　🅒 世 shì　🅙 セ·セイ(と)

지사 서른 해를 하나[一]로 곧 30년을 1세로 친다는 뜻이다.

世代(세대) 한 세대를 30년으로 잡음.　世孫(세손)　世間(세간)　世界(세계)

한 일(一)부 [1—4 총5획]

인간 세

洗

5급

씻다, 깨끗이 씻다　　🅔 wash　🅒 洗 xǐ　🅙 セン(あらう)

형성 물 수(水)+먼저 선(先)자로 물로 손발을 '씻다'는 뜻이다.

洗濯(세탁) 옷이나 피륙을 깨끗하게 하는 일.　洗手(세수)　洗面(세면)　洗車(세차)

물 수(삼수변) 水(氵)부 [3氵6 총9획]

씻을 세

細

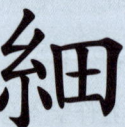

4Ⅱ급

가늘다, 잘다　　🅔 thin　🅒 细 xì　🅙 サイ(ほそい)

형성 실 사(糸)+밭 전(田)자로 뽕밭의 누에고치에서 나온 '가늘다'의 뜻이다.

細菌(세균) 박테리아.　細密(세밀)　細工(세공)　細胞(세포)　細細事情(세세사정)

실 사(糸)부 [6糸5 총11획]

가늘 세

稅

4Ⅱ급

징수(세금), 구실　　🅔 tax　🅒 税 shuì　🅙 ゼイ

형성 벼 화(禾)+기쁠 태(兌)자로 벼를 수확하게 된 기쁨을 감사드리기 위해 거두는 '세금'의 뜻이다.

稅金(세금) 조세로 바치는 돈.　稅政(세정)　稅入(세입)　租稅(조세)

벼 화(禾)부 [5禾7 총12획]

세금·구실 세

4II급	 기세 **세**	기세, 권세　　　　　　　　영 force, power　중 势 shì　일 セイ(いきおい)
		형성 심을 예(埶)+힘 력(力)자로 심은 초목이 힘차게 자라나는 '기세'를 뜻한다.
		勢道家(세도가) 권세가 있는 집안.　勢力(세력)　勢道(세도)　攻勢(공세)
	힘 력(力)부 [2力11 총13획]	勢勢勢勢勢勢勢勢勢勢勢勢勢
		勢 勢 勢 勢 勢

5급	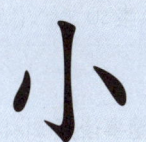 해 **세**	해, 새해　유 年(해 년)　　　　영 age, year　중 岁 suì　일 サイ(とし)
		형성 걸음 보(步)+개 술(戌)자로 걸음을 멈추고 곡식을 거둬들이니 '해'가 바뀐다.
		歲暮(세모) 세밑.　歲時(세시)　歲拜(세배)　歲月(세월)　歲月如流(세월여류)
	그칠 지(止)부 [4止9 총13획]	歲歲歲歲歲歲歲歲歲歲歲歲歲
		歲 歲 歲 歲 歲

8급	小 작을 **소**	작다, 적다　반 大(큰 대)　　　　영 small　중 小 xiǎo　일 ショウ(ちいさい)
		지사 큰 물체에서 떨어져나간 불똥 주(丶)가 세 개로 물건이 작은 모양을 나타낸다.
		小家(소가) 작은 집.　小康(소강)　小國(소국)　小盤(소반)　小貪大失(소탐대실)
	작을 소(小)부 [3小0 총3획]	小 小 小
		小 小 小 小 小

7급	少 적을·젊을 **소**	적다, 잠시　반 多(많을 다)　　　　영 few　중 少 shǎo　일 ショウ(すくない)
		회의·형성 작을 소(小)+삐칠 별(丿)로 작은 것을 일부분을 떨어내어 더 '적다'는 뜻이다.
		少年(소년) 나이가 어린 사람.　少壯(소장)　少女(소녀)　少量(소량)
	작을 소(小)부 [3小1 총4획]	少 少 少 少
		少 少 少 少 少

7급	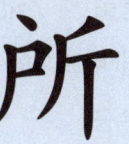 바 **소**	바, 것　유 處(처할 처)　　　　영 place　중 所 suǒ　일 リク(あやまる)
		형성 집 호(戶)+도끼 근(斤)자로 문에서 도끼소리가 나는 '곳'의 뜻이다.
		所感(소감) 느낀 바.　所得(소득)　所望(소망)　所有(소유)　名所(명소)
	집 호(戶)부 [4戶4 총8획]	所 所 所 所 所 所 所 所
		所 所 所 所 所

4Ⅱ급 笑 대 죽(竹)부 [6竹4 총10획]	웃다, 웃음　　　　　　　　　영 laugh　중 笑 xiào　일 ショウ(わらう)
	형성 대 죽(竹)+굽을 요(夭)자로 대나무가 바람에 휘어지며 '웃는다'의 뜻이다.
	笑劇(소극) 크게 웃어댐. 笑聞(소문) 冷笑(냉소) 微笑(미소) 拍掌大笑(박장대소)
	笑笑笑笑笑笑笑笑笑笑
웃을 소	笑 笑 笑 笑 笑

6급 消 물 수(삼수변) 水(氵)부 [3氵7 총10획]	사라지다, 사라지게 하다　　　영 extinguish　중 消 xiāo　일 ショウ(きえる)
	형성 물 수(氵)+작을 소(肖)자로 물의 흐름이 점점 '사라지다'의 뜻이다.
	消滅(소멸) 모두 사라져 없어져 버림. 消失(소실) 消毒(소독) 消燈(소등)
	消消消消消消消消消消
사라질 소	消 消 消 消 消

4Ⅱ급 素 실 사(糸)부 [6糸4 총10획]	희다, 바탕　유 質(바탕 질)　　　영 white　중 素 sù　일 ソ(しろい)
	형성 실[糸]을 처음 짰을 때[𡘒]의 '바탕'은 흰색이다.
	素飯(소반) 고기 없는 밥. 素扇(소선) 素望(소망) 素描(소묘) 繪事後素(회사후소)
	素素素素素素素素素素
바탕 소	素 素 素 素 素

4Ⅱ급 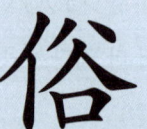 사람 인(人)부 [2人7 총9획]	풍속, 풍습　　　　　　　　　영 custom　중 俗 sú　일 ゾク
	형성 사람 인(亻)+골 곡(谷)자로 한고을에 모여 살면 '풍속'이 같다.
	俗界(속계) 속인들이 사는 세상 俗名(속명) 俗談(속담) 俗物(속물)
	俗俗俗俗俗俗俗俗俗
풍속 속	俗 俗 俗 俗 俗

6급 速 쉬엄쉬엄갈 착(책받침) 辵(辶)부 [4辶7 총11획]	빠르다, 빨리　　　　　　　　영 fast　중 速 sù　일 ソク(はやい)
	형성 묶을 속(束)+쉬엄쉬엄갈 착(辶)자로 물건을 한데 묶어가면 '빠르다'의 뜻이다.
	速記(속기) 빠른 속도로 기록함. 速達(속달) 速決(속결) 速攻(속공)
	速速速速速速速速速速速
빠를 속	速 速 速 速 速

4Ⅱ급 續 实 사(糸)부 [6糸15 총21획]	잇다, 뒤를 잇다 ㉦繼(이을 계) ㉱continue ㉲续 xù ㉳続 ゾク(つづく)
	형성 실 사(糸)+팔 매(賣)자로 물건을 다 팔면 실을 대주다의 '잇다'의 뜻이다.
	續續(속속) 잇닿는 모양. 續出(속출) 續開(속개) 續報(속보) 續短斷長(속단단장)
	續續續續續續續續續續
이을 속	續 續 續 續 續

6급 孫 아들 자(子)부 [3子7 총10획]	손자, 자손 ㉦祖(할아비 조) ㉱grandson ㉲孙 sūn ㉳ソン(まご)
	회의 아들 자(子)+이을 계(系)자로 아들에서 아들로 이어지는 '손자'의 뜻이다.
	孫子(손자) 아들의 자식. 孫婦(손부) 孫女(손녀) 子孫(자손) 子孫萬代(자손만대)
	孫孫孫孫孫孫孫孫孫孫
손자 손	孫 孫 孫 孫 孫

4급 松 나무 목(木)부 [4木4 총8획]	소나무, 솔 ㉱pine ㉲松 sōng ㉳ショウ(まつ)
	형성 나무 목(木)+공변될 공(公)자로 모든 인간이 널리 쓰는 '소나무'란 뜻이다.
	松竹梅(송죽매) 소나무, 대나무, 매화. 松林(송림) 松柏(송백) 松花(송화)
	松松松松松松松松
소나무 송	松 松 松 松 松

4Ⅱ급  쉬엄쉬엄갈 착(책받침) 辶(辶)부 [4辶6 총10획]	보내다, 전송하다 ㉥迎(맞을 영) ㉱send ㉲送 sòng ㉳ソウ(おくる)
	회의 물건을 불다루듯 조심스럽게 받쳐들고 '보내다'의 뜻이다.
	送金(송금) 돈을 보냄. 送年(송년) 送別(송별) 送信(송신) 虛送歲月(허송세월)
	送送送送送送送送送送
보낼 송	送 送 送 送 送

8급 水 물 수(삼수변) 水(氵)부 [4水0 총4획]	물, 강 ㉥火(불 화) ㉱water ㉲水 shuǐ ㉳スイ(みず)
	상형 물이 끊임없이 흐르고 있는 모양을 본뜬 글자이다.
	水難(수난) 물로 말미암은 재난. 水魔(수마) 水路(수로) 水面(수면)
	水水水水
물 수	水 水 水 水 水

중학 교육용 한자 900 | 95

7급	手 손 수(재방변) 手(扌)부 [4手0 총4획]	손, 손가락 ⑫ 足(발 족) ⑱ hand ⑫ 手 shǒu ⑲ シュ(て)
		상형 다섯 손가락을 편 손의 모양을 본뜬 자이다.
		手記(수기) 자기의 체험을 자신이 적은 글. 手段(수단) 手匣(수갑) 手巾(수건)
	손 수	手手手手 / 手 手 手 手 手

4Ⅱ급	守 지킬 수 갓머리(宀)부 [3宀3 총6획]	지키다, 막다 ㊉ 衛(지킬 위) ⑱ keep ⑫ 守 shǒu ⑲ シュ(まもる)
		회의 집 면(宀)+마디 촌(寸)자로 관청에서 법도에 따라 일을 수행하므로 '지키다'의 뜻이다.
		守舊(수구) 종래의 관습이나 노선을 지킴. 守身(수신) 守令(수령) 守備(수비)
		守守守守守守 / 守 守 守 守 守

4Ⅱ급	收  거둘 수 칠 복(등글월문)攵(攵)부 [4攵2 총6획]	거두다, 받아들이다 ⑱ gather ⑫ 收 shōu ⑲ 収 シュウ(おさめる)
		형성 얽힐 구(丩)+칠 복(攵)자로 이삭의 낟알을 쳐서 수확한다.
		收監(수감) 옥에 가둠. 收支(수지) 收去(수거) 收金(수금)
		收收收收收收 / 收 收 收 收 收

4급	秀 빼어날 수 벼 화(禾)부 [5禾2 총7획]	빼어나다, 꽃 ⑱ surpass ⑫ 秀 xiù ⑲ シュウ(ひいでる)
		형성 벼 화(禾)+이에 내(乃)자로 벼이삭이 패어 탐스럽게 잘 여물어 '빼어나다'의 뜻이다.
		秀麗(수려) 빼어나고 아름다움. 秀穎(수영) 秀作(수작) 秀才(수재)
		 / 秀 秀 秀 秀 秀

4Ⅱ급	受 받을 수 또 우(又)부 [2又6 총8획]	받다, 받아들이다 ⑫ 授(줄 수) ⑱ receive ⑫ 受 shòu ⑲ ジュ(うける)
		회의·형성 손톱 조(爪)+덮을 멱(冖)+또 우(又)자로 쟁반에 물건을 담아 '받는다'의 뜻이다.
		受難(수난) 어려움을 당함. 受納(수납) 受講(수강) 受諾(수락) 反受其殃(반수기앙)
		 / 受 受 受 受 受

5급	首 머리 수(首)부 [9首0 총9획]	머리, 첫머리	영 head 중 首 shǒu 일 シュ(くび)

상형 머리털이 나 있는 머리모양을 본뜬 자로 '머리, 우두머리'의 뜻이다.

首功(수공) 첫째 가는 공.　首肯(수긍)　首都(수도)　首班(수반)　首丘初心(수구초심)

머리 **수**

4II급	修 사람 인(人)부 [2人8 총10획]	닦다, 익히다	영 cultivate 중 修 xiū 일 シュウ(おさめる)

회의 아득할 유(攸)+터럭 삼(彡)자로 흐르는 물에 머리털을 감듯이 마음을 '닦다'의 뜻이다.

修德(수덕) 덕을 닦음.　修道(수도)　修交(수교)　修女(수녀)　修己治人(수기치인)

닦을 **수**

4II급	授 손 수(재방변) 手(扌)부 [3扌8 총11획]	주다, 가르치다　유 與(줄 여)	영 give 중 授 shòu 일 ジュ(さずける)

회의 손 수(扌)+받을 수(受)자로 상대방에게 '주다'의 뜻이다.

授賞(수상) 상을 받음　授業(수업)　授受(수수)

줄 **수**

3급	須 머리 혈(頁)부 [9頁3 총12획]	모름지기, 수염	영 should 중 须 xū 일 シュ(すべからく)

회의 머리 혈(頁)+터럭 삼(彡)자로 턱수염을 뜻하였으나 가차하여 '모름지기'를 뜻한다.

必須(필수) 꼭 필요로 함.　須髮(수발)　須菩提(수보리)

모름지기 **수**

3II급	愁 마음 심(심방변) 心(忄/㣺)부 [4心9 총13획]	근심하다, 시름	영 worry 중 愁 chóu 일 シュウ(うれえる)

형성 가을 추(秋)+마음 심(心)자로 마음이 슬퍼져 '근심하다'를 뜻한다.

愁心(수심) 근심스러운 마음.　愁色(수색)　哀愁(애수)　鄕愁(향수)

근심 **수**

급수	한자	훈음	뜻풀이
3Ⅱ급	壽 (寿)	목숨, 나이 / 목숨 수	영 longevity 중 寿 shòu 일 ジュ(ことぶき) 형성 늙을 노(耂·老의 변형)+목숨 수(壽)자로 늙을 때까지 목숨이 길게 이어지다를 뜻한다. 壽命(수명) 생물의 살아있는 연한. 壽筵(수연) 壽宴(수연) 壽石(수석) 선비 사(士)부 [3士11 총14획]
3급	誰	누구, 묻다 / 누구 수	영 who 중 谁 shéi 일 スイ(だれ) 형성 말씀 언(言)+새 추(隹)자로 누구냐고 묻는 것을 뜻한다. 誰昔(수석) 옛날. 誰某(수모) 誰何(수하) 誰怨誰咎(수원수구) 말씀 언(言)부 [7言8 총15획]
7급	數 (数)	셈, 셈하다 / 셀 수/자주 삭/촉 촉	유 算(셈 산) 영 count 중 数 shǔ 일 数 スウ(かず) 회의·형성 끌 루(婁)+칠 복(攵)자로 여러 번 두드리며 그 수를 '세다'의 뜻이다. 數尿症(수뇨증) 오줌이 자꾸 마려운 병. 數學(수학) 數窮(삭궁) 數罟(촉고) 칠 복(등글월문)攴(攵)부 [4攵11 총15획]
6급	樹	나무, 초목 / 나무 수	유 木(나무 목) 영 tree 중 树 shù 일 ジュ(き) 형성 나무 목(木)+세울 주(尌)로 나무를 심을 때는 반드시 '세우다'의 뜻이다. 樹木(수목) 나무를 심음. 樹人(수인) 樹齡(수령) 樹立(수립) 나무 목(木)부 [4木12 총16획]
3급	雖	비록, 만일 / 비록 수	영 even if 중 虽 suī 일 スイ(いえども) 형성 벌레 충(虫)+오직 유(唯)자로 등이 솟은 큰 도마뱀을 뜻하였으나 가차하여 '비록'을 뜻한다. 雖然(수연) 그렇지만, 비록 ~라 하더라도. 雖設(수설) 雖曰不可(수왈불가) 새 추(隹)부 [8隹9 총17획]

叔 [4급]

또 우(又)부 [2又6 총8획]

아재비, 숙부 — 영 uncle / 중 叔 shū / 일 シュク(おじ)

회의·형성 콩 숙(尗)+또 우(又)자로 손에 쥔 작은 콩으로 아버지보다 어린 '숙부'의 뜻이다.

叔父(숙부) 아버지의 아우. 叔姪(숙질) 堂叔(당숙) 從叔(종숙)

아재비 숙

淑 [3Ⅱ급]

물 수(삼수변) 水(氵)부 [3氵8 총11획]

맑다, 착하다 — 영 pure / 중 淑 shū / 일 シュク(よし·しとやか)

형성 물 수(氵)+콩 숙(叔)자로 '맑은 물, 착하다'를 뜻한다.

淑女(숙녀) 선량하고 부덕 있는 여인. 淑淸(숙청) 貞淑(정숙) 淑明(숙명)

맑을·착할 숙

宿 [5급]

갓머리(宀)부 [3宀8 총11획]

자다, 묵다 — 유 星(별 성) / 영 sleep / 중 宿 xiǔ / 일 シュク(やどる)

형성 집 면(宀)+백사람 백(佰)자로 여러 사람이 머물러서 '자다'의 뜻이다.

宿老(숙노) 경험이 풍부한 노인. 宿命(숙명) 宿泊(숙박) 宿曜(수요)

잘 숙/별자리 수

純 [4Ⅱ급]

실 사(糸)부 [6糸4 총10획]

순수하다, 순진하다 — 유 潔(깨끗할 결) / 영 pure / 중 纯 chún / 일 ジュン(きいと)

형성 실 사(糸)+모일 둔(屯)자로 아직 염색하지 않은 생실은 '순수하다'의 뜻이다.

純潔(순결) 마음에 더러움이 없이 깨끗함 純金(순금) 純粹(순수) 純眞(순진)

순수할 순

順 [5급]

머리 혈(頁)부 [9頁3 총12획]

순하다, 따르다 — 반 逆(거스릴 역) / 영 mild / 중 順 shùn / 일 ジュン(したがう)

형성 내 천(川)+머리 혈(頁)자로 물이 흐르듯이 '순하다'의 뜻이다.

順産(순산) 별다른 어려움 없이 순조롭게 아이를 낳음.
順行(순행) 順理(순리) 順序(순서) 順風而呼(순풍이호)

순할 순

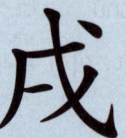

3급 戌

창 과(戈)부 [4戈2 총6획]

개 **술**

개(犬), 열한째 지지   영 dog   중 戌 xū   일 ジユツ(いぬ)

회의 천간 무(戊)+한 일(一)자로 창으로 찌르는 것을 가차하여 십이지 '개'를 뜻한다.

戌年(술년) 태세의 지지가 술(戌)이 되는 해. 戌時(술시) 戌正(술정) 庚戌(경술)

戌戌戌戌戌戌

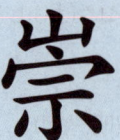

4급 崇

뫼 산(山)부 [3山8 총11획]

높을 **숭**

높다, 높이다   유 高(높을 고)   영 high   중 崇 chóng   일 スウ(あがめる)

형성 뫼 산(山)+마루 종(宗)자로 산마루는 '높다'를 뜻한다.

崇古(숭고) 존엄하고 거룩함. 崇拜(숭배) 隆崇(융숭) 崇慕(숭모)

崇崇崇崇崇崇崇崇崇崇崇

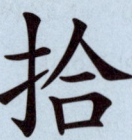

3Ⅱ급 拾

손 수(재방변) 手(扌)부 [3扌6 총9획]

주울 **습**/열 **십**

줍다, 습득하다   영 pick up   중 拾 shí   일 シコウ(ひろう)

형성 손 수(扌)+합할 합(合)자로 물건을 모아서 손으로 잡는 일, 즉 '줍다'를 뜻한다.

拾得(습득) 주움. 拾遺(습유) 收拾(수습) 拾萬(십만) 路不拾遺(노불습유)

拾拾拾拾拾拾拾拾拾

6급 習

깃 우(羽)부 [6羽5 총11획]

익힐 **습**

익히다, 익숙하다   유 練(익힐 련)   영 study   중 习 xí   일 シユウ(ならう)

회의 깃 우(羽)+흰 백(白)자로 흰새가 날갯짓을 하며 나는 연습을 '익히다'의 뜻이다.

習慣(습관) 버릇. 習字(습자) 習得(습득) 習作(습작) 學而時習(학이시습)

習習習習習習習習習習習

4Ⅱ급 承

손 수(재방변) 手(扌)부 [4手4 총8획]

이을·받들 **승**

잇다, 받들다   유 繼(이을 계)   영 support   중 承 shéng   일 ショウ(うける)

회의·형성 줄 승(丞)+손 수(手)자로 임금이 주는 부절을 두 손으로 '받들다'를 뜻한다.

承繼(승계) 뒤를 이음. 承命(승명) 承諾(승낙) 承服(승복) 父傳子承(부전자승)

承承承承承承承

3Ⅱ급

乘 (乗)

뻬침(丿)부 [1丿9 총10획]

탈 **승**

타다, 오르다 　영 ride　중 乘 chéng　일 乗 ジョウ(のる)

회의 사람 인(人)+어그러질 천(舛)+나무 목(木)자로 사람이 나무에 묶인 모양에서 '타다'를 뜻한다.

乘機(승기) 기회를 탐.　乘馬(승마)　乘客(승객)　乘車券(승차권)

6급

勝

힘 력(力)부 [2力10 총12획]

이길 **승**

이기다, 성하다　반 敗(패할 패)　영 win　중 胜 shèng　일 ショウ(かつ)

형성 나 짐(朕)+힘 력(力)자로 스스로 참고 힘쓰면 '이기다'의 뜻이다.

勝算(승산) 적에게 이길 가능성.　勝勢(승세)　勝利(승리)　勝負(승부)

5급

示

보일 시(示)부 [5示0 총5획]

보일 **시**

보이다, 가르치다　영 exhibit　중 示 shì　일 ジ・シ(しめす)

지사 제사상에 물건을 차려놓고 신에게 보이다.

示現(시현) 나타내 보임.　示唆(시사)　示達(시달)　示範(시범)

7급

市

수건 건(巾)부 [3巾2 총5획]

시장 **시**

저자, 장　영 market　중 市 shì　일 シ(いち)

회의 갈 지(之)+수건 건(巾)자로 생활에 필요한 옷감(巾)을 사기 위해 가야 하는 '시장'의 뜻이다.

市街(시가) 도시의 큰 거리.　市價(시가)　市內(시내)　市立(시립)

6급

始

계집 녀(女)부 [3女5 총8획]

비로소·처음 **시**

비로소, 비롯하다　유 初(처음 초)　영 begin　중 始 shǐ　일 シ(はじめ)

회의 계집 녀(女)+기를 이(台)자로 여자의 뱃속에서 자라는 아이는 생명의 '처음'을 뜻한다.

始終(시종) 시작과 끝.　始發(시발)　始動(시동)　始作(시작)　始終一貫(시종일관)

중학 교육용 한자 900

是

[4Ⅱ급] 날 일(日)부 [4日5 총9획] — 옳을 시

이, 이것 반 非(아닐 비)   영 right 중 是 shì 일 ゼシ(ただしい)

회의 날 일(日)+바를 정(疋=正)자로 태양의 운행이 일정하고 '바르다'의 뜻이다.

是非(시비) 옳고 그름. 是正(시정) 是認(시인) 或是(혹시) 似是而非(사시이비)

施

[4Ⅱ급] 모 방(方)부 [4方5 총9획] — 베풀 시/옮길 이

베풀다, 주다 유 設(베풀 설)   영 give 중 施 shī 일 セ·シ(ほどこす)

형성 깃발 언(方)+잇기 야(也)자로 군대가 진을 친다는 뜻이니 '베풀다'의 뜻이다.

施工(시공) 공사를 착수하여 시행함. 施賞(시상) 施設(시설) 施政(시정)

時

[7급] 날 일(日)부 [4日6 총10획] — 때 시

때, 시간   영 time 중 时 shí 일 ジ(とき)

형성 날 일(日)+절 사(寺)자로 절에서 종을 쳐서 '시간'을 뜻한다.

時急(시급) 매우 급함. 時勢(시세) 時間(시간) 時計(시계) 時機尙早(시기상조)

視

[4Ⅱ급] 볼 견(見)부 [7見5 총12획] — 볼 시

보다, 살피다 반 監(볼 감)   영 look at 중 视 shì 일 シ(みる)

형성 보일 시(示)+볼 견(見)자로 신에게 바치는 제상은 잘 '보다'의 뜻이다.

視力(시력) 눈으로 물체를 보는 힘. 視察(시찰) 視界(시계) 視線(시선)

試

[4Ⅱ급] 말씀 언(言)부 [7言6 총13획] — 시험할 시

시험하다, 해보다 반 驗(시험할 험)   영 examine 중 试 shì 일 シ(こころみる)

형성 말씀 언(言)+법 식(式)자로 말이 법식에 맞는지를 '시험하다'의 뜻이다.

試圖(시도) 시험 삼아 일을 도모함. 試掘(시굴) 試食(시식) 試驗(시험)

詩

4Ⅱ급

시, 시경(詩經)   영 poetry   중 诗 shī   일 シ(からうた)

형성 말씀 언(言)+절 사(寺)자로 마음속에 있는 뜻을 법칙 운율에 맞춰 '시'의 뜻이다.

詩歌(시가) 시와 노래.   詩伯(시백)   詩想(시상)   詩心(시심)

말씀 언(言)부 [7言6 총13획]

시 **시**

詩詩詩詩詩詩詩詩詩詩詩詩詩

詩 詩 詩 詩 詩

式

6급

법, 제도   유 法(법 법)   영 rule, mode   중 式 shì   일 シキ(のり)

회의·형성 주살 익(弋)+장인 공(工)자로 장인이 도구로 일할 때는 일정한 '법식'을 따른다.

式車(식거) 수레의 가로지른 나무에 손을 얹고 있음.   式穀(식곡)   式順(식순)

주살 익(弋)부 [3弋3 총6획]

법 **식**

式式式式式式

式 式 式 式 式

食

7급

밥, 음식   영 food, eat   중 食 shí   일 ショク(たべる)

회의·형성 밥이 쌓인 것과 숟가락으로 오곡을 익히면 고소한 밥이 되어 '먹다'의 뜻이다.

食器(식기) 음식을 담는 그릇.   食指(식지)   食糧(식량)   簞食(단사)

밥 식(食)부 [9食0 총9획]

밥 **식** / 먹일 **사**

食食食食食食食食食

食 食 食 食 食

植

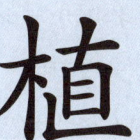

7급

심다, 식물   영 plant   중 植 zhí   일 ショク(うつす)

형성 나무 목(木)+곧을 직(直)자로 나무나 식물은 곧게 세워 '심다'의 뜻이다.

植木(식목) 나무를 심음.   植毛(식모)   植物(식물)   植樹(식수)   植松望亭(식송망정)

나무 목(木)부 [4木8 총12획]

심을 **식**

植植植植植植植植植植植植

植 植 植 植 植

識

5급

알다, 기록하다   유 知(알 지)   영 recognize   중 识 shí   일 シ(しる)

형성 말씀 언(言)+찰흙 시(戠)자로 말과 소리를 흙벽이나 토기 등에 '기록하다'의 뜻이다.

識別(식별) 분별함.   識字(식자)   識見(식견)   標識(표지)

말씀 언(言)부 [7言12 총19획]

알 **식** / 기록할 **지**

識識識識識識識識識識識識

識 識 識 識 識

申

4II급 | 밭 전(田)부 [5田0 총5획] | 납 신

납, 아홉째 지지 유 告(고할 고) 영 Chinese zodiac 중 申 shēn 일 シン(さる)

상형 번개의 모양을 본뜬 글자로 하늘이 인간에게 경고의 말을 '펴다'의 뜻이다.
申時(신시) 12시의 아홉째. 오후 3시에서 5시 사이.
申告(신고) 申請(신청) 追申(추신) 和議申請(화의신청)

臣

5급 | 신하 신(臣)부 [6臣0 총6획] | 신하 신

신하, 섬기다 반 君(임금 군) 영 minister 중 臣 shén 일 シン(たみ)

상형 임금 앞에 몸을 구부리고 있는 신하의 모양을 본뜬 글자다.
臣僕(신복) 신하가 되어 복종함. 臣民(신민) 臣下(신하) 家臣(가신)

辛

3급 | 매울 신(辛)부 [7辛0 총7획] | 매울 신

맵다, 괴롭다 영 hot 중 辛 xīn 일 シン(かのと·からい)

회의 문신을 하기 위한 바늘을 본뜬 글자로 '맵다, 괴롭다'를 뜻한다.
辛苦(신고) 맵고 씀. 辛味(신미) 辛勝(신승) 辛辣(신랄) 艱難辛苦(간난신고)

身

6급 | 몸 신(身)부 [7身0 총7획] | 몸 신

몸, 아이 배다 유 體(몸 체) 영 body 중 身 shēn 일 シン(み)

상형 사람이 애를 밴 모양을 본뜬 글자로 임신하다를 뜻하여 '몸'을 뜻한다.
身病(신병) 몸의 병. 身上(신상) 身分(신분) 身世(신세) 殺身成仁(살신성인)

信

6급 | 사람 인(人)부 [2人7 총9획] | 믿을 신

믿다, 믿음 영 believe, trust 중 信 xìn 일 シン(まこと)

회의 사람 인(亻)+말씀 언(言)자로 사람이 하는 말에는 '믿음'의 뜻이다.
信念(신념) 옳다고 굳게 믿고 있는 마음. 信心(신심) 信徒(신도) 信用(신용)

6급	귀신, 신	영god, soul 중神 shén 일ジン(かみ)

형성 보일 시(示)+펼 신(申)자로 번개가 치는 것은 귀신이 우는 것으로 '귀신'을 뜻한다.

神經(신경) 동물의 몸 속에 퍼져있는 지각운동. 神靈(신령) 神技(신기) 神童(신동)

보일 시(示)부 [5示5 총10획]

귀신 **신**

6급	새롭다, 새로 반舊(예 구)	영new 중新 xīn 일シン(あたらしい)

회의 설 립(立)+나무 목(木)+도끼 근(斤)자로 나무를 도끼로 베어내면 '새롭다'의 뜻이다.

新舊(신구) 새것과 묵은 것. 新紀元(신기원) 新刊(신간) 新曲(신곡)

도끼 근(斤)부 [4斤9 총13획]

새 **신**

6급	잃다, 잘못 반得(얻을 득)	영lose 중失 shī 일シツ(うしなう)

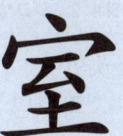

회의·형성 손 수(手)+새 을(乙)자로 화살이 손에서 도망가니 '잃는다'의 뜻이다.

失脚(실각) 발을 헛디딤. 지위를 잃음. 失機(실기) 失格(실격) 失望(실망)

큰 대(大)부 [3大2 총5획]

잃을 **실**

8급	집, 방	영house 중室 shì 일シツ(へや)

회의 집 면(宀)+이를 지(至)자로 사람이 일과를 마치고 가는 '집'의 뜻이다.

室人(실인) 아내. 室家(실가) 室內(실내) 室長(실장) 芝蘭之室(지란지실)

갓머리(宀)부 [3宀6 총9획]

집·방 **실**

5급	열매, 결실하다 동果(실과 과)	영fruit 중实 shí 일実 ジツ(みのる)

회의 집 면(宀)+꿸 관(貫)자로 집안에 꿴 재물이 가득 찼으므로 '열매'의 뜻이다.

實果(실과) 먹을 수 있는 초목의 열매. 實習(실습) 實感(실감) 實力(실력)

갓머리(宀)부 [3宀11 총14획]

열매 **실**

급수	한자	뜻/훈	설명
7급	心	마음, 생각 ㈜ 情(뜻 정)	영 heart 중 心 xīn 일 シン(こころ)

상형 심장의 모양을 본뜬 자로 심장은 마음의 바탕이 되므로 '마음'을 뜻한다.

心筋(심근) 심장의 벽을 이루는 근육. 心亂(심란) 心氣(심기) 心理(심리)

마음 심(심방변) 心(忄/㣺)부 [4心0 총4획]

마음 **심**

| 3Ⅱ급 | 甚 | 심하다, 더욱 | 영 severe 중 甚 shén 일 ジン(はなはだ) |

형성 달 감(甘)+짝 필(匹)자로 '더욱, 심하다'를 뜻한다.

甚難(심난) 매우 어려움. 甚深(심심) 激甚(격심) 極甚(극심) 去益甚焉(거익심언)

달 감(甘)부 [5甘4 총9획]

심할 **심**

| 4Ⅱ급 | 深 | 깊다, 깊이 | 영 deep 중 深 shēn 일 シン(ふかい) |

형성 물이 불어 '깊다'는 뜻이다.

深刻(심각) 아주 깊고 절실함. 深海(심해) 深度(심도) 深夜(심야)

물 수(삼수변) 水(氵)부 [3氵8 총11획]

깊을 **심**

| 8급 | 十 | 열(번째), 완전하다 | 영 ten 중 十 shí 일 ジュウ(とお) |

지사 동서[一]와 남북[丨]자로 사방 및 중앙을 모두 갖춘 '열십'을 뜻한다.

十誡命(십계명) 구약성경에 나오는, 하나님이 모세에게 내린 열 가지의 계명.
十代(십대) 十字(십자) 十月(시월) 權不十年(권불십년)

열 십(十)부 [2十0 총2획]

열 **십/시**

| 4급 | 氏 | 각시, 씨 | 영 family name 중 氏 shì 일 シ(うじ) |

상형 땅 속에 내린 뿌리와 땅 위에 내민 줄기의 모양으로 '성씨'를 뜻한다.

氏名(씨명) 성씨와 이름. 無名氏(무명씨) 氏族(씨족) 某氏(모씨)

성 씨(氏)부 [4氏0 총4획]

씨 **씨**

3Ⅱ급	나, 나의	영 I·we 중 我 wǒ 일 ガ (わ·われ)
	상형 손 수(扌)+창 과(戈)자로 톱니날인 창의 모양을 가리켰으나 가차하여 '나'를 뜻한다. 我國(아국) 우리 나라. 我輩(아배) 我軍(아군) 我執(아집) 我田引水(아전인수)	
창 과(戈)부 [4戈3 총7획]	我我我我我我我	
나 아	我 我 我 我 我	

5급	아이, 유아 유 童(아이 동)	영 child 중 儿 ér 일 児 ジ·ニ(に)
 (児)	상형 정수리의 숫가마[臼]가 아직 굳지 않은 어린아이[儿]가 걸어다니는 모양을 본 뜬 글자이다. 兒名(아명) 어릴 때의 이름. 孤兒(고아) 兒童(아동) 健兒(건아)	
어진사람 인(儿)부 [2儿6 총8획]	兒兒兒兒兒兒兒兒	
아이 아	兒 兒 兒 兒 兒	

5급	악하다, 모질다 반 好(좋을 호)	영 bad 중 恶 è 일 悪 アク(わるい)
 (悪)	형성 버금 아(亞)+마음 심(心)자로 등이 굽은 것처럼 마음이 '악하다'의 뜻이다. 惡感(악감) 악한 감정, 또는 나쁜 느낌. 惡鬼(악귀) 惡魔(악마) 憎惡(증오)	
마음 심(심방변) 心(忄/㣺)부 [4心8 총12획]	惡惡惡惡惡惡惡惡惡惡惡惡	
악할 악/미워할 오	惡 惡 惡 惡 惡	

7급	편안하다, 즐기다 반 危(위태할 위)	영 peaceful 중 安 ān 일 アン(やすい)
安	회의·상형 집 면(宀)+계집 녀(女)자로 여자가 집안에 있으니 '편안하다'의 뜻이다. 安保(안보) 편안히 보전함. 安眠(안면) 安寧(안녕) 安心(안심)	
갓머리(宀)부 [3宀3 총6획]	安安安安安安	
편안할 안	安 安 安 安 安	

5급	책상, 방석	영 table, desk 중 案 àn 일 アン
	형성 편안 안(安)+나무 목(木)자로 편안히 앉아서 책을 볼 수 있도록 나무로 '책상'을 만들다. 案山(안산) 집터나 묏자리의 맞은편 산. 案机(안궤) 案件(안건) 案内(안내)	
나무 목(木)부 [4木6 총10획]	案案案案案案案案案案	
책상 안	案 案 案 案 案	

4급	眼	눈, 눈알　㈜ 目(눈 목)　　　　　　　　㊇ eye　㊆ 眼 yǎn　㊊ ガン(め)
		㊀ 눈 목(目)+그칠 간(艮)자로 눈으로 볼 수 있는 '눈'의 뜻이다.
		眼鏡(안경) 눈을 보호하거나 시력을 돕는 기구. 眼球(안구) 眼科(안과) 眼藥(안약)
눈 목(目)부 [5目6 총11획]		眼眼眼眼眼眼眼眼眼眼眼
	눈 **안**	眼 眼 眼 眼 眼

3급	顔	얼굴, 낯빛　　　　　　　　　　　　　　　㊇ face　㊆ 顔 yán　㊊ ガン(かお)
		㊀ 선비 언(彦)+머리 혈(頁)자로 화장하는 머리 부위 '얼굴'을 뜻한다.
		顔面(안면) 얼굴. 顔色(안색) 強顔(강안) 厚顔無恥(후안무치)
머리 혈(頁)부 [9頁9 총18획]		顔顔顔顔顔顔顔顔顔顔顔顔
	얼굴 **안**	顔 顔 顔 顔 顔

4급	暗	어둡다, 어리석다　㈜ 明(밝을 명)　　　　㊇ dark　㊆ 暗 àn　㊊ アン(くらい)
		㊀ 날 일(日)+소리 음(音)자로 해가 져서 앞은 보이지 않고 소리만 들릴 정도로 '어둡다'의 뜻이다.
		暗君(암군) 무도하고 어리석은 군주. 暗算(암산) 暗記(암기) 暗澹(암담)
날 일(日)부 [4日9 총13획]		暗暗暗暗暗暗暗暗暗暗暗暗暗
	어두울 **암**	暗 暗 暗 暗 暗

3급	巖 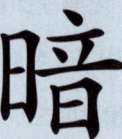	바위, 가파르다　　　　　　　　　　　　㊇ rock　㊆ 岩 yán　㊊ 岩 ガン(いわ)
		㊀·㊁ 뫼 산(山)+굳셀 엄(嚴)자로 산에 높이 솟은 험준한 '바위'를 뜻한다.
		巖穴(암혈) 바위굴. 巖盤(암반) 巖壁(암벽) 巖山(암산) 巖牆之下(암장지하)
메 산(山)부 [3山20 총23획]		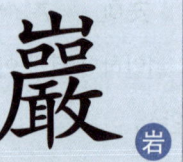
	바위 **암**	巖 巖 巖 巖 巖

3급	仰	우러르다　　　　　　　　　　　　　　㊇ respect　㊆ 仰 yǎng　㊊ ギョウ(あおぐ)
		㊀ 사람 인(亻)+높을 앙(卬)자로 '우러러보다'를 뜻한다.
		仰望(앙망) 우러러 바란다는 의미. 仰慕(앙모) 仰祝(앙축) 崇仰(숭앙)
사람 인(人)부 [2人4 총6획]		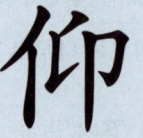
	우러를 **앙**	仰 仰 仰 仰 仰

3II급	슬프다, 슬픔　　　　　　　　　영 sad　중 哀 āi　일 アイ(あわれ)
 입 구(口)부 [3口6 총9획] **슬플 애**	형성 입 구(口)+옷 의(衣)자로 동정의 목소리를 한데 모으는 것으로 '슬퍼하다'를 뜻한다. 哀憐(애련) 가엾고 애처롭게 여김.　哀惜(애석)　哀悼(애도)　哀痛(애통) 哀哀哀哀哀哀哀哀哀 哀 哀 哀 哀 哀

6급	사랑, 인정　반 惡(미워할 오)　　　영 love　중 愛 ài　일 アイ(あいする)
 마음 심(심방변) 心(忄/㣺)부 [4心9 총13획] **사랑 애**	회의 받을 수(受)+마음 심(心)자로 마음을 주고 받는 '사랑'을 뜻한다. 愛犬(애견) 개를 사랑함.　愛讀(애독)　愛馬(애마)　愛好(애호) 愛愛愛愛愛愛愛愛愛愛愛愛愛 愛 愛 愛 愛 愛

3급	어조사, 잇기　　　　　　　　　영 also　중 也 yě　일 ヤ(なり)
 새 을(乙)부 [1乙2 총3획] **어조사 야**	상형 뱀이 땅을 뚫고 나오려는 모양으로 '어조사'로 쓰인다. 焉哉乎也(언재호야) 천자문의 맨 끝 귀.　及其也(급기야)　言則是也(언즉시야) 也也也 也 也 也 也 也

6급	밤, 새벽　반 晝(낮 주)　　　　　영 night　중 夜 yè　일 ヤ(よる)
 저녁 석(夕)부 [3夕5 총8획] **밤 야**	형성 또 역(亦)+저녁 석(夕)자로 해지면 밤이 오고 모든 생물이 '밤'에는 잠을 잔다. 夜間(야간) 밤.　夜勤(야근)　夜景(야경)　夜光(야광)　晨入夜出(신입야출) 夜夜夜夜夜夜夜夜 夜 夜 夜 夜 夜

6급	들, 교외　반 與(더불 여)　　　　영 field　중 野 yě　일 ヤ(の)
野 마을 리(里)부 [7里4 총11획] **들 야**	형성 마을 리(里)+줄 여(予)자로 마을의 논밭에서 농사를 지어들이는 '들'을 뜻한다. 野蠻(야만) 문화가 미개함.　野行(야행)　野球(야구)　野談(야담)　家鷄野雉(가계야치) 野野野野野野野野野野野 野 野 野 野 野

5급	約 실 사(糸)부 [6糸3 총9획] **맺을 약**	맺다, 묶다　　영 bind　중 约 yuē　일 ヤク(おおむれ) 형성 실 사(糸)+작을 작(勺)자로 실로 작은 매듭을 '맺다'의 뜻이다. 約略(약략) 대강. 또는 대게.　約束(약속)　約款(약관)　公約(공약) 約 約 約 約 約 約 約 約 約 約 約 約 約 約
3Ⅱ급	若 풀초(초두) 艸(艹)부 [4艹5 총9획] **같을 약/반야 야**	같다, 이와 같은　　영 like　중 若 ruò　일 ジャク(なんじ) 회의 풀 초(艹)+오른 우(右)자로 신을 따르는 무녀의 형상이었으나 가차하여 같음을 뜻한다. 若干(약간) 얼마 되지 아니함.　般若(반야)　萬若(만약)　若何(약하) 若 若 若 若 若 若 若 若 若 若 若 若 若 若
6급	弱 활 궁(弓)부 [3弓7 총10획] **약할 약**	약하다, 쇠약해지다　반 强(강할 강)　영 weak　중 弱 ruò　일 ジャク(よわい) 상형 새끼새의 두 날개가 나란히 펼쳐진 모양을 본뜬 글자로 '약하다'를 뜻한다. 弱骨(약골) 골격이 약함.　弱勢(약세)　弱冠(약관)　弱點(약점)　弱馬卜重(약마복중) 弱 弱 弱 弱 弱 弱 弱 弱 弱 弱 弱 弱 弱 弱 弱
6급	藥  풀초(초두) 艸(艹)부 [4艹15 총19획] **약 약**	약, 화약　　영 medicine　중 药 yào　일 薬 ヤク(くすり) 형성 풀 초(艹)+즐거울 락(樂)자로 풀뿌리나 잎으로 만든 것이 병을 낫게 하므로 '약'의 뜻이다. 藥局(약국) 약을 파는 가게.　藥石(약석)　藥果(약과)　藥草(약초) 藥 藥 藥 藥 藥 藥 藥 藥 藥 藥 藥 藥 藥 藥 藥 藥 藥
4Ⅱ급	羊 양 양(羊)부 [6羊0 총6획] **양 양**	양　　영 sheep　중 羊 yáng　일 ヨウ(つじ) 상형 뿔난 양의 모양을 본뜬 글자이다. 羊毛(양모) 양털.　羊腸(양장)　羊肉(양육)　山羊(산양)　讀書亡羊(독서망양) 羊 羊 羊 羊 羊 羊 羊 羊 羊 羊 羊 羊

6급	 물 수(삼수변) 水(氵)부 [3水6 총9획] 큰바다 **양**	바다, 큰 바다　㈜ 海(바다 해)　영 ocean　중 洋 yáng　일 ヨウ(おおうみ)
		형성 물 수(氵)+양 양(羊)자로 수많은 양의 무리가 움직이듯이 '큰바다'를 뜻한다.
		洋弓(양궁) 서양식 활.　洋女(양녀)　洋襪(양말)　洋酒(양주)　前途洋洋(전도양양)

6급	陽 언덕 부(좌부방) 阜(阝)부 [3阝9 총12획] 볕 **양**	볕, 해　㈜ 陰(그늘 음)　영 sunshine　중 阳 yáng　일 ヨウ(ひ)
		형성 언덕 부(阝)+볕 양(昜)자로 언덕은 가리는 곳이 없으니 '볕'이 잘 든다.
		陽光(양광) 태양의 빛.　陽朔(양삭)　陽刻(양각)　陽氣(양기)　陽春佳節(양춘가절)

3Ⅱ급	揚 손 수(재방변) 手(扌)부 [3扌9 총12획] 오를·날릴 **양**	오르다, 날다　영 raise　중 扬 yáng　일 ヨウ(あがる)
		형성 손 수(扌)+오를 양(昜)자로 손으로 위로 올린다는 것에서 '오름'을 뜻한다.
		揚名(양명) 이름을 드날림.　揚揚(양양)　浮揚(부양)　抑揚(억양)

5급	 밥 식(食)부 [9食6 총15획] 기를 **양**	기르다, 성장시키다　㈜ 育(기를 육)　영 breed　중 养 yǎng　일 ヨウ(やしなう)
		형성 양 양(羊)+먹을 식(食)자로 양에게 먹이를 주어 '기르다'의 뜻이다.
		養鷄(양계) 닭을 기름.　養蜂(양봉)　養女(양녀)　養豚(양돈)　養虎後患(양호후환)

3Ⅱ급	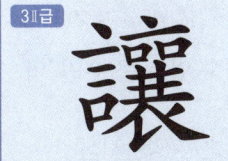 말씀 언(言)부 [7言17 총24획] 사양할 **양**	사양하다　영 refuse　중 让 ràng　일 譲 ジョウ(ゆずる)
		형성 말씀 언(言)+도울 양(襄)으로 겸손하게 말로 '사양하는 것'을 뜻한다.
		讓渡(양도) 권리 등을 다른 사람에게 넘겨 줌.　讓與(양여)　讓步(양보)　謙讓(겸양)

3급	於	어조사 어	영 in·particle 중 於 yú 일 オ(おいて)
		회의 까마귀 모양을 본뜬 글자로, 가차하여 어조사로 쓰인다.	
		於焉間(어언간) 어느덧. 於中間(어중간) 於焉(어언)	
모 방(方)부 [4方4 총8획]		於 於 於 於 於 於 於 於	
어조사 어/탄식할 오		於 於 於 於 於	

5급	魚	물고기, 고기	영 fish 중 鱼 yú 일 ギョ(さかな)
		회의·형성 물고기의 모양을 본뜬 글자이다.	
		魚物(어물) 물고기의 총칭. 魚貝(어패) 魚卵(어란) 魚雷(어뢰)	
물고기 어(魚)부 [11魚0 총11획]		魚 魚 魚 魚 魚 魚 魚 魚 魚 魚 魚	
물고기 어		魚 魚 魚 魚 魚	

5급	漁	고기 잡다, 고기잡이	영 fishing 중 渔 yú 일 ギョ(あさる)
		형성 물 수(氵)+고기 어(魚)자로 물고기가 있는 물에서 '물고기를 잡는다'는 뜻이다.	
		漁場(어장) 고기잡이 터. 漁撈(어로) 漁具(어구) 漁民(어민) 緣木求魚(연목구어)	
물 수(삼수변) 水(氵)부 [3氵11 총14획]		漁 漁 漁 漁 漁 漁 漁 漁 漁 漁 漁 漁 漁 漁	
고기잡을 어		漁 漁 漁 漁 漁	

7급	語	말씀, 말 유 言(말씀 언)	영 words 중 语 yǔ 일 ゴ·ギョ(かたる)
		형성 말씀 언(言)+나 오(吾)자로 나의 의견을 변론하는 '말씀'의 뜻이다.	
		語錄(어록) 위인이나 유명한 사람의 말을 기록한 책.	
		語源(어원) 語感(어감) 語句(어구) 語不成說(어불성설)	
말씀 언(言)부 [7言7 총14획]		語 語 語 語 語 語 語 語 語 語 語 語 語 語	
말씀 어		語 語 語 語 語	

5급	億	억, 수의 단위	영 hundred million 중 亿 yì 일 オク(おく)
		형성 사람 인(亻)+뜻 의(意)자로 사람의 마음속에서만 생각할 수 있는 큰 수인 '억'을 뜻한다.	
		億丈(억장) 썩 높음. 百億(백억) 億劫(억겁) 億萬(억만) 億萬之心(억만지심)	
사람 인(人)부 [2人13 총15획]		億 億 億 億 億 億 億 億 億 億	
억 억		億 億 億 億	

憶

3II급 · 마음 심(심방변) 心(忄/㣺)부 [3忄13 총16획]

생각할 억

생각하다, 추억하다

영 recall 중 忆 yì 일 オク(おもう)

형성 마음 심(忄)+뜻 의(意)자로 마음속에 생각하고 있으며 '잊지 않음'을 뜻한다.

追憶(추억) 지난 일을 생각함. 憶昔(억석) 記憶(기억) 憶測(억측)

言

6급 · 말씀 언(言)부 [7言0 총7획]

말씀 언

말씀, 언어 유 語(말씀 어)

영 talk 중 言 yán 일 ゲン(こと)

형성 생각한 것을 찌를 듯이 입으로 나타내는 '말씀'의 뜻이다.

言論(언론) 말이나 글로써 자기의 주장을 밝히는 일.
言動(언동) 言語(언어) 言爭(언쟁) 言中有骨(언중유골)

嚴

4급 · 입 구(口)부 [3口17 총20획]

엄할 엄

엄하다, 엄정하다

영 strict 중 严 yán 일 嚴 ゲン·ゴン(おごそか)

형성 부르짖을 훤(吅)+험할 엄(厰)자로 큰소리로 낸 호령이 험준한 산처럼 '위엄스럽다'.

嚴禁(엄금) 엄중하게 금지함. 嚴冬(엄동) 嚴格(엄격) 嚴罰(엄벌)

業

6급 · 나무 목(木)부 [4木9 총13획]

일 업

업, 일 유 事(일 사)

영 business 중 业 yè 일 ギョウ(わざ)

상형 악기를 매단 받침틀의 모양을 본뜬 자로 음악을 배우려면 이 장치를 하는 '일'의 뜻이다.

業界(업계) 같은 산업, 사업의 종사자들의 사회. 業主(업주) 業務(업무) 業體(업체)

汝

3급 · 물 수(삼수변) 水(氵)부 [3氵3 총6획]

너 여

너(2인칭 대명사), 강 이름

영 you 중 汝 rǔ 일 ジョ(なんじ)

형성 물 수(氵)+계집 녀(女)자로 본래는 '강이름'을 뜻하였으나 2인칭 대명사로 쓰인다.

汝等(여등) 너희. 汝曹(여조) 汝輩(여배) 爾汝(이여)

4Ⅱ급 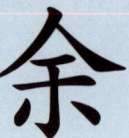 계집 녀(女)부 [3女3 총6획] 같을 **여**	같다, 따르다　　　　　　　　　　　　　　영 same　중 如 rú　일 ジョ·ニョ(ごとし)
	형성 계집 녀(女)+입 구(口)자로 여자의 미덕이란 부모 남편 자식의 말을 '같이'한다는 뜻이다.
	如反掌(여반장) 손바닥 뒤집듯 쉬움.　如實(여실)　如干(여간)　如前(여전)
	如女女如如如
	如 如 如 如 如

3급 余 사람 인(人)부 [2人5 총7획] 나 **여**	나, 여분　　　　　　　　　　　　　　　영 more　중 余 yú　일 ヨ(われ·あまり)
	형성 지붕을 기둥으로 받치고 있는 건물의 모양자로 가차하여 인칭대명사 '나'의 뜻으로 쓰인다.
	余等(여등) 우리들.　余輩(여배)　余月(여월)　宜寧余(의령여)
	余余余余余余余
	余 余 余 余 余

4급  절구 구(臼)부 [6臼8 총14획] 줄 **여**	주다, 동아리　유 參(참여할 참)　　　영 give　중 与 yǔ　일 与 ヨ(あたえる)
	회의 마주들 여(舁)+줄 여(与)자로 맞들어 주므로 '주다'의 뜻이다.
	與件(여건) 주어진 조건.　與黨(여당)　參與(참여)　給與(급여)
	與與與與與與與與與與與與與與
	與 與 與 與 與

4Ⅱ급  밥 식(食)부 [9食7 총16획] 남을 **여**	남다, 넉넉함　유 殘(남을 잔)　　　영 remain　중 余 yú　일 余 ヨ(あまる)
	형성 밥 식(食)+남을 여(余)자로 음식이 먹고 남을 정도로 풍족한 것으로 '남다'를 뜻한다.
	餘念(여념) 나머지 생각.　餘力(여력)　餘談(여담)　餘恨(여한)
	餘餘餘餘餘餘餘餘餘餘餘
	餘 餘 餘 餘 餘

3Ⅱ급  돼지해머리(亠)부 [2亠4 총6획] 또 **역**	또, 또한　　　　　　　　　　　　　　영 also　중 亦 yì　일 エキ·ヤク(また)
	회의 큰 대(大)+여덟 팔(八)자로, 똑같은 사물이 양쪽에 있는 것으로 '또'를 뜻한다.
	亦是(역시) 마찬가지로.　此亦(차역)　亦然(역연)　亦可(역가)
	亦亦亦亦亦亦
	亦 亦 亦 亦 亦

4급	易	바꾸다, 교환 　　　　　　영 exchange 중 易 yì 일 エキ(とりかえる)
		상형 도마뱀의 머리와 네 발을 본뜬 글자로 도마뱀이 색깔을 쉽게 '바꾸다'를 뜻한다.
		易經(역경) 오경의 하나인 주역. 易學(역학) 交易(교역) 難易(난이)
날 일(日)부 [4日4 총8획]		易 易 易 易 易 易 易 易
바꿀 역/쉬울 이		

4Ⅱ급	逆	거스르다, 배반하다 반 順(따를 순) 　영 disobey 중 逆 nì 일 ギャク(さか)
		형성 길을 반대 방향으로 거슬러간다(辶)의 '거스르다'의 뜻이다.
		逆流(역류) 물이 거슬러 흐름. 逆謀(역모) 逆境(역경) 逆風(역풍)
쉬엄쉬엄갈 착(책받침)(辶)부 [4辶6 총10획]		逆 逆 逆 逆 逆 逆 逆 逆 逆 逆
거스를 역		

4Ⅱ급	研	갈다, 연구하다 유 究(연구할 구) 영 grind, study 중 研 yán 일 ケン(みがく)
		회의 돌 석(石)+평평할 견(幵)자로 돌을 반듯하게 '갈다'의 뜻이다.
		研修(연수) 연구하고 수련함. 研磨(연마) 研究(연구)
돌 석(石)부 [5石6 총11획]		研 研 研 研 研 研 研 研 研 研 研
갈 연		

7급	然	그러하다, 대답하는 말 　　　영 so, such 중 然 rán 일 ゼン(しかり)
		회의 고기 육(月:肉)+개 견(犬)+불 화(火)자로 고기를 불에 굽는다는 것은 '당연'하다.
		然則(연즉) 그런즉, 그렇다면. 然而(연이) 然後(연후) 慨然(개연)
불 화(火/灬)부 [4灬8 총12획]		然 然 然 然 然 然 然 然 然 然 然 然
그러할 연		然 然 然 然 然

4Ⅱ급	煙	연기, 그을음 　　　　　　영 smoke 중 烟 yān 일 エン(けむり)
		형성 불 화(火)+막을 인(垔)자로 향로에 불을 붙이면 피어오르는 '연기'를 뜻한다.
		煙景(연경) 봄 경치. 煙霧(연무) 煙氣(연기) 禁煙(금연) 雲煙變態(운연변태)
불 화(火/灬)부 [4火9 총13획]		煙 煙 煙 煙 煙 煙 煙 煙 煙 煙 煙 煙 煙
연기 연		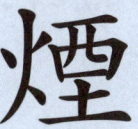

중학 교육용 한자 900 | 115

悅

3II급	기쁘다	영 joyful·pleased 중 悦 yuè 일 エツ(よろこぶ)

형성 마음 심(心)+기쁠 열(兌)자로 맺힌 마음이 풀린 것으로 '기쁘다'를 뜻한다.

喜悅(희열) 기쁨. 悅樂(열락) 法悅(법열) 松茂柏悅(송무백열)

마음 심(심방변) 心(忄/㣺)부 [3忄7 총10획]

기쁠 열

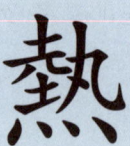

熱

5급	덥다, 더위	영 hot 중 热 rè 일 ネツ(あつい)

회의 형세 세(埶)+불 화(灬)자로 불의 형세는 '뜨겁다'의 뜻이다.

熱狂(열광) 미친 듯이 열중함. 熱心(열심) 熱氣(열기) 熱帶(열대)

불 화(火/灬)부 [4灬11 총15획]

더울 열

炎

3급	불꽃, 불타다	영 flame 중 炎 yán 일 エン(やむ·もえる)

회의 불 화(火)가 겹쳐서 불타오르는 '불꽃'을 뜻한다.

炎上(염상) 불꽃이 타오름. 炎暑(염서) 肝炎(간염) 庚炎(경염)

불 화(火/灬)부 [4火4 총8획]

불꽃 염

葉

5급	잎, 뽕	영 leaf 중 叶 yè 일 ヨウ(は)

형성 초목에 달려 있는 무성한 '잎사귀'를 뜻한다.

葉書(엽서) 우편엽서. 葉茶(엽차) 葉錢(엽전) 金枝玉葉(금지옥엽)

풀초(초두) 艸(艹)부 [4艹9 총13획]

잎 엽

永

6급	길다, 오래다 유 遠(멀 원)	영 eternal 중 永 yǒng 일 エイ(ながい)

상형 강물이 여러 갈래로 갈라지면서 흘러가는 모양을 본뜬 글자이다.

永訣(영결) 영원한 이별. 永眠(영면) 永世(영세) 永遠(영원)

물 수(삼수변) 水(氵)부 [4水1 총5획]

길 영

4급		맞다, 맞이하다 빤 送(보낼 송) 영 welcome 중 迎 yíng 일 ゲイ(むかえる)
		형성 쉬엄쉬엄갈 착(辶)+높을 앙(卬)자로 높은 사람이 오는 것을 공손히 '맞이한다'는 뜻이다.
	쉬엄쉬엄갈 착(책받침) 辶(辶)부 [4辶4 총8획]	迎入(영입) 맞아들임. 迎新(영신) 迎接(영접) 迎合(영합)
	맞을 영	迎迎卬卬迎迎迎迎

6급		꽃부리, 재주가 뛰어나다 유 特(특별할 특) 영 elite 중 英 yīng 일 エイ(はなぶさ)
		형성 풀 초(艹)+가운데 앙(央)자로 풀꽃의 아름다운 가운데를 나타내어 '꽃부리'의 뜻이다.
	풀초(초두) 艸(艹)부 [4艹5 총9획]	英佛(영불) 영국과 프랑스. 英傑(영걸) 英國(영국) 英語(영어)
	꽃부리 영	英英英英英英英英英

4Ⅱ급		영화, 영화롭다 영 glory 중 荣 róng 일 栄 エイ(さかえる)
	(栄)	형성 나무[木]에 불[火]이 붙어 활활 타오르듯 '번영하다'의 뜻이다.
	나무 목(木)부 [4木10 총14획]	榮轉(영전) 예전보다 더 높은 자리에 오름. 榮進(영진) 榮光(영광) 榮達(영달)
	영화 영	榮榮榮榮榮榮榮榮榮榮

4Ⅱ급	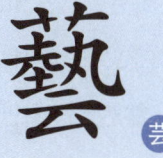	재주, 기예 유 術(재주 술) 영 art, skill 중 艺 yì 일 芸 ゲイ(わざ)
	(芸)	회의·형성 풀 초(艹)+심을 예(埶)+이를 운(云)자로 초목을 심고 가꾸는 데는 '재주'가 필요하다.
	풀초(초두) 艸(艹)부 [4艹15 총19획]	藝人(예인) 배우처럼 기예를 업으로 하는 사람. 藝能(예능) 藝名(예명) 藝術(예술)
	재주 예	藝藝藝藝藝藝藝藝藝藝藝藝

8급	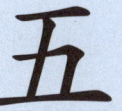	다섯, 다섯 번 영 five 중 五 wǔ 일 ゴ(いつつ)
		지사 「二十乂」 화 수 목 금 토의 오행이 상생하여 '다섯'이란 뜻이다.
	두 이(二)부 [2二2 총4획]	五穀(오곡) 주식이 되는 다섯 가지 곡식. 五角(오각) 五感(오감) 五色(오색)
	다섯 오	五五五五

午

7급

낮, 일곱째 지지

영 noon　중 午 wǔ　일 ゴ(うま·ひる)

상형 절구질할 때 들어올린 절굿공이의 모양으로 11시부터 13시사이로 '한낮'을 뜻한다.

午睡(오수) 낮잠. 午初(오초) 午餐(오찬) 午後(오후)

열 십(十)부 [2+2 총4획]

낮 오

吾

3급

나, 우리

영 I　중 吾 wú　일 ゴ(われ)

형성 다섯 오(五)+입 구(口)에서 신의 계시를 지키는 뜻이었으나 가차하여 '나'를 뜻한다.

吾等(오등) 우리들. 吾家(오가) 吾人(오인) 枝吾(지오) 從吾所好(종오소호)

입 구(口)부 [3口4 총7획]

나 오

烏

3Ⅱ급

까마귀, 검다

영 crow　중 乌 wū　일 ウ(からす)

상형 까마귀 모양을 본뜬 글자이다.

烏骨鷄(오골계) 살, 가죽, 뼈가 모두 암자색의 닭.
烏飛梨落(오비이락) 烏梅(오매) 織烏(직오) 烏合之卒(오합지졸)

불 화(火/灬)부 [4灬6 총10획]

까마귀 오

悟

3Ⅱ급

깨닫다, 슬기롭다

영 awake　중 悟 wù　일 ゴ(さとる)

형성 마음 심(忄)+나 오(吾:밝아지다)자로 마음이 밝아지는 것으로 '깨닫다'를 뜻한다.

大悟(대오) 크게 깨달음. 悟道(오도) 悟入(오입) 覺悟(각오) 豁然大悟(활연대오)

마음 심(심방변) 心(忄/㣺)부 [3忄7 총10획]

깨달을 오

誤

4Ⅱ급

그르치다, 잘못　반 正(바를 정)

영 mistake　중 误 wù　일 ゴ(あやまる)

형성 말씀 언(言)+나라 오(吳)자로 큰소리치며 장담하는 말은 사실과 달라 '그르치다'를 뜻한다.

誤信(오신) 잘못 믿음. 誤謬(오류) 誤答(오답) 誤解(오해) 良民誤捉(양민오착)

말씀 언(言)부 [7言7 총14획]

그르칠 오

玉

4Ⅱ급

구슬, 아름다운 돌 반 石(돌 석)   영 gem, jewel   중 玉 yù   일 ギョク(たま)

상형 [三+丨]는 구슬 세 개를 끈으로 꿴 모양을 본뜬 글자이다.

玉門(옥문) 옥으로 장식한 문. 궁궐.   玉色(옥색)   玉體(옥체)   玉篇(옥편)

구슬 옥(玉/王)부 [5玉0 총5획]

구슬 **옥**

屋

5급

집, 지붕 유 家(집 가)   영 house   중 屋 wū   일 オク(や)

회의 주검 시(尸)+이를 지(至)자로 사람이 이르러 머무를 수 있는 '집'이란 뜻이다.

屋漏(옥루) 집이 샘.   屋內(옥내)   屋上(옥상)   家屋(가옥)   數間茅屋(수간모옥)

주검 시(尸)부 [3尸6 총9획]

집 **옥**

溫

6급

따뜻하다, 온화하다 반 冷(찰 랭)   영 warm   중 温 wēn   일 温 オン(あたたか)

회의·형성 수증기가 방 안에 가득하므로 '따뜻하다'는 뜻이다.

溫帶(온대) 열대와 한대 사이의 지대.   溫情(온정)   溫氣(온기)   溫度(온도)

물 수(삼수변) 水(氵)부 [3氵10 총13획]

따뜻할 **온**

瓦

3급

기와, 질그릇   영 tile   중 瓦 wǎ   일 ガ(かわら)

상형 진흙을 구부려서 구운 질그릇의 모양으로 '기와, 질그릇'을 뜻한다.

瓦家(와가) 기와집.   瓦片(와편)   瓦當(와당)   瓦解(와해)   瓦解氷銷(와해빙소)

기와 와(瓦)부 [5瓦0 총5획]

기와 **와**

臥

3급

눕다, 누워 자다   영 down   중 卧 wò   일 ガ(ふす)

회의 신하 신(臣)+사람 인(人)자로 사람이 눈을 감고 쉬는 것으로 '눕다'를 뜻한다.

臥龍(와룡) 엎드려 있는 용.   臥病(와병)   臥床(와상)   臥瓜(와과)

신하 신(臣)부 [6臣2 총8획]

누울 **와**

完 완전할 완

[5급]

완전하다, 완전하게 하다 ㉤ 全(온전 전) ㉢perfect ㉣完 wán ㉤カン(まっとうする)

형성 집 면(宀)+으뜸 원(元)자로 근본이 잘 되어 있는 집을 뜻해 '완전하다'는 뜻이다.

完璧(완벽) 흠을 잡을 곳이 없음. 完遂(완수) 完工(완공) 完決(완결)

갓머리(宀)부 [3宀4 총7획]

完完完完完完完

曰 가로 왈

[3급]

가로되, 이르다 ㉢speak ㉣曰 yuē ㉤エツ(いわく)

상형 입을 열어 말하는 모양을 본떠, 목소리를 내어 '말하다'를 뜻한다.

曰可曰否(왈가왈부) 어떤 일에 대하여 옳으니 그르니 함.
曰若(왈약) 曰牌(왈패) 或曰(혹왈) 曰是曰非(왈시왈비)

가로 왈(曰)부 [4曰0 총4획]

曰曰曰曰

王 임금 왕

[8급]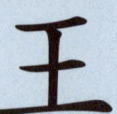

임금, 우두머리 ㉤ 帝(임금 제) ㉢king ㉣王 wáng ㉤オウ(きみ)

지사 '三'은 天·地·人을 가리키고 'ㅣ'은 세 가지를 꿰뚫는 것을 뜻한다.

王家(왕가) 임금의 집안. 王命(왕명) 王國(왕국) 王妃(왕비) 王者無親(왕자무친)

구슬 옥(玉/王)부 [4王0 총4획]

王王王王

往 갈 왕

[4Ⅱ급]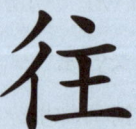

가다, 옛적 ㉠ 來(올 래) ㉢go ㉣往 wǎng ㉤オウ(ゆく)

형성 자축거릴 척(彳)+날 생(主-生)자로 모든 생물이 세상에 나왔다가 '가다'의 뜻이다.

往年(왕년) 지나간 해. 往事(왕사) 往來(왕래) 往診(왕진) 右往左往(우왕좌왕)

두인 변(彳)부 [3彳5 총8획]

往往往往往往往往

外 바깥 외

[8급]

바깥, 타향 ㉠ 內(안 내) ㉢outside ㉣外 wài ㉤ガイ(そと)

회의 저녁 석(夕)+점 복(卜)자로 점은 아침에 쳐야 하는데 저녁에 치는 점은 '예외'를 뜻한다.

外客(외객) 겨레붙이가 아닌 손님. 外觀(외관) 外國(외국) 外勤(외근)

저녁 석(夕)부 [3夕2 총5획]

外外外外外

5급	要 덮을 아(襾)부 [6襾3 총9획]	요긴하다, 종요롭다　　　　　　영important　중要 yào　일ヨウ(かなめ) 상형 여자가 두 손으로 허리를 잡고 있는 모양을 본뜬 글자로 '중요한'의 뜻이다. 要件(요건) 긴요한 용건.　要求(요구)　要綱(요강)　要請(요청) 要要要要要要要要要
	요긴할 요	要 要 要 要 要

5급	浴 물 수(삼수변) 水(氵)부 [3氵7 총10획]	목욕하다, 목욕　　　　　　영bathe　중浴 yù　일ヨク(あびる) 형성 물 수(氵)+골짜기 곡(谷)자로 골짜기에 흐르는 깨끗한 물로 '목욕을 한다'는 뜻이다. 浴室(욕실) 목욕을 하는 시설이 되어 있는 방.　浴湯(욕탕)　浴槽(욕조)　沐浴(목욕) 浴浴浴浴浴浴浴浴浴浴
	목욕할 욕	浴 浴 浴 浴 浴

3II급	欲 하품 흠(欠)부 [4欠7 총11획]	하고자 하다, 바라다　　　　　　영desire　중欲 yù　일ヨク(ほっする) 형성 골 곡(谷)+하품 흠(欠)자로 무엇을 입에 넣으려 하는 것에서, 하고자 하는 일을 뜻한다. 欲界(욕계) 욕심이 많은 세계.　欲求(욕구)　欲情(욕정)　欲巧反拙(욕교반졸) 欲欲欲欲欲欲欲欲欲欲
	하고자할 욕	欲 欲 欲 欲 欲

6급	用 쓸 용(用)부 [5用0 총5획]	쓰다, 쓰이다　　유費(쓸 비)　　영use, employ　중用 yòng　일ヨウ(もちいる) 형성 점 복(卜)+가운데 중(中)자로 옛날 점을 쳐서 맞으면 반드시 '시행하다'의 뜻이다. 用件(용건) 볼일.　用處(용처)　用器(용기)　用品(용품)　利用厚生(이용후생) 用用用用用
	쓸 용	用 用 用 用 用

6급	勇 힘 력(力)부 [2力7 총9획]	날래다, 용감하다　　　　　　영quick, brave　중勇 yǒng　일コウ(いさましい) 회의 물솟아오를 용(甬)+힘 력(力)자로 물이 솟아오르듯 '용감하다'의 뜻이다. 勇斷(용단) 용기 있게 결단함.　勇力(용력)　勇敢(용감)　勇氣(용기) 勇勇勇勇勇勇勇勇勇
	날랠 용	勇 勇 勇 勇 勇

4Ⅱ급 容

얼굴, 모양 영 face 중 容 róng 일 ヨウ(いれる)

회의·형성 집 면(宀)+골짜기 곡(谷)자로 사람은 깨끗이 씻은 몸이 가장 아름다우므로 '얼굴'의 뜻이다.

容共(용공) 공산주의. 容量(용량) 容恕(용서) 月態花容(월태화용)

갓머리(宀)부 [3宀7 총10획]

얼굴 **용**

3급 又

또, 거듭 영 and·again 중 又 yòu 일 ユウ(また)

상형 오른손을 본뜬 글자로 어떤 사물을 중복해서 가지는 '또'를 뜻한다.

又重之(우중지) 더욱이. 又況(우황) 又賴(우뢰) 一又(일우) 玄之又玄(현지우현)

또 우(又)부 [2又0 총2획]

또·거듭 **우**

3급 于

어조사, 가다 영 particle 중 于 yú 일 ウ

지사 숨이 막히어 소리가 새어 나오는 모양으로 '～까지, 가다, 탄식'의 뜻과 어조사로 쓰인다.

于今(우금) 지금까지. 于歸(우귀) 于先(우선) 單于(선우) 飛于千里(비우천리)

두 이(二)부 [2二1 총3획]

어조사·탄식할 **우**

5급 牛

소, 무릅쓰다 영 ox·cow 중 牛 niú 일 ギュウ(うし)

상형 머리와 두 뿔이 솟고 꼬리를 늘어뜨리고 있는 소의 모양을 본뜬 글자이다.

牛角(우각) 소뿔. 牛步(우보) 牛乳(우유) 牛黃(우황) 牛耳讀經(우이독경)

소 우(牛)부 [4牛0 총4획]

소 **우**

5급 友

벗, 동무 영 friend 중 友 yǒu 일 コウ(とも)

회의 왼 좌(左)+또 우(又)자로 왼손과 오른손을 맞잡은 친한 사이로 '벗'을 뜻한다.

友愛(우애) 친구간의 애정. 友邦(우방) 友情(우정) 友好(우호) 竹馬故友(죽마고우)

또 우(又)부 [2又2 총4획]

벗 **우**

3급	尤	더욱, 특히	영more over 중尤 yóu 일ユウ(もっとも)

회의 절름발이 왕(尢)+점 주(丶)자로 절름발이가 짐을 진 것으로 '더욱'을 뜻한다.

尤妙(우묘) 아주 이상함. 尤甚(우심) 尤物(우물) 怨天尤人(원천우인)

절름발이왕(尢)부 [3尢1 총4획]

尤 尤 尤 尤

더욱 **우** 尤 尤 尤 尤 尤

| 7급 | 右 | 오른쪽, 숭상하다 반左(왼 좌) | 영right 중右 yòu 일ユウ(みぎ) |

회의 식사할때 감싸듯이 물건을 쥔 손모양으로 '오른쪽'을 뜻한다.

右武(우무) 무를 숭상함. 右袒(우단) 右傾(우경) 右前(우전) 右往左往(우왕좌왕)

입 구(口)부 [3口2 총5획]

右 右 右 右 右

오른쪽 **우** 右 右 右 右 右

| 3Ⅱ급 | 宇 | 집, 지붕 | 영house 중宇 yǔ 일ウ(いえ) |

형성 움집 면(宀)+넓은 모양 우(于)자로 가옥의 덮인 부분, 즉 '지붕'을 뜻한다.

宇宙(우주) 온 세계를 둘러싸고 있는 공간.
宇宙論(우주론) 宇宙船(우주선) 器宇(기우)

갓머리(宀)부 [3宀3 총6획]

宇 宇 宇 宇 宇 宇

집 **우** 宇 宇 宇 宇 宇

| 5급 | 雨 | 비, 비가 오다 | 영rain 중雨 yǔ 일ウ(あめ) |

상형 하늘[一]을 덮은 구름[冂] 사이로 물방울이 떨어짐을 본뜬 글자로 '비'를 뜻한다.

雨期(우기) 비가 많이 내리는 시기. 雨天(우천) 雨量(우량) 雨傘(우산)

비 우(雨)부 [8雨0 총8획]

雨 雨 雨 雨 雨 雨 雨 雨

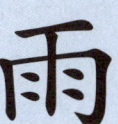

비 **우** 雨 雨 雨 雨 雨

| 4급 | 遇 | 만나다, 알현 | 영meet 중遇 yù 일グウ(めう) |

회의·형성 우연히 우(偶)+쉬엄쉬엄갈 착(辶)자로 길가다가 생각지 않은 사람을 '만난다'는 뜻이다.

遇害(우해) 해(害)를 만남. 禮遇(예우) 奇遇(기우) 待遇(대우) 千載一遇(천재일우)

쉬엄쉬엄갈 착(책받침)(辶)부 [4辶9 총13획]

遇 遇 遇 遇 遇 遇 遇 遇 遇 遇 遇

만날 **우** 遇 遇 遇 遇

3II급	憂	근심, 근심하다	영 anxiety 중 忧 yōu 일 ユウ(うい)
		형성 머리 혈(頁)+마음 심(心)+천천히 걸을 쇠(夊)자로 걱정하는 마음, 즉 '근심'을 뜻한다.	
		憂國(우국) 나라를 걱정함. 憂慮(우려) 憂鬱(우울) 憂患(우환) 識字憂患(식자우환)	
마음 심(심방변) 心(忄/㣺)부 [4心11 총15획]		憂憂憂憂憂憂憂憂憂憂憂憂	
근심 우		憂 憂 憂 憂 憂	

3급	云	이르다, 말하다	영 say 중 云 yún 일 ウン(いう)
		상형 구름이 피어오르는 모양으로 가차하여 '말하다, 이어'를 뜻한다.	
		或云(혹운) 어떠한 사람이 말하는 바. 云爲(운위) 云云(운운) 紛云(분운)	
두 이(二)부 [2二2 총4획]		云云云云	
이를 운		云 云 云 云 云	

5급	雲	구름, 습기	영 cloud 중 云 yún 일 ウン(くも)
		상형 비 우(雨)+이를 운(云)자로 뭉게구름이 일어나는 모양을 본뜬 글자이다.	
		雲開(운개) 구름이 사라짐. 雲山(운산) 雲霧(운무) 雲峰(운봉) 雲合霧集(운합무집)	
비 우(雨)부 [8雨4 총12획]		雲雲雲雲雲雲雲雲雲雲雲雲	
구름 운		雲 雲 雲 雲 雲	

6급	運	옮기다, 움직이다	영 transport 중 运 yùn 일 ウン(はこぶ)
		형성 쉬엄쉬엄갈 착(辶)+군사 군(軍)자로 군사들이 전차를 몰고 병기를 '옮기다'의 뜻이다.	
		運命(운명) 운수. 運筆(운필) 運柩(운구) 運動(운동) 運轉亡已(운전망이)	
쉬엄쉬엄갈 착(책받침) 辶(辵)부 [4辶9 총13획]		運運運運運運運運運運運運運	
옮길 운		運 運 運 運 運	

5급	雄	수컷, 수	영 male 중 雄 xióng 일 ユウ(おす)
		형성 팔꿈치 굉(厷)+새 추(隹)자로 새 중에서 팔꿈치 날개살의 힘이 센 것은 '수컷'이란 뜻이다.	
		雄大(웅대) 웅장하고 큼. 雄圖(웅도) 雄據(웅거) 雄壯(웅장) 雌雄同株(자웅동주)	
새 추(隹)부 [8隹4 총12획]		雄雄雄雄雄雄雄雄雄雄雄雄	
수컷 웅		雄 雄 雄 雄 雄	

5급	元 어진사람 인(儿)부 [2儿2 총4획]	으뜸, 우두머리　　　　　영 principal　중 元 yuán　일 ダン(もと)
		회의 사람 몸[兀]의 위에 머리[·]를 그리는 '으뜸'을 뜻한다.
		元氣(원기) 만물의 근원이 되는 기운. 元旦(원단) 元金(원금) 元年(원년)
		元元元元
	으뜸 원	元 元 元 元 元

4급	怨 마음 심(심방변) 心(忄/㣺)부 [4心5 총9획]	원망하다, 원한　반 恨(한할 한)　영 grudge　중 怨 yuàn　일 エン(うらむ)
		형성 누워뒹굴 원(夗)+마음 심(心)자로 잠자리에서 뒹굴며 생각해도 울적하여 '원망'의 뜻이다.
		怨仇(원구) 원수. 怨念(원념) 怨望(원망) 怨聲(원성) 誰怨誰咎(수원수구)
		怨怨怨怨怨怨怨怨怨
	원망할 원	怨 怨 怨 怨

5급	原 민엄 호(厂)부 [2厂8 총10획]	근원, 근본　　　　영 origin　중 原 yuán　일 ゲン(はら·もと)
		회의·형성 집 엄(厂)+샘 천(泉)자로 언덕밑에서 솟는 샘의 '근원'을 뜻한다.
		原價(원가) 상품 생산비. 原案(원안) 原稿(원고) 原因(원인) 燎原之火(요원지화)
		原原原原原原原原原原
	언덕 원	原 原 原 原 原

4Ⅱ급	 큰입 구(口)부 [3口10 총13획]	둥글다, 동그라미　　영 round　중 圆 yuán　일 円 エン(まる)
		형성 에울 위(囗)+인원 원(員)자로 솥의 모양을 본떠 '둥글다'는 뜻이다.
		圓柱(원주) 둥근 기둥. 圓卓(원탁) 圓滿(원만) 圓心(원심) 圓孔方木(원공방목)
		圓圓圓圓圓圓圓圓圓圓圓圓圓
	둥글 원	圓 圓 圓 圓 圓

6급	 큰입 구(口)부 [3口10 총13획]	동산, 정원　　　　영 garden　중 园 yuán　일 エン(その)
		형성 에울 위(囗)+옷치렁거릴 원(袁)자로 과일이 치렁치렁 열린 과수로 에워싼 '동산'이란 뜻이다.
		園頭幕(원두막) 밭을 지키기 위해 지은 막. 園所(원소) 園兒(원아)
		園園園園園園園園園園園
	동산 원	園 園 園 園 園

遠

[6급] 멀다, 선조 반 近(가까울 근) 영 far 중 远 yuǎn 일 エン(とおい)

회의·형성 쉬엄쉬엄갈 착(辶)+옷치렁거릴 원(袁)자로 긴 옷을 입고 '먼' 길을 쉬엄쉬엄간다.

遠近(원근) 멀고 가까움. 遠景(원경) 遠隔(원격) 遠大(원대) 遠水近火(원수근화)

쉬엄쉬엄갈 착(책받침) 辵(辶)부 [4辶10 총14획]

멀 **원**

願

[5급] 원하다, 바라다 유 希(바랄 희) 영 want, hope 중 愿 yuàn 일 ガン(ねがう)

형성 근원 원(原)+머리 혈(頁)자로 머리는 생각하는 근원이며 생각이 잘되기를 '원하다'는 뜻이다.

願望(원망) 원하고 바람. 願書(원서) 祈願(기원) 發願(발원) 所願成就(소원성취)

머리 혈(頁)부 [9頁10 총19획]

원할 **원**

月

[8급] 달, 달빛 반 日(해 일) 영 moon 중 月 yuè 일 ゲツ(つき)

상형 일그러진 초승달의 모양을 본뜬 글자이다.

月刊(월간) 매월 한 차례 간행함. 月光(월광) 月間(월간) 月給(월급)

달 월(月)부 [4月0 총4획]

달 **월**

危

[4급] 위태하다, 험하다 반 安(편안 안) 영 danger 중 危 wēi 일 キ

회의 우러러볼 첨(厃)+병부 절(㔾)자로 사람이 절벽 위에서 두려워 쩔쩔매는 모양에서 '위태하다'의 뜻이다.

危空(위공) 높은 하늘. 危急(위급) 危機(위기) 危篤(위독)

병부 절(卩/㔾)부 [2㔾4 총6획]

위태할 **위**

位

[5급] 자리, 위치 영 position 중 位 wèi 일 イ(くらい)

회의 사람 인(亻)+설 립(立)자로 사람이 일정한 자리에 서있다는 '자리'의 뜻이다.

位置(위치) 사람이나 물건의 장소. 位牌(위패) 位階(위계) 順位(순위)

사람 인(人)부 [2人5 총7획]

자리 **위**

威

4급

위엄, 세력 영dignity 중威 wēi 일イ(たけし)

형성 큰도끼 월(戌)+계집 녀(女)자로 큰도끼로 약한 여자를 위협하는데서 '위엄'의 뜻이다.

威力(위력) 다른 사람을 위압하는 세력. 威嚴(위엄) 威勢(위세) 威容(위용)

계집 녀(女)부 [3女6 총9획]

威威威威威威威威威

위엄 위

偉

5급

크다, 훌륭하다 유 大(큰 대) 영great 중伟 wěi 일イ(えらい)

형성 사람 인(亻)+가죽 위(韋)자로 보통사람보다 뛰어난 '크다'는 뜻이다.

偉大(위대) 뛰어나고 훌륭함. 偉力(위력) 偉業(위업) 偉容(위용)

사람 인(人)부 [2人9 총11획]

偉偉偉偉偉偉偉偉偉偉

클 위

爲

4Ⅱ급

하다, 위하다 영for 중为 wèi 일為 イ(なす·ため)

회의 손톱 조(爪)+코끼리 상(象)자로 손으로 코끼리를 부려 공사를 '하다'는 뜻이다.

爲國(위국) 나라를 위함. 爲己(위기) 爲民(위민) 爲始(위시) 轉禍爲福(전화위복)

손톱 조爪(爫)부 [4爫8 총12획]

爲爲爲爲爲爲爲爲爲爲爲爲

할·위할 위

由

6급

말미암다, 인연하다 영cause 중由 yóu 일コウ(よし)

상형 술이나 즙 따위를 뽑아 내는 항아리를 본뜬 글자이다.

由來(유래) 사물의 내력. 由緒(유서) 自由(자유) 理由(이유) 由來之風(유래지풍)

밭 전(田)부 [5田0 총5획]

由由由由由

말미암을 유

幼

3Ⅱ급

어리다 영young 중幼 yòu 일ヨウ(おさない)

형성 작을 요(幺)+힘 력(力)자로 힘이 '적다, 어리다'를 뜻한다.

幼年(유년) 나이가 어림. 幼主(유주) 幼兒(유아) 幼蟲(유충) 長幼有序(장유유서)

작을요(幺)부 [3幺2 총5획]

幼幼幼幼幼

어릴 유

有 있을 유

7급 | 달 월(月)부 [4月2 총6획]

있다, 가지다 _반 無(없을 무)　　영 exist　중 有 yǒu　일 ユウ(ある)

_{회의} 손에 고기를 들고[月←肉] 있다 하여 '가지고 있다'는 뜻이다.

有功(유공) 공로가 있음.　有無(유무)　有給(유급)　有能(유능)　言中有骨(언중유골)

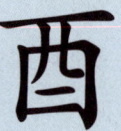

酉 닭 유

3급 | 닭 유(酉)부 [7酉0 총7획]

닭, 열째 지지　　영 cock　중 酉 yǒu　일 ユウ(とり)

_{상형} 술을 빚는 술 단지의 모양이었으나 '닭'을 뜻하게 되었다.

酉時(유시) 하오 5시부터 7시까지의 시각.　酉方(유방)　酉年(유년)　乙酉(을유)

油 기름 유

6급 | 물 수(삼수변) 水(氵)부 [3氵5 총8획]

기름, 유지　　영 oil　중 油 yóu　일 ユ(あぶら)

_{형성} 물 수(氵)+말미암을 유(由)자로 액체로 말미암아 불타는 것이 '기름'이라는 뜻이다.

油然(유연) 구름이 피어오르는 모양.　油印物(유인물)　油性(유성)　油田(유전)

柔 부드러울 유

3Ⅱ급 | 나무 목(木)부 [4木5 총9획]

부드럽다, 순하다　　영 soft　중 柔 róu　일 ジュウ(やわらか)

_{형성} 창 모(矛)+나무 목(木)자로 창자루로 쓰는 부드럽고 탄력 있는 나무를 뜻한다.

柔順(유순) 성질이 부드럽고 온순함.　柔軟(유연)　柔道(유도)

唯 오직 유

3급 | 입 구(口)부 [3口8 총11획]

오직, 이　　영 only　중 唯 wéi　일 イ·ユイ(ただ)

_{형성} 입 구(口)+새 추(隹)자로 '오직'을 뜻한다.

唯物(유물) 물질만이 존재한다고 보는 일.　唯唯(유유)　唯一(유일)　諾唯(낙유)

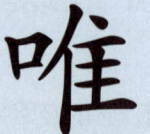

3Ⅱ급	猶	오히려, 원숭이	영 yet·rather 중 犹 yóu 일 ユウ(なお)
		형성 개 견(犭)+묵은술 추(酋)자로 제물을 뜻하였으나 가차하여 '오히려'를 뜻한다.	
		猶與(유여) 의심하고 망설임. 猶爲(유위) 猶豫(유예) 猶鬪(유투)	

개 견(犬/犭)부 [3犭9 총12획]

猶猶猶猶猶猶猶猶猶猶猶猶

오히려 유

4급	遊	놀다, 놀이	영 play 중 游 yóu 일 ユ·ユウ(あそぶ)
		형성 쉬엄쉬엄갈 착(辶)+깃술 유(斿)자로 어린이가 깃발을 들고 '놀다'의 뜻이다.	
		遊覽(유람) 돌아다니며 구경함. 遊戲(유희) 遊星(유성) 遊學(유학)	

쉬엄쉬엄갈 착(책받침) 辵(辶)부 [4辶9 총13획]

遊遊遊遊遊遊遊遊遊遊遊遊遊

놀 유

4급	遺	남기다, 끼치다	영 leave, remain 중 遗 yí 일 イ(のこす)
		형성 귀할 귀(貴)+쉬엄쉬엄갈 착(辶)자로 길을 가다가 귀한 것을 '남기다'의 뜻이다.	
		遺棄(유기) 내다 버림. 遺言(유언) 遺憾(유감) 遺骨(유골) 遺臭萬年(유취만년)	

쉬엄쉬엄갈 착(책받침) 辵(辶)부 [4辶12 총16획]

遺遺遺遺遺遺遺遺遺遺遺遺

남길 유

4Ⅱ급		고기, 살 유 身(몸 신)	영 meat 중 肉 ròu 일 ニク(しし)
		상형 잘라낸 한 점의 고깃덩어리를 본뜬 글자이다.	
		肉體(육체) 구체적인 물체로서 사람의 몸. 肉感(육감) 肉類(육류)	

고기 육(육달월) 肉(月)부 [6肉0 총6획]

肉肉肉肉肉肉

고기 육

7급	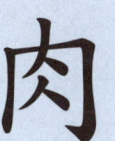	기르다, 키우다 유 養(기를 양)	영 bring up 중 育 yù 일 イク(そだてる)
		형성 돌아나올 돌(云)+고기 육(月:肉)자로 아기가 어머니의 태내에서 '기르다'의 뜻이다.	
		育成(육성) 길러서 자라게 함. 育兒(육아) 乳房(유방) 乳時(유시)	

고기 육(육달월) 肉(月)부 [4月4 총8획]

育育育育育育育育

기를 육

恩

4Ⅱ급

은혜, 사랑하다　㊀惠(은혜 혜)　　㊇favor　㊄恩 ēn　㊊オン

㊅ 인할 인(因)+마음 심(心)자로 의지해오는 사람에게 베푸는 마음을 '은혜'라는 뜻이다.

恩功(은공) 은혜와 공.　恩師(은사)　恩德(은덕)　恩人(은인)　結草報恩(결초보은)

마음 심(심방변) 心(忄/㣺)부 [4心6 총10획]

恩恩恩恩恩恩恩恩恩恩

은혜 **은**　　恩 恩 恩 恩 恩

銀

6급

은, 은빛　　㊇silver　㊄银 yín　㊊ギン(しろがね)

㊅ 쇠 금(金)+그칠 간(艮)자로 황금 다음가는 백금이 '은'이라는 뜻이다.

銀幕(은막) 영화계.　銀塊(은괴)　銀河(은하)　銀燭(은촉)

쇠 금(金)부 [8金6 총14획]

銀銀銀銀銀銀銀銀銀銀

은 **은**　　銀 銀 銀 銀 銀

乙

3Ⅱ급　隱

새, 제비　　㊇bird　㊄乙 yǐ　㊊オツ(きのと)

㊅ 새의 모양을 본뜬 글자.

乙科(을과) 성적에 따라 나눈 둘째.　乙種(을종)　甲男乙女(갑남을녀)

새 을(乙)부 [1乙0 총1획]

乙

새 **을**　　乙 乙 乙 乙 乙

吟

3급

읊다, 읊조림　　㊇recite　㊄吟 yín　㊊ギン(くちずさむ)

㊅ 입 구(口)+이제 금(今)자로 목소리를 입 속에 머금고 낮은 소리로 읊음을 뜻한다.

吟味(음미) 시나 노래를 읊어 그 맛을 봄.　吟諷(음풍)　吟唱(음창)　呻吟(신음)

입 구(口)부 [3口4 총7획]

吟吟吟吟吟吟吟

읊을 **음**　　吟 吟 吟 吟 吟

音

6급

소리, 음악　㊀聲(소리 성)　　㊇sound　㊄音 yīn　㊊オン(おと)

㊅ 땅[一]에 서서[立] 말하는 입[曰]의 모양에서 모든 소리를 뜻한다.

音律(음률) 소리·음악의 가락.　音聲(음성)　雜音(잡음)　騷音(소음)

소리 음(音)부 [9音0 총9획]

音音音音音音音音音

소리 **음**　　音 音 音 音 音

陰

4Ⅱ급

그늘, 음기 반 陽(볕 양) 영 shade 중 阴 yīn 일 陰 イン(かげ)

형성 언덕에 가려서 햇빛이 들지 않은 '그늘'이라는 뜻이다.

陰氣(음기) 음랭한 기운. 陰冷(음랭) 陰散(음산) 陰地(음지) 陰德陽報(음덕양보)

언덕 부(좌부방) 阜(阝)부 [3阝8 총11획]

그늘·응달 **음**

飮

6급

마시다, 마실 것 영 drink 중 饮 yǐn 일 イン(のむ)

형성 밥 식(食)+하품할 흠(欠)자로 하품할 때처럼 입을 벌리고 물이나 술따위를 '마시다'는 뜻이다.

飮毒(음독) 독약을 먹음. 飮馬(음마) 飮酒(음주) 米飮(미음) 渴者易飮(갈자이음)

밥 식(食)부 [9食4 총13획]

마실 **음**

邑

7급

고을, 마을 영 town 중 邑 yì 일 ユウ(むら)

회의 에워쌀 위(口=圍)+병부 절(巴)자로 일정한 경계 안에 사람이 모여사는 '고을'의 뜻이다.

邑內(읍내) 읍의 안. 邑長(읍장) 邑城(읍성) 邑民(읍민) 邑各不同(읍각부동)

고을 읍(우부방) 邑(阝)부 [7邑0 총7획]

고을 **읍**

泣

3급

울다, 울음 영 weep 중 泣 qì 일 リユウ(なく)

형성 물 수(氵)+알갱이 립(立)자로 숨을 들이켜 흐느껴 우는 것을 뜻한다.

泣諫(읍간) 울면서 간함. 泣訴(읍소) 感泣(감읍) 哭泣(곡읍) 狐死兔泣(호사토읍)

물 수(삼수변) 水(氵)부 [3氵5 총8획]

울 **읍**

應

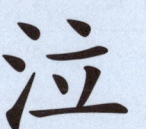

4Ⅱ급

응하다, 승낙하다 영 reply 중 应 yìng 일 応 オウ(こたえる)

형성 매 응(鷹)+마음 심(心)자로 매가 주인의 마음에 따라 '응하다'의 뜻이다.

應急(응급) 급한 일에 응함. 感應(감응) 應諾(응낙) 應試(응시)

마음 심(심방변) 心(忄/㣺)부 [4心13 총17획]

응할 **응**

6급	衣	옷, 의복 ㊠服(옷 복)	영clothing 중衣 yī 일イ(ころも)
		상형 사람이 옷저고리를 입고 깃을 여민 모양을 본뜬 글자이다.	
		衣冠(의관) 의복과 갓. 衣服(의복) 衣類(의류) 暖衣飽食(난의포식)	
옷 의(ネ/衣)부 [6衣0 총6획]		衣衣衣衣衣衣	
	옷 의	衣 衣 衣 衣 衣	

3급	矣	어조사	영particle 중矣 yǐ 일イ(じとじ)
		상형 화살 시(矢)+마늘 모(厶)자로 날아가서 일정한 곳에 멈춘다는 뜻이었으나 어조사로 쓰인다.	
		萬事休矣(만사휴의) 모든 것이 끝이 남. 六矣廛(육의전) 矣乎(의호) 矣夫(의부)	
화살 시(矢)부 [5矢2 총7획]		矣矣矣矣矣矣矣	
	어조사 의	矣 矣 矣 矣 矣	

4급	依	의지하다, 기대다	영depend, rely 중依 yī 일イ·エ(よる)
		형성 사람 인(亻)+옷 의(衣)자로 사람이 옷을 입어 몸을 보호하여 '의지한다'는 뜻이다.	
		依舊(의구) 옛모양과 변함없음. 依然(의연) 依賴(의뢰) 依託(의탁)	
사람 인(人)부 [2人6 총8획]		依依依依依依依依	
	의지할 의	依 依 依 依 依	

6급	意	뜻, 생각 ㊠志(뜻 지)	영intention, will 중意 yì 일イ
		회의 소리 음(音)+마음 심(心)자로 말로 나타내고자 하는 마음속의 '생각'의 뜻이다.	
		意見(의견) 마음속에 느낀 생각. 意味(의미) 意慾(의욕) 意志(의지)	
마음 심(심방변) 心(忄/㣺)부 [4心9 총13획]		意意意意意意意意意意意意意	
	뜻 의	意 意 意 意 意	

4Ⅱ급	義	옳다, 바르다	영righteous 중义 yì 일ギ(よし)
		회의·형성 양 양(羊)+나 아(我)자로 자기를 착한 양처럼 희생하고 순종하므로 '의리'의 뜻이다.	
		義擧(의거) 정의를 위해 일으키는 일. 義理(의리) 義兵(의병) 義人(의인)	
양 양(羊)부 [6羊7 총13획]		義義義義義義義義義義義義義	
	옳을 의	義 義 義 義 義	

醫

6급 | 의원, 의사 | 영 doctor 중 医 yī 일 医 イ(いやす)

회의 소리마주칠 예(殹)+닭 유(酉)자로 다쳐서 신음하는 환자를 고치는 '의원'이라는 뜻이다.

獸醫(수의) 짐승을 치료하는 의사. 洋醫(양의) 醫療(의료) 醫師(의사)

닭 유(酉)부 [7酉11 총18획]

의원 의

議

4Ⅱ급 | 의논하다, 논쟁하다 유 論(논할 론) | 영 discuss 중 议 yì 일 ギ(はかる)

형성 말씀 언(言)+옳을 의(義)자로 올바른 결과를 얻기 위하여 '의논하다'의 뜻이다.

議事(의사) 일을 의논함. 議案(의안) 議論(의논) 議席(의석) 爛商討議(난상토의)

말씀 언(言)부 [7言13 총20획]

의논할 의

二

8급 | 두, 둘 | 영 two 중 二 èr 일 二(ふたつ)

지사 가로로 두 선을 그어 '둘'을 가리킨다.

二姓(이성) 두 가지의 성. 二乘(이승) 二重(이중) 二輪車(이륜차)

두 이(二)부 [2二0 총2획]

두 이

已

3급 | 이미, 벌써 | 영 already 중 已 yǐ 일 已 イ

상형 농기구인 구부러진 가래의 형상을 나타내며 '이미'를 뜻한다.

已甚(이심) 아주 심함. 已往(이왕) 已發之矢(이발지시) 已往之事(이왕지사)

몸 기(己)부 [3己0 총3획]

이미 이

以

5급 | 써(~로써), 이(是) | 영 by, with 중 以 yǐ 일 イ(もって)

상형 사람이 쟁기를 써야 만밭을 갈 수 있다는데서 '~로써 까닭'의 뜻이다.

以前(이전) 오래 전. 以內(이내) 以南(이남) 以北(이북) 以卵擊石(이란격석)

사람 인(人)부 [2人3 총5획]

써 이

급수	한자	뜻/풀이
5급	耳	귀, 뿐 　　　　　　　　　　　　　　영 ear 중 耳 ěr 일 ジ(みみ) 상형 사람의 귀모양을 본뜬 글자이다. 耳順(이순) 귀가 부드러워짐(나이 60세).　耳明酒(이명주)　耳目(이목)　耳鳴(이명) 耳耳耳耳耳耳
	귀 이(耳)부 [6耳0 총6획]	
	귀 이	耳 耳 耳 耳 耳
3급	而	말 잇다(~와 같다) 　　　　　　　　　영 and 중 而 ér 일 ジ(しかして) 상형 코 밑 또는 턱수염의 모양을 본뜬 글자로 가차하여 말 '이음'을 뜻한다. 而今以後(이금이후) 앞으로 이후.　而立(이립)　似而非(사이비)　博而不精(박이부정) 而而而而而而
	말이을 이(而) [6而0 총6획]	
	말이을 이	而 而 而 而 而
4Ⅱ급	移	옮기다, 보내다 　　　　　　　　　영 carry, move 중 移 yí 일 イ(うつす) 형성 벼 화(禾)+많을 다(多)자로 벼를 많이 수확하면 적은 곳으로 '옮기다'는 뜻이다. 移管(이관) 관할을 옮김.　移植(이식)　移動(이동)　移民(이민)　習俗移性(습속이성) 移移移移移移移移移移移
	벼 화(禾)부 [5禾6 총11획]	
	옮길 이	移 移 移 移 移
4급	異	다르다, 달리하다 반 同(한가지 동)　영 different 중 异 yì 일 イ(ことなる) 회의 줄 비(畀)+두 손 공(廾)자로 사람이 두 손을 들어 귀신가면을 쓴 모양이 각각 '다르다'. 異見(이견) 다른 생각.　異口同聲(이구동성)　異動(이동)　異變(이변) 異異異異異異異異異異異
	밭 전(田)부 [5田6 총11획]	
	다를 이	異 異 異 異 異
4Ⅱ급	益	더하다, 보태다 유 增(더할 증)　영 increase 중 益 yì 일 エキ(ます) 회의 물 수(氵)+그릇 명(皿)자로 그릇에 물을 더 부으니 '더하다'의 뜻이다. 益友(익우) 사귀어 도움이 되는 친구.　益鳥(익조)　公益(공익)　利益(이익) 益益益益益益益益益益
	그릇 명(皿)부 [5皿5 총10획]	
	더할 익	益 益 益 益 益

8급	人 사람 인(人)부 [2人0 총2획]	사람, 타인　　　　　　　영 person　중 人 rén　일 ジン・ニン(ひと)
		상형 사람이 허리를 약간 굽혀 팔을 뻗치고 서있는 옆모습을 본뜬 글자이다.
		人格(인격) 사람으로서의 품격.　人望(인망)　人氣(인기)　人道(인도)
	사람 **인**	人　人　人　人　人

4Ⅱ급	引 활 궁(弓)부 [3弓1 총4획]	끌다, 당기다　유 導(인도할 도)　영 pull　중 引 yǐn　일 イン(ひく)
		회의 활 궁(弓)+뚫을 곤(丨)자로 활에 화살을 먹여 과녁을 향해 '끌다'는 뜻이다.
		引見(인견) 아랫사람을 불러들여 만나봄.　引渡(인도)　引上(인상)　引下(인하)
	끌·당길 **인**	引　引　引　引　引

4급	仁 사람 인(人)부 [2人2 총4획]	어질다, 어진 이　　영 benevolent　중 仁 rén　일 ジン(いつくしみ)
		회의 사람 인(亻)에 두 이(二)자로 두 사람이 친하게 지낸다는 의미에서 '어질다'의 뜻이다.
		仁德(인덕) 어진 덕.　仁君(인군)　仁術(인술)　仁慈(인자)　殺身成仁(살신성인)
	어질 **인**	仁　仁　仁　仁　仁

5급	因 큰입 구(口)부 [3口3 총6획]	인하다, 이어받다　반 果(실과 과)　영 cause　중 因 yīn　일 イン(よる)
		회의 에울 위(囗)+큰 대(大)자로 사람이 요위에 편히 누워있음은 그럴만한 '큰 까닭'이 있다.
		因緣(인연) 어떤 사물들 사이에 맺어지는 관계.　因習(인습)　原因(원인)　要因(요인)
	인할 **인**	因　因　因　因　因

4Ⅱ급	印 병부 절(卩/㔾)부 [2卩4 총6획]	도장, 찍다　　영 seal　중 印 yìn　일 イン(しるし)
		회의 손톱 조(爪)+병부 절(卩)자로 신분 확인을 위한 사람의 정사를 맡은 사람이 찍는 '도장'이란 뜻이다.
		印象(인상) 사물을 보고 마음에 와 닿는 느낌.　印紙(인지)　印章(인장)
	도장 **인**	印　印　印　印　印

중학 교육용 한자 900 | **135**

3II급	忍	참다, 견디다	영bear 중忍rěn 일ニン(しのぶ)
		형성 칼 도(刃)+마음 심(心)자로 부드럽고도 굳센 마음으로 '참다'를 뜻한다.	
		忍苦(인고) 고통을 참음. 不忍(불인) 忍耐(인내) 忍受(인수) 堅忍不拔(견인불발)	
마음 심(심방변) 心(忄/㣺)부 [4心3 총7획]		忍忍忍忍忍忍忍	
	참을 인	忍 忍 忍 忍 忍	

3급	寅	범, 셋째 지지	영tiger 중寅yín 일イン(とら)
		회의 화살을 두 손으로 당기는 모양이나 가차하여 십이지 '범'을 뜻한다.	
		寅時(인시) 새벽 3시부터 5시 사이. 寅念(인념) 寅年(인년) 寅生(인생)	
갓머리(宀)부 [3宀8 총11획]		寅寅寅寅寅寅寅寅寅寅寅	
	범·동방 인	寅 寅 寅 寅 寅	

4II급	認	인정하다, 알다	영recognize 중认rèn 일ニン(みとめる)
		형성 말씀 언(言)에 참을 인(忍)자로 남의 말을 참고 되는 것으로 '알다'의 뜻이다.	
		認可(인가) 인정하여 허가함. 認容(인용) 認知(인지) 認准(인준)	
말씀 언(言)부 [7言7 총14획]		認認認認認認認認認認認認	
	알 인	認 認 認 認 認	

8급	一	하나	영one 중一yī 일イチ(ひと)
		지사 가로그은 한 획으로써 '하나'의 뜻이다.	
		一戰(일전) 한바탕 싸움. 一望(일망) 一念(일념) 一同(일동)	
한 일(一)부 [1一0 총1획]		一	
	하나 일	一 一 一 一 一	

8급	日	날, 해 반月(달 월)	영day, sun 중日rì 일ジツ·ニチ(ひ)
		상형 해의 모양을 본뜬 글자이다.	
		日久(일구) 시간이 몹시 경과가 됨. 日沒(일몰) 日記(일기) 日語(일어)	
날 일(日)부 [4日0 총4획]		日 日 日 日	
	날 일	日 日 日 日 日	

壬

3II급 · 아홉째 천간 · 영 north · 중 壬 rén · 일 ジン・ニン(みずのえ)

상형 베 짜는 실을 감은 모양을 본뜬 글자로 가차하여 '아홉째 천간'을 뜻한다.
壬方(임방) 서쪽에서 약간 북쪽에 가까운 방위.
壬申(임신)　壬辰倭亂(임진왜란)　壬年(임년)　丙坐壬向(병좌임향)

선비 사(士)부 [3士1 총4획]

壬 壬 壬 壬

북방 **임**　壬 壬 壬 壬 壬

入

7급 · 들다, 들이다 · 반 出(날 출) · 영 enter · 중 入 rù · 일 ニュウ(いる)

지사 하나의 줄기 밑에 뿌리가 갈라져 땅속으로 뻗어들어가는 모양을 본뜬 글자이다.
入庫(입고) 창고에 넣음.　入山(입산)　入校(입교)　入口(입구)　入山忌虎(입산기호)

들 입(入)부 [2入0 총2획]

入 入

들 **입**　入 入 入 入 入

子

7급 · 아들, 자식 · 반 女(계집 녀) · 영 son · 중 子 zǐ · 일 シ・ス(こ)

상형 어린아이가 두 팔을 벌리고 서있는 모양을 본뜬 글자이다.
子規(자규) 소쩍새.　子時(자시)　子女(자녀)　子婦(자부)　子誠齊人(자성제인)

아들 자(子)부 [3子0 총3획]

子 子 子

아들 **자**　子 子 子 子 子

字

7급 · 글자, 아이를 배다 · 유 文(글월 문) · 영 letter · 중 字 zì · 일 ジ(もじ)

회의 집 면(宀)+아들 자(子)자로 젖을 먹여 자식이 커가듯 기본자를 바탕으로 늘어나는 '글자'란 뜻이다.
字句(자구) 글자와 글귀.　字體(자체)　字幕(자막)　字母(자모)　識字憂患(식자우환)

아들 자(子)부 [3子3 총6획]

字 字 字 字 字 字

글자 **자**　字 字 字 字 字

自

7급 · 스스로, 몸소 · 반 他(다를 타) · 영 self · 중 自 zì · 일 シ・ジ(みずから)

상형 사람의 코를 본뜬 글자로 사람이 코를 가리키며 자기를 '스스로'의 뜻이다.
自力(자력) 자기의 힘.　自立(자립)　自國(자국)　自己(자기)　自畵自讚(자화자찬)

스스로 자(自)부 [6自0 총6획]

自 自 自 自 自 自

스스로 **자**　自 自 自 自 自

4급	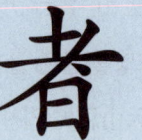	손위 누이, 여자의 경칭 @ 妹(누이 매)　영 elder sister　중 zǐ　일 姉 シ(あね)
		형성 계집 녀(女)+그칠 자(市)자로 먼저 태어나다 곧 '손위누이'의 뜻이다.
		姉妹(자매) 여자 형제.　姉兄(자형)　母姉(모자)　姉夫(자부)
계집 녀(女)부 [3女5 총8획]		ㄑ 夨 女 奵 奵 奵 姉 姉 姉
손위누이 자		姉 姉 姉 姉 姉

6급		놈, 사람　영 person, man　중 者 zhě　일 シャ(もの)
		회의 노인[老]으로부터 갓난아이 모두가 '사람'이다.
		近者(근자) 요사이.　記者(기자)　強者(강자)　結者解之(결자해지)
늙을 로(耂/老)부 [4耂5 총9획]		者 者 者 者 者 者 者 者 者
놈 자		者 者 者 者 者

3Ⅱ급		사랑하다, 어머니　영 mercy　중 慈 cí　일 ジ(いつくしむ)
		회의 마음 심(心)+무성할 (玆)자로 자애를 베푼다는 뜻이다.
		慈堂(자당) 남의 어머니에 대한 높임말.　慈悲(자비)　慈善(자선)　慈愛(자애)
마음 심(심방변) 心(忄/⺗)부 [4心9 총13획]		慈 慈 慈 慈 慈 慈 慈 慈 慈 慈 慈 慈 慈
사랑 자		慈 慈 慈 慈 慈

6급	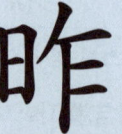	짓다, 만들다 @ 製(지을 제)　영 make　중 作 zuò　일 サク(つくる)
		형성 사람 인(亻)+잠깐 사(乍)자로 사람이 잠깐의 쉴 사이도 없이 무엇을 '짓다'는 뜻이다.
		作家(작가) 작품을 만드는 사람.　作別(작별)　作故(작고)　作黨(작당)
사람 인(人)부 [2人5 총7획]		作 作 作 作 作 作 作
지을 작		作 作 作 作 作

6급		어제, 앞서 @ 製(지을 제)　영 yesterday　중 昨 zuó　일 サク(きのう)
	昨	형성 날 일(日)+잠깐 사(乍)자로 하루가 잠깐 사이에 지나가니 '어제'라는 뜻이다.
		昨今(작금) 어제와 오늘.　昨夜(작야)　昨年(작년)　昨日(작일)
날 일(日)부 [4日5 총9획]		昨 昨 昨 昨 昨 昨 昨 昨 昨
어제 작		昨 昨 昨 昨 昨

壯

4급

선비 사(士)부 [3士4 총7획]

장할 장

장하다, 굳세다

영 valiant 중 壮 zhuàng 일 壮 ソウ(さかん)

형성 조각널 장(爿)+선비 사(士)자로 무기(爿)를 들고 적과 싸우는 사내는 '장하다'는 뜻이다.

壯觀(장관) 굉장하고 볼만한 경치. 壯麗(장려) 壯年(장년) 壯談(장담)

長

8급

긴 장(長)부 [8長0 총8획]

길·어른 장

길다, 낫다 반 短(짧을 단)

영 long 중 长 cháng 일 チョウ(ながい)

상형 수염과 머리카락이 긴 노인이 지팡이를 짚고 있는 모양을 본뜬 글자로 '길다'의 뜻이다.

長江(장강) 긴 강. 중국에서는 양자강을 이름. 長久(장구) 長男(장남) 長安(장안)

將

4Ⅱ급

마디 촌(寸)부 [3寸8 총11획]

장수 장

장수, 장차 반 卒(군사 졸)

영 general 중 将 jiàng 일 将 ショウ(はた)

형성 조각널 장(爿)+고기 육(月=肉)과 마디 촌(寸)자로 여러 재물과 씨족을 거느린 '장수'를 뜻한다.

將官(장관) 원수. 將器(장기) 將校(장교) 將軍(장군) 獨不將軍(독불장군)

章

6급

설 립(立)부 [5立6 총11획]

글·문체 장

글, 문체 유 文(글월 문)

영 sentence 중 章 zhāng 일 ショウ(あや)

회의 소리 음(音)+열 십(十)자로 소리가 일단락지어진 '악장'의 뜻이다.

章牘(장독) 편지. 章理(장리) 肩章(견장) 旗章(기장) 月章星句(월장성구)

場

7급

흙 토(土)부 [3土9 총12획]

마당 장

마당, 구획

영 place, spot 중 场 chǎng 일 ジョウ(ば)

형성 흙 토(土)+빛날 양(昜)자로 햇빛이 잘 드는 양지바른 '마당'의 뜻이다.

場稅(장세) 시장 세. 場所(장소) 場面(장면) 場外(장외)

급수	한자	뜻·음	영/중/일
6급	才	재주, 지혜	영 talent 중 才 cái 일 サイ(もちまえ·わざ)

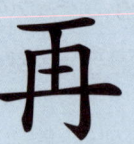

상형 손 수(扌)자로 손에는 타고나는 '재주'가 있다.

才氣(재기) 재주 있는 기질. 才能(재능) 才幹(재간) 才致(재치)

손 수(재방변) 手(扌)부 [3扌0 총3획]

재주 **재**

| 5급 | 再 | 두, 둘 | 영 twice 중 再 zài 일 サイ(ふたたび) |

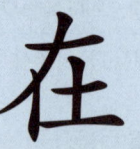

회의 쌓아놓은 재목 위에 거듭 쌓으므로 '다시'의 뜻이다.

再建(재건) 다시 세움. 再顧(재고) 再生(재생) 再會(재회)

멀 경(冂)부 [2冂4 총6획]

두 **재**

| 6급 | 在 | 있다, 찾다 ⑧ 存(있을 존) | 영 exist 중 在 zài 일 ザイ(ある) |

형성 재주 재(才)+흙 토(土)자로 새로 나온 싹은 작지만 확실히 땅 위에 있다.

在室(재실) 방안에 있음. 在京(재경) 在野(재야) 在外(재외) 人命在天(인명재천)

흙 토(土)부 [3土3 총6획]

있을 **재**

| 5급 | 材 | 재목, 원료 | 영 timber 중 材 cái 일 ザイ |

형성 나무 목(木)+재주 재(才)자로 집을 짓는 바탕이 되는 나무로 '재목'을 뜻한다.

才幹(재간) 솜씨. 才料(재료) 材木(재목) 材質(재질) 棟梁之材(동량지재)

나무 목(木)부 [4木3 총7획]

재목 **재**

| 3급 | 哉 | 어조사, 재앙 | 영 particle 중 哉 zāi 일 サイ(かな) |

형성 입 구(口)+상할 재(才+戈)자로 어조사로 쓰인다.

哉生明(재생명) 음력 초사흘. 善哉(선재) 快哉(쾌재) 嗚呼痛哉(오호통재)

입 구(口)부 [3口6 총9획]

어조사 **재**

栽

[3II급] 나무 목(木)부 [4木6 총10획]
심을 재

심다, 묘목
영 plant 중 栽 zāi 일 サイ

형성 흙 토(土)+창 과(戈)+나무 목(木)자로 창(연장)으로 흙을 파고 나무 심는 것을 뜻한다.

栽培(재배) 심어서 가꿈. 栽植(재식) 盆栽(분재) 植栽(식재) 契約栽培(계약재배)

財

[5급] 조개 패(貝)부 [7貝3 총10획]
재물 재

재물, 재화 유 貨(재물 화)
영 wealth 중 財 cái 일 ザイ(たから)

형성 조개 패(貝)+재주 재(才)자로 생활하는 데 바탕이 되는 '재물'의 뜻이다.

財務(재무) 재정에 관한 사무. 財界(재계) 財力(재력) 財閥(재벌)

爭 (争)

[5급] 손톱 조爪(爫)부 [4爫4 총8획]
다툴 쟁

다투다, 겨루다 유 競(다툴 경)
영 quarrel 중 争 zhēng 일 争 ソウ(あらそう)

회의 손톱 조(爪)+바라 조(彐)+갈고리 궐(亅)자로 손으로 물건을 서로 잡아당기며 '다투다'.

爭論(쟁론) 말로 다툼. 爭議(쟁의) 爭點(쟁점) 爭取(쟁취) 爭奪(쟁탈)

底

[4II급] 엄 호(广)부 [3广5 총8획]
낮을·밑 저

밑, 바닥
영 bottom 중 底 dǐ 일 テイ(そこ)

형성 집 엄(广)에 +낮을 저(氏)자로 돌바위 아래의 낮은 곳이 '밑'이란 뜻이다.

底力(저력) 속에 감춘 끈기 있는 힘. 底面(저면) 底意(저의) 底流(저류)

貯

[5급] 조개 패(貝)부 [7貝5 총12획]
쌓을 저

쌓다, 저축하다 유 蓄(쌓을 축)
영 save 중 贮 zhù 일 チク(たくわえる)

형성 조개 패(貝)+멈출 저(宁)자로 재물이 나가지 않도록 간직하는 것으로 '쌓다'의 뜻이다.

貯金(저금) 돈을 모아둠. 貯水(저수) 貯藏(저장) 貯蓄(저축) 貯藏養分(저장양분)

3II급	著	짓다, 드러나다	영 write 중 著 zhuó 일 チョ(あらわす)
		형성 풀 초(艹)+놈 자(者)자로 대나무(죽간)에 글을 적는 것을 뜻한다.	
		著名(저명) 이름이 남. 著書(저서) 著述(저술) 著者(저자)	
풀초(초두) 艹(艹)부 [4艹9 총13획]		著著著著著著著著著著著著著	
지을·드러날 저		著 著 著 著 著	

5급	赤	붉다, 붉은빛	영 red 중 赤 chì 일 セキ(あか)
		회의 큰 대(大)+불 화(火)자로 크게 타는 불은 그 빛이 '붉다'는 뜻이다.	
		赤裸裸(적나라) 있는 그대로 드러냄. 赤貧(적빈) 赤旗(적기) 赤色(적색)	
붉을 적(赤)부 [7赤0 총7획]		赤赤赤赤赤赤赤	
붉을 적		赤 赤 赤 赤 赤	

5급	的	적실하다, 과녁	영 target 중 的 de 일 テキ(まと)
		형성 흰 백(白)+조금 작(勺)자로 흰판에 목표점을 향해 활을 쏘므로 '과녁'의 뜻이다.	
		的中(적중) 맞아떨어짐. 的實(적실) 目的(목적) 的當(적당) 的確(적확)	
흰 백(白)부 [5白3 총8획]		的的的的的的的的	
과녁 적		的 的 的 的 的	

4급	適	알맞다, 맞다	영 go, fit 중 适 shì 일 テキ(かなう)
		형성 뿌리 적(啇)+쉬엄쉬엄갈 착(辶)자로 나무뿌리는 알맞게 뻗어나가므로 '알맞다'는 뜻이다.	
		適格(적격) 자격이 갖추어짐. 適當(적당) 適應(적응) 適合(적합)	
쉬엄쉬엄갈 착(책받침) 辶(辶)부 [4辶11 총15획]		適適適適適適適適適適適適適適適	
맞을 적		適 適 適 適 適	

4II급	敵	원수, 적	영 enemy 중 敌 dí 일 テキ(あいて)
		형성 뿌리 적(啇)+칠 복(攵)자로 적의 근거지를 친다는 것으로 '대적하다'의 뜻이다.	
		敵愾心(적개심) 적을 미워하여 싸우려는 마음. 敵魁(적괴) 敵國(적국) 敵軍(적군)	
칠 복(등글월문) 攴(攵)부 [4攵11 총15획]		敵敵敵敵敵敵敵敵敵敵敵敵敵敵敵	
대적할 적		敵 敵 敵 敵 敵	

田

4II급
밭 전(田)부 [5田0 총5획]
밭 전

밭, 경지 구획 이름
영 field 중 田 tián 일 デン(た)

형성 가로와 세로로 구획된 농토를 위에서 본 모양을 본뜬 글자이다.

田結(전결) 논밭의 조세. 田獵(전렵) 田畓(전답) 田園(전원) 花田衝火(화전충화)

全

7급
들 입(入)부 [2入4 총6획]
온전할 전

온전하다, 온전히 하다
영 perfect 중 全 quán 일 ゼン(まったく)

회의·상형 들 입(入)+구슬 옥(王:玉)자로 사람 손에 의해 옥이 가공되어 '온전하다'는 뜻이다.

全國(전국) 온 나라. 全一(전일) 全蠍(전갈) 全景(전경) 全心全力(전심전력)

典

5급
여덟 팔(八)부 [2八6 총8획]
법 전

법, 규정 유 法(법 법)
영 law 중 典 diǎn 일 テン

회의 책 책(冊)+성씨 기(丌)자로 모든 이에게 소중하고 규범이 될 만한 것인 '책'의 뜻이다.

典據(전거) 바른 근거. 典當(전당) 古典(고전) 法典(법전)

前

7급
칼 도(刀/刂)부 [2刀7 총9획]
앞 전

앞, 나아가다 반 後(뒤 후)
영 front 중 前 qián 일 ゼン(まえ)

형성 배를 멈추는 밧줄을 칼로 끊으면 배가 앞으로 나아가므로 '앞'의 뜻이다.

前景(전경) 앞에 보이는 경치. 前功(전공) 前面(전면) 前生(전생)

展

5급
주검 시(尸)부 [3尸7 총10획]
펼 전

펴다, 열다
영 spread 중 展 zhǎn 일 テン(のびる)

형성 단 옷을 벗고 누워 팔다리를 '펴다'의 뜻이다.

展開(전개) 열리어 나타남. 展覽(전람) 展示(전시) 發展(발전)

중학 교육용 한자 900 | 143

電 [7급]

번개, 빠름의 비유 　　영 lightning　중 电 diàn　일 電 デン(いなづま)

회의 비 우(雨)+펼 신(申)자로 비가 올 때 번쩍번쩍 빛을 펼쳐서 '번개'라는 뜻이다.

電球(전구) 전등알.　電燈(전등)　電工(전공)　電車(전차)　電光石火(전광석화)

비 우(雨)부 [8雨5 총13획]

번개 전

傳 (伝) [5급]

전하다, 전하여지다 　　영 convey　중 传 chuán　일 伝 デン(つたえる)

형성 사람 인(亻)+오로지 전(專)자로 문서나 소식이 오직 사람에 의해서만 '전달'되었다.

傳達(전달) 전하여 이르게 함.　傳令(전령)　傳單(전단)　傳說(전설)

사람 인(人)부 [2人11 총13획]

전할 전

戰 (战) [6급]

싸움, 전쟁 　유 鬪(싸울 투)　영 war　중 战 zhàn　일 戰 セン(たたかう)

형성 일대일[單]로 맞붙어 창[戈]을 들고 '싸우다'의 뜻이다.

戰功(전공) 전쟁에서 세운 공훈.　戰國(전국)　戰略(전략)　戰爭(전쟁)

창 과(戈)부 [4戈12 총16획]

싸움 전

錢 (钱) [4급]

돈, 안주 　　영 money　중 钱 qián　일 錢 セン(ぜに)

형성 쇠 금(金)+깎을 잔(戔)자로 옛날 쇠를 깎아 창이나 칼처럼 만들어 '돈'으로 사용한다.

錢穀(전곡) 돈과 곡식.　守錢奴(수전노)　銅錢(동전)　葉錢(엽전)

쇠 금(金)부 [8金8 총16획]

돈 전

絶 (绝) [4Ⅱ급]

끊다, 막다 　유 斷(끊을 단)　영 cut off　중 绝 jué　일 絶 ゼツ(たえる)

형성 실 사(糸)+칼 도(刀)와 병부 절(卩)자로 실의 매듭마디를 칼로 '끊는다'는 뜻이다.

絶景(절경) 아주 훌륭한 경치.　絶交(절교)　絶壁(절벽)　絶筆(절필)

실 사(糸)부 [6糸6 총12획]

끊을 절

節

5급
- 마디, 절개
- 영 joint 중 节 jié 일 セツ(ふし)
- 형성 대 죽(竹)+곧 즉(卽)자로 대나무에 생기는 '마디'를 뜻한다.
- 節約(절약) 함부로 쓰지 않고 아끼는 것. 節減(절감) 節槪(절개) 節水(절수)
- 대 죽(竹)부 [6竹9 총15획]
- 마디 **절**

店

5급
- 가게, 점방
- 영 shop 중 店 diàn 일 テン(みせ)
- 형성 집 엄(广)+차지할 점(占)자로 집안을 차지할 만큼 가득 차려놓고 파는 '가게'의 뜻이다.
- 店頭(점두) 가게 앞. 店員(점원) 店主(점주) 店鋪(점포) 木墟酒店(목로주점)
- 엄 호(广)부 [3广5 총8획]
- 가게 **점**

接

4Ⅱ급
- 사귀다, 접하다
- 영 associate 중 接 jiē 일 セツ(まじわる)
- 형성 손 수(手)+첩 첩(妾)자로 계집종이 손님을 맞이하는 것으로 '접근하다'의 뜻이다.
- 接口(접구) 음식을 조금 먹음. 接近(접근) 接見(접견) 接骨(접골)
- 손 수(재방변) 手(扌)부 [3扌8 총11획]
- 사귈 **접**

丁

4급
- 넷째 천간, 장정
- 영 rake, adult 중 丁 dīng 일 テイ(ひのと)
- 상형 고무래 못(釘) 모양을 본뜬 글자로 이것을 사용하는 '장정'의 뜻이다.
- 丁夜(정야) 축시(丑時). 丁憂(정우) 白丁(백정) 壯丁(장정) 目不識丁(목불식정)
- 한 일(一)부 [1一1 총2획]
- 장정·고무래 **정**

井

3Ⅱ급
- 우물, 정자
- 영 well 중 井 jǐng 일 セイ(いど)
- 상형 사각의 틀처럼 판 우물의 '모양'을 뜻한다.
- 井然(정연) 구획이 반듯하게 정돈된 모습. 井間(정간) 井華水(정화수) 井田(정전)
- 두 이(二)부 [2二2 총4획]
- 우물 **정**

7급	正	바르다, 바로잡다　㊀直(바를 직)　㊇straight　㊈正 zhèng　㊐セイ(ただしい)
		회의·형성 한 일(一)+그칠 지(止)자로 사람이 정지선에 발을 딛고 '바르다'의 뜻이다.
		正刻(정각) 바로 그 시각. 　正格(정격)　正答(정답)　正當(정당)　正正堂堂(정정당당)
그칠 지(止)부 [4止1 총5획]	바를 **정**	正 正 正 正 正 　　　正 正 正 正 正

4Ⅱ급	政	정사, 다스리다　㊇politice　㊈政 zhèng　㊐セイ(まつりごと)
		회의·형성 바를 정(正)에 칠 복(攵)자로 바르지 아니한 자를 쳐서 바르게 만드므로 '정치'를 뜻한다.
		政權(정권) 정치를 행하는 권력. 　政令(정령)　政見(정견)　政府(정부)
칠 복(등글월문)攴(攵)부 [4攵5 총9획]	정사·구실 **정**	政 政 政 政 政 政 政 政 　　政 政 政 政 政

6급	定	정하다, 바로잡다　㊇settle　㊈定 dìng　㊐テイ(さだめる)
		형성 집 면(宀)+바를 정(正)자로 사람이 집안의 제자리에 물건을 '정하다'의 뜻이다.
		定式(정식) 정당한 격식이나 의식. 　定價(정가)　定量(정량)　定義(정의)
갓머리(宀)부 [3宀5 총8획]	정할 **정**	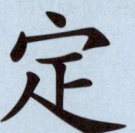 定 定 定 定 定

3Ⅱ급	貞	곧다, 바르다　㊇virtuous　㊈贞 zhēng　㊐テイ(ただしい)
		형성 점 복(卜)+조개 패(貝)자로 점을 쳐서 알아내다를 뜻하였으나 '곧다'를 뜻한다.
		貞淑(정숙) 여자로서 행실이 곧고 고움. 　貞潔(정결)　貞節(정절)　貞操(정조)
조개 패(貝)부 [7貝2 총9획]	곧을 **정**	 貞 貞 貞 貞 貞

6급	庭	뜰, 마당　㊇garden　㊈庭 tíng　㊐テイ(にわ)
		형성 집 엄(广)+조정 정(廷)자로 지붕을 덮은 조정의 뜰을 뜻하였으나 뒤에 백성의 '뜰'을 뜻한다.
		庭球(정구) 테니스. 　庭園(정원)　家庭(가정)　法庭(법정)　過庭之訓(과정지훈)
엄 호(广)부 [3广7 총10획]	뜰 **정**	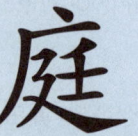 庭 庭 庭 庭 庭

3Ⅱ급	깨끗하다	영 clean 중 净 jìng 일 浄 セイ・ジョウ(きよい)

형성 물 수(氵)+다툴 쟁(爭)자로로 맑은 물속까지 들여다보여 깨끗한 것을 뜻한다.

淨潔(정결) 깨끗함. 淨財(정재) 淨化(정화) 不淨(부정) 上濁下不淨(상탁하부정)

물 수(삼수변) 水(氵)부 [3氵8 총11획]

깨끗할 정

5급	뜻, 욕심 유 心(마음 심)	영 affection 중 情 qíng 일 ジョウ(なさけ)

형성 마음 심(忄)+푸를 청(靑)자로 푸른 하늘처럼 맑고 깨끗한 마음으로 '정'을 뜻한다.

情談(정담) 다정한 이야기. 情勢(정세) 情感(정감) 情景(정경) 情絲怨緒(정사원서)

마음 심(심방변) 心(忄/小)부 [3忄8 총11획]

뜻 정

5급	머무르다, 멈추다 유 留(머무를 류)	영 stay 중 停 tíng 일 テイ

형성 사람 인(亻)+정자 정(亭)자로 사람이 정자에 올라가 잠시 '머무르다'의 뜻이다.

停刊(정간) 신문・잡지 등의 정기적 발행을 중지함.
停會(정회) 停年(정년) 停電(정전)

사람 인(人)부 [2人9 총11획]

머무를 정

3Ⅱ급	정수리, 머리	영 summit 중 顶 dǐng 일 チョウ(いただき)

형성 고무래 정(丁)+머리 혈(頁)자로 안정되어 있는 머리, 즉 '정수리'를 뜻한다.

頂上(정상) 산꼭대기. 頂點(정점) 山頂(산정) 天頂(천정) 頂門一鍼(정문일침)

머리 혈(頁)부 [9頁2 총11획]

정수리 정

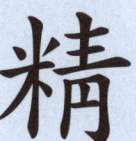

4Ⅱ급	정미하다, 깨끗하다 유 誠(정성 성)	영 detailed 중 精 jīng 일 セイ

형성 쌀 미(米)+푸를 청(靑)자로 쌀이 푸른 빛이 나도록 '깨끗하다'의 뜻이다.

精潔(정결) 깨끗하고 조촐함. 精勤(정근) 精巧(정교) 精氣(정기)

쌀 미(米)부 [6米8 총14획]

정할 정

靜

4급 | 푸를 청(青)부 [8青8 총16획] | **고요할 정**

고요하다, 맑다 반 動(움직일 동) 영 quiet 중 静 jìng 일 静 セイ(しず)

형성 푸를 청(青)+다툴 쟁(争)자로 해가 다투어 저무는 저녁 석양초목의 푸른 색은 '고요하다'.
靜觀(정관) 조용히 사물을 관장함. 靜謐(정밀) 靜寂(정적) 安靜(안정)

弟

8급 | 활 궁(弓)부 [3弓4 총7획] | **아우 제**

아우, 제자 반 兄(형 형) 영 younger brother 중 弟 dì 일 弟 テイ(おとうと)

회의 활[弓]과 막대 칼[丨]을 비껴[丿]차고 마음껏 노는 어린 '아우'의 뜻이다.
弟嫂(제수) 아우의 아내. 弟子(제자) 弟男(제남) 兄弟(형제)

帝

4급 | 수건 건(巾)부 [3巾6 총9획] | **임금 제**

임금, 천자 유 王(임금 왕) 영 emperor 중 帝 dì 일 帝 テイ(みかど)

상형 하늘에 제사지낼 때 제삿상을 본뜬 글자로 하늘의 신이 그의 아들 '임금'이다.
帝室(제실) 임금의 거처. 帝王(제왕) 天帝(천제) 帝國(제국)

除

4Ⅱ급 | 언덕 부(좌부방) 阜(阝)부 [3阝7 총10획] | **덜 제**

덜다, 버리다 영 deduct 중 除 chú 일 除 ジョ(のぞく)

형성 언덕 부(阝)+나 여(余)자로 집의 계단은 항상 깨끗해야 하므로 '없애다'의 뜻이다.
除名(제명) 명단에서 이름을 뺌. 除去(제거) 除毒(제독) 除籍(제적)

第

6급 | 대 죽(竹)부 [6竹5 총11획] | **차례 제**

차례, 계급 영 order, turn 중 第 dì 일 第 ダイ(ついで·やしき)

회의 대 죽(竹)에 아우 제(弟)자로 죽간을 순서대로 놓아서 '차례'의 뜻이다.
第五列(제오열) 적과 내통하는 집단. 第三者(제삼자) 第一(제일) 及第(급제)

4Ⅱ급	 보일 시(示)부 [5示6 총11획]	제사, 제사 지내다　　　　　　　영 sacrifice　중 祭 jì　일 サイ(まつり)
		회의 고기 육(月:肉)+또 우(又)와 보일 시(示)자로 제물을 정결하게 하여 '제사'의 뜻이다.
		祭物(제물)　제수(祭需).　祭文(제문)　祭壇(제단)　祭禮(제례)
		祭 多 夕 祭 祭 祭 祭 祭 祭 祭 祭
	제사 **제**	祭　祭　祭　祭　祭

4Ⅱ급	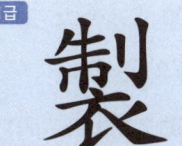 옷 의(衤/衣)부 [6衣8 총14획]	짓다, 만들다　유 作(지을 작)　　영 make　중 制 zhì　일 セイ(つくる)
		형성 절제할 제(制)+옷 의(衣)자로 옷감을 치수에 맞게 잘라서 옷을 '만들다'의 뜻이다.
		製糖(제당) 설탕을 만듦.　製本(제본)　製菓(제과)　製造(제조)
		製 製 製 製 製 製 製 製 製 製 製 製 製 製
	지을 **제**	製　製　製　製　製

3Ⅱ급	 말씀 언(言)부 [7言9 총16획]	모두, 여러　　　　　　　　　　영 all　중 诸 zhū　일 ショ(もろもろ)
		형성 말씀 언(言)+놈 자(者)자로 말이 모여서 많은 것으로 '모두'를 뜻한다.
		諸具(제구) 여러 도구.　諸君(제군)　諸般(제반)　諸子(제자)
		諸 諸 諸 諸 諸 諸 諸 諸 諸 諸 諸 諸
	모두 **제**	諸　諸　諸　諸　諸

6급	 머리 혈(頁)부 [9頁9 총18획]	제목, 글제　　　　　　　영 title, subject　중 题 tí　일 ダイ
		형성 옳을 시(是)에 머리 혈(頁)자로 머리를 바르게 잡아주는 '제목'의 뜻이다.
		題目(제목) 책의 표제
		題言(제언)　題詩(제시)　題材(제재)　無理難題(무리난제)
		題 題 題 題 題 題 題 題 題 題 題
	제목 **제**	題　題　題　題　題

3Ⅱ급	 어진사람 인(儿)부 [2儿4 총6획]	조짐, 점　　　　　　　영 omen　중 兆 zhào　일 チョウ(きざす)
		상형 거북의 갈라진 등껍질을 본뜬 글자로 '조짐'을 뜻한다.
		兆民(조민) 많은 백성.　兆域(조역)　吉兆(길조)　亡兆(망조)　億兆蒼生(억조창생)
		兆 兆 兆 兆 兆 兆
	억조·조짐 **조**	兆　兆　兆　兆　兆

早

4II급 · 날 일(日)부 [4日2 총6획] · 일찍 **조**

일찍, 새벽 　　영 early　중 早 zǎo　일 ソウ·サツ(はやい)

회의·형성 해가 사람의 머리 위를 비추고 있는 이른 아침이므로 '이르다'의 뜻이다.

早急(조급) 아주 서두름. 早起(조기) 早稻(조도) 早退(조퇴)

助

4II급 · 힘 력(力)부 [2力5 총7획] · 도울 **조**

돕다, 도움 　　영 help　중 助 zhù　일 ジョ(たすける)

형성 또 차(且)+힘 력(力)자로 힘을 들여 일하는 사람에게 '돕다'의 뜻이다.

助言(조언) 말로 거듦. 助手(조수) 助長(조장) 補助(보조) 內助之功(내조지공)

祖

7급 · 보일 시(示)부 [5示5 총10획] · 할아비 **조**

할아버지, 조상　반 孫(손자 손)　영 grand father　중 祖 zǔ　일 ソ(じじ)

형성 보일 시(示)+또 차(且)자로 시조의 신위부터 대대로 내려온 '할아버지, 조상'을 뜻한다.

祖道(조도) 먼 여행길이 무사하기를 도신에게 비는 것. 祖先(조선) 祖國(조국)

鳥

4II급 · 새 조(鳥)부 [11鳥0 총11획] · 새 **조**

새, 별 이름 　　영 bird　중 鸟 niǎo　일 ショウ(かね)

상형 꽁지가 긴 새의 모양을 본뜬 글자이다.

鳥瞰圖(조감도) 높은 곳에서 내려다보듯 그린 그림.
鳥媒(조매) 鳥獸(조수) 吉鳥(길조) 一石二鳥(일석이조)

造

4II급 · 쉬엄쉬엄갈 착(책받침)(辵(辶))부 [4辶7 총11획] · 지을 **조**

짓다, 만듦　유 製(지을 제)　영 make　중 造 zào　일 ソウ(つくる)

형성 쉬엄쉬엄갈 착(辶)+알릴 고(告)자로 일을 알리고 나아가 작품을 '만들다'.

造林(조림) 나무를 심어 숲을 만듦. 造作(조작) 造景(조경) 造花(조화)

6급	朝	아침, 처음 [반] 夕(저녁 석)	[영] morning [중] 朝 zhāo [일] チョウ(あさ)
		[형성] 태양이 지평선에서 솟아오르므로 '아침'이란 뜻이다.	
		朝刊(조간) 아침에 발행되는 신문. 朝飯(조반) 朝貢(조공) 朝鮮(조선)	
달 월(月)부 [4月8 총12획]		朝朝朝朝朝朝朝朝朝朝朝朝	
아침 조		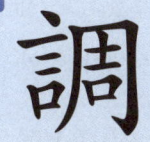	

5급	調	고르다, 맞추다	[영] harmonize [중] 调 diào [일] チョウ(ととのう)
		[형성] 말씀 언(言)+두루 주(周)자로 쌍방의 말을 두루 듣고 잘 어울리게 '고르다'.	
		調査(조사) 실정을 알기 위하여 자세히 살펴봄. 調節(조절) 調和(조화) 調整(조정)	
말씀 언(言)부 [7言8 총15획]		調調調調調調調調調調調調調調調	
고를 조			

7급	足	발, 뿌리 [반] 手(손 수)	[영] foot [중] 足 zú [일] ソク(あし)
		[상형] 무릎부터 발끝까지 모양을 본뜬 글자로 '발'을 뜻한다.	
		足炙(족적) 다리 구이. 足鎖(족쇄) 滿足(만족) 不足(부족) 凍足放尿(동족방뇨)	
발 족(足)부 [7足0 총7획]		足足足足足足足	
발 족			

6급	族	겨레, 인척	[영] tribe, nation [중] 族 zú [일] ゾク(やから)
		[회의] 깃발 아래 화살이 쌓여 있듯이 한덩어리로 무리지어 있는 '겨레'의 뜻이다.	
		族姓(족성) 씨족의 성씨. 族子(족자) 族閥(족벌) 族譜(족보) 遠族近隣(원족근린)	
모 방(方)부 [4方7 총11획]		族族族族族族族族族族族	
겨레 족			

4급	存	있다, 생존하다 [유] 在(있을 재)	[영] exist [중] 存 cún [일] ゾン(ある)
		[회의] 있을 재(在)와 아들 자(子)자로 어린아이를 편안히 잘 있게 하므로 '있다'의 뜻이다.	
		存亡(존망) 생존과 멸망. 存否(존부) 存立(존립) 存在(존재) 共存共榮(공존공영)	
아들 자(子)부 [3子3 총6획]		存存存存存存	
있을 존		存存存存存	

4Ⅱ급

마디 촌(寸)부 [3寸9 총12획]

높을 존

높다, 우러러보다 (유)重(무거울 중) (영)respect (중)尊 zūn (일)ソン(みこと)

(회의) 우두머리 추(酋)밑에 마디 촌(寸)자로 두 손으로 술통을 받들어 '존경'을 뜻한다.

尊敬(존경) 받들어 공경함. 尊嚴(존엄) 尊貴(존귀) 尊重(존중) 唯我獨尊(유아독존)

5급

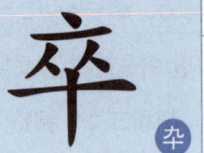

열 십(十)부 [2十6 총8획]

군사·마칠 졸

군사, 병졸, 마치다 (유)兵(병사 병) (영)millitary (중)卒 zú (일)ソツ(おわ)

(회의) 우두머리[亠] 밑에 여러 사람씩[十, 人人] 편대로 되어 있는 '병사, 하인'을 뜻한다.

卒年(졸년) 죽은 해. 卒倒(졸도) 卒兵(졸병) 卒業(졸업) 烏合之卒(오합지졸)

4Ⅱ급

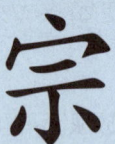

갓머리(宀)부 [3宀5 총8획]

마루 종

마루, 일의 근원 (영)ancestral (중)宗 zōng (일)ソウ(むね)

(회의) 집 면(宀)+보일 시(示)자로 집에 신을 모신 '사당'을 뜻한다.

宗統(종통) 본가의 계통. 宗兄(종형) 宗家(종가) 宗團(종단) 盤石之宗(반석지종)

5급

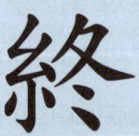

실 사(糸)부 [6糸5 총11획]

끝날 종

마치다, 끝나다 (유)末(끝 말) (영)finish (중)终 zhōng (일)シュウ(おえる)

(형성) 실 사(糸)+겨울 동(冬)자로 겨울은 사계절의 끝으로 '마치다'의 뜻이다.

終結(종결) 끝마침. 終乃(종내) 終局(종국) 終日(종일) 始終一貫(시종일관)

4급

두인 변(彳)부 [3彳8 총11획]

좇을 종

좇다, 쫓아가다 (반)主(주될 주) (영)obey (중)从 cóng (일)従 ジュウ(したかう)

(회의) 좇을 종(从)+자축거릴 척(彳)자로 앞사람의 뒤를 '좇다'의 뜻이다.

從姑母(종고모) 아버지의 사촌 자매. 從軍(종군) 從屬(종속) 姑從(고종)

5급	種	씨, 근본	영seed 중种 zhǒng 일シュ(たね)

형성 벼 화(禾)+무거울 중(重)자로 좋은 종자를 가리기 위해 물에서 고른 '씨앗'의 뜻이다.
種牛(종우) 종자를 퍼뜨리기 위하여 기르는 소. 種類(종류) 種豚(종돈) 種目(종목)

벼 화(禾)부 [5禾9 총14획]

씨 종

| 4급 | 鐘 | 쇠북, 종 | 영bell 중钟 zhōng 일ショウ(かね) |

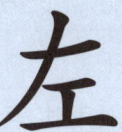

형성 쇠 금(金)+아이 동(童)자로 쇠종을 치면 아이처럼 우는 '쇠북'의 뜻이다.
鐘閣(종각) 큰 종을 매달아 놓은 누각. 鐘路(종로) 打鐘(타종) 巨鐘(거종)

쇠 금(金)부 [8金12 총20획]

쇠북 종

| 7급 | 左 | 왼쪽, 왼손 반右(오른 우) | 영left 중左 zuǒ 일サ(ひだり) |

회의·형성 왼손 좌(屮)+장인 공(工)자로 목수가 자를 쥘 때는 왼손이므로 '왼쪽'의 뜻이다.
左記(좌기) 왼쪽에 적음. 左邊(좌변) 左傾(좌경) 左右(좌우) 左之右之(좌지우지)

장인 공(工)부 [3工2 총5획]

왼 좌

| 3Ⅱ급 | 坐 | 앉다, 무릎 꿇다 | 영sit 중坐 zuò 일ザ(すわる) |

회의 흙 토(土)+두 사람을 뜻하는(从)글자로 마주보는 두 사람이 땅에 무릎을 대고 앉아 있는 것을 뜻한다.
坐像(좌상) 앉아있는 형상. 坐禪(좌선) 坐視(좌시) 坐向(좌향) 坐不安席(좌불안석)

흙 토(土)부 [3土4 총7획]

앉을 좌

| 5급 | 罪 | 허물, 죄 | 영sin, crime 중罪 zuì 일ザイ(つみ) |

상형·형성 그물 망(罒)+아닐 비(非)자로 법망에 걸려들 그릇된 행동은 '죄'라는 뜻이다.
罪過(죄과) 죄와 과실. 罪名(죄명) 罪目(죄목) 罪重罰輕(죄중벌경)

그물 망网(罒/皿/罓)부 [5罒8 총13획]

허물 죄

중학 교육용 한자 900 | 153

主

7급

주인, 소유자 반 客(손 객) 영 lord 중 主 zhǔ 일 ショウ(うける)

상형 촛불이 타는 모양을 본뜬 글자로 등불은 방 안의 가운데 있으므로 '주인'의 뜻이다.

主客(주객) 주인과 손. 主管(주관) 主動(주동) 主力(주력)

점 주(丶)부 [1丶4 총5획]

主主主主主

주인 **주**   主 主 主 主 主

朱

4급

붉다, 붉은 빛깔을 띤 물건 유 紅(붉을 홍) 영 red 중 朱 zhū 일 シュ(あけ)

지사 아닐 미(未)+삐침 별(丿)자로 소나무의 중간의 가지를 자른 고갱이는 속이 '붉다'의 뜻이다.

朱丹(주단) 붉은색. 朱明(주명) 朱木(주목) 朱黃(주황) 近朱者赤(근주자적)

나무 목(木)부 [4木2 총6획]

朱朱朱朱朱朱

붉을 **주**   朱 朱 朱 朱 朱

住

7급

살다, 생활 유 居(살 거) 영 live 중 住 zhù 일 ジコウ(すむ)

회의·형성 사람 인(亻)+주인 주(主)자로 사람이 주로 '살다'의 뜻이다.

住所(주소) 살고 있는 곳. 住民(주민) 住居(주거) 住宅(주택) 去住兩難(거주양난)

사람 인(人)부 [2人5 총7획]

住住住住住住住

살 **주**   住 住 住 住 住

走

4Ⅱ급

달리다, 뛰어감 영 run, rush 중 走 zǒu 일 ソウ(はしる)

회의 흙 토(土)+그칠 지(止)자로 흙을 박차고 '달리다'의 뜻이다.

走狗(주구) 사냥개. 走力(주력) 走行(주행) 疾走(질주) 東奔西走(동분서주)

 [7走0 총7획]

走走走走走走走

달릴 **주**   走 走 走 走 走

宙

3Ⅱ급

집, 주거 영 house 중 宙 zhòu 일 チュウ

형성 움집 면(宀)+말미암을 유(由)자로 건축물의 모양, 즉 '집, 주거'의 뜻이다.

宇宙食(우주식) 우주를 여행할 때 먹는 특별한 음식.
宇宙游泳(우주유영) 宇宙船(우주선) 宇宙洪荒(우주홍황)

 [3宀5 총8획]

宙宙宙宙宙宙宙宙

집 **주**   宙 宙 宙 宙 宙

| 6급 | 注
물 수(삼수변) 水(氵)부 [3氵5 총8획]
부울·물댈 **주** | 물을 대다, 흐르다   영 pour, infuse   중 注 zhù   일 チュウ(そそぐ)
형성 물 수(氵)+주인 주(主)자로 흐르는 물을 한쪽으로 '물대다'의 뜻이다.
注射(주사) 몸에 약을 바늘로 찔러 넣음. 注書(주서) 注目(주목) 注文(주문)
注注注注注注注注
注 注 注 注 注 |

| 6급 | 晝 昼
날 일(日)부 [4日7 총11획]
낮 **주** | 낮, 대낮   반 夜(밤 야)   영 day time   중 昼 zhòu   일 昼 チュウ(ひる)
회의 글 서(書)+한 일(一)자로 붓으로 해가 뜨고 지는 선을 그어 놓고 밤과 '낮'을 뜻한다.
晝間(주간) 낮동안. 晝食(주식) 晝夜(주야) 白晝(백주)
晝晝晝晝晝晝晝晝晝晝晝
晝 晝 晝 晝 晝 |

| 4급 | 酒
닭 유(酉)부 [7酉3, 총10획]
술 **주** | 술, 물, 술자리   영 wine   중 酒 jiǔ   일 シユ(さけ)
형성 물 수(氵)+술그릇 유(酉)자로 '술'을 뜻한다.
酒色(주색) 술과 여색. 얼굴에 나타난 술기운. 酒肴(주효) 酒幕(주막) 酒店(주점)
酒酒酒酒酒酒酒酒酒酒
酒 酒 酒 酒 酒 |

| 4Ⅱ급 | 竹
대 죽(竹)부 [6竹0 총6획]
대 **죽** | 대나무, 피리   영 bamboo   중 竹 zhú   일 チク(たけ)
상형 대나무의 잎이 아래로 드리워진 모양을 본뜬 글자이다.
竹木(죽목) 대나무와 나무. 竹簡(죽간) 竹刀(죽도) 竹筍(죽순)
竹竹竹竹竹竹
竹 竹 竹 竹 竹 |

| 8급 | 中
뚫을 곤(丨)부 [1丨3 총4획]
가운데 **중** | 가운데, 안   영 middle   중 中 zhōng   일 チュウ(なか)
지사 사물의 복판을 꿰뚫은 모양에서 '가운데'를 뜻하다.
中間(중간) 한가운데. 中年(중년) 中國(중국) 中央(중앙) 言中有骨(언중유골)
中中中中
中 中 中 中 中 |

중학 교육용 한자 900 | 155

급수	한자	뜻·음 및 풀이
7급	 마을 리(里)부 [7里2 총9획] 무거울 중	무겁다, 크다 반 輕(가벼울 경) 영 heavy 중 重 zhòng 일 ジュウ(かさなる) 형성 클 임(壬)+동녘 동(東)자로 사람이 등에 '무거운' 짐을 지고 서있다는 뜻이다. 重量(중량) 무게. 重刊(중간) 重大(중대) 重力(중력) 罪重罰輕(죄중벌경)
4Ⅱ급	 피 혈(血)부 [6血6 총12획] 무리 중	무리, 많다 유 群(무리 군) 영 crowd 중 众 zhòng 일 シュウ(むれ) 회의 눈 목(血:目)+사람 인(亻)합친 글자로 많은 사람이 모이므로 '무리'의 뜻이다. 衆寡(중과) 많음과 적음. 衆口(중구) 衆生(중생) 觀衆(관중) 群衆心理(군중심리)
3Ⅱ급	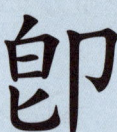 병부 절(卩/㔾)부 [2卩7 총9획] 곧 즉	곧, 즉시 영 namely 중 即 jí 일 即 ソク 형성 병부 절(卩)+고소할 급(皀)자로 '곧, 즉시'를 뜻한다. 卽刻(즉각) 바로 그때. 卽決(즉결) 卽席(즉석) 卽位(즉위) 觸卽發(일촉즉발)
3Ⅱ급	 가로 왈(曰)부 [4曰8 총12획] 일찍 증	일찍, 지난날 영 once 중 曾 céng 일 ソウ(かつて) 상형 곡식을 쪄내는 시루의 모양으로 빌어 '겹치다, 일찍이'를 뜻한다. 曾經(증경) 이전에 겪음. 曾孫(증손) 曾祖(증조) 未曾有(미증유)
4Ⅱ급	 흙 토(土)부 [3土12 총15획] 더할 증	더하다, 늚 반 減(덜 감) 영 increase 중 增 zēng 일 増 ゾウ(ます) 형성 흙 토(土)+거듭 증(曾)자로 흙 위에 흙을 거듭하니 '더하다'의 뜻이다. 增强(증강) 늘리어 강하게 함. 增員(증원) 增加(증가) 增車(증차)

證

4급

말씀 언(言)부 [7言12 총19획]

증거 증

증거, 증명하다 　영 evidence　중 证 zhèng　일 証 ショウ(あかし)

형성 여러 사람이 잘 보이는 곳에 올라가[登] 사실대로 말[言]하여 '증거'의 뜻이다.

證券(증권) 어음. 證書(증서) 證人(증인) 證言(증언) 博引旁證(박인방증)

止

5급

그칠 지(止)부 [4止0 총4획]

그칠 지

그치다, 거동　유 停(머무를 정)　영 stop　중 止 zhǐ　일 シ(とめる)

상형 사람이 서있는 발의 모양을 본뜬 글자로 '멈추다'의 뜻이다.

止水(지수) 흐르지 않고 고여 있는 물. 止揚(지양) 防止(방지) 抑止(억지)

之

3II급

삐칠 별(삐침)(丿)부 [1丿3 총4획]

갈 지

가다, 걸어가다　영 go　중 之 zhī　일 シ(ゆく·これ)

상형 출발선에서 막 한 발짝 내딛고자 함을 나타내어 '가다'를 뜻하다.

之東之西(지동지서) 동·서쪽으로 갈까를 망설이는 것.
江湖之樂(강호지락) 隔世之感(격세지감)

支

4II급

지탱할 지(支)부 [4支0 총4획]

지탱할 지

지탱할, 가지　반 收(거둘 수)　영 devide, support　중 支 zhī　일 シ(ささえる)

회의·형성 손[又]으로 가지[十]를 꽉 쥐고 '지탱하다'의 뜻이다.

支離(지리) 이리저리 흩어짐. 支拂(지불) 支局(지국) 支配(지배)

只

3급

입 구(口)부 [3口2 총5획]

다만 지

다만, 단지　영 only　중 只 zhǐ　일 シ(ただ)

상형 입 구(口)+나눌 팔(八)자로 본래 말이 끝나는 어조사였는데 가차되어 '다만'을 뜻한다.

只今(지금) 이제, 시방. 但只(단지) 只管(지관) 唐只(당지)

7급	地	땅, 곳 凰 天(하늘 천) 영 earth, land 중 地 dì 일 チ(つち) 회의·상형 흙 토(土)+어조사 야(也)자로 큰뱀이 꿈틀거리듯 땅의 굴곡된 형상에서 '땅'의 뜻이다. 地殼(지각) 지구의 껍데기 층. 地面(지면) 地球(지구) 地點(지점)
	흙 토(土)부 [3土3 총6획] 땅 지	
4II급	至	이르다, 오다 凰 極(다할 극) 영 reach 중 至 zhì 일 シ(いたる) 지사 맨 밑의 'ㅡ'은 땅 그 위는 머리를 땅쪽으로 두고 날아내리므로 '이르다'는 뜻이다. 至極(지극) 극진할 때까지 이름. 至急(지급) 至毒(지독) 至尊(지존)
	이를 지(至)부 [6至0 총6획] 이를 지	
4II급	志	뜻, 의향 凰 意(뜻 의) 영 will 중 志 zhì 일 シ(こころざし) 회의 갈 지(士=之)+마음 심(心)자로 마음이 지향하는 '뜻'을 말한다. 志向(지향) 뜻이 쏠리는 방향. 志願(지원) 志望(지망) 志士(지사)
	마음 심(심방변) 心(忄/㣺)부 [4心3 총7획] 뜻 지	
3급	枝	가지, 팔다리 영 branch 중 枝 zhī 일 シ(えだ) 형성 나무 목(木)+갈라질 지(支)자로 나무의 줄기에서 갈라져 나간 '가지'를 뜻한다. 枝道(지도) 갈림길. 枝吾(지오) 枝葉(지엽) 枝指(지지) 去其枝葉(거기지엽)
	나무 목(木)부 [4木4 총8획] 가지 지	
5급	知	알다, 깨닫다 凰 識(알 식) 영 know 중 知 zhī 일 シキ(しる) 회의 화살 시(矢)+입 구(口)자로 사람이 하는 말을 화살처럼 빠르게 '알다'의 뜻이다. 知覺(지각) 깨달음. 知能(지능) 知己(지기) 知慧(지혜) 格物致知(격물치지)
	화살 시(矢)부 [5矢3 총8획] 알 지	

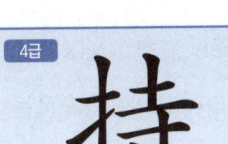

4급	가지다, 지니다	영 hold, have 중 持 chí 일 チ・ジ(もつ)
持	형성 손 수(扌)+절 사(寺)자로 관청에서 내보낸 공문서를 손에 소중히 '가지고' 있다는 뜻이다. 持久(지구) 오래 유지함. 持論(지론) 持病(지병) 持分(지분) 堅持雅操(견지아조)	
손 수(재방변) 手(扌)부 [3扌6 총9획]	持持持持持持持持持	
가질 **지**	持 持 持 持 持	

4II급	가리키다, 손가락질하다	영 finger 중 指 zhǐ 일 シ(ゆび)
指	형성 손 수(扌)+뜻 지(旨)자로 손으로 가리켜서 모든 뜻을 나타내는 '손가락으로 가리키다'를 뜻한다. 指南車(지남차) 방향을 가리키는 기계를 단 수레. 指導(지도) 指令(지령)	
손 수(재방변) 手(扌)부 [3扌6 총9획]	指指指指指指指指指	
가리킬 **지**	指 指 指 指 指	

7급	종이, 종이를 세는 단위	영 paper 중 纸 zhǐ 일 シ(かみ)
	형성 실 사(糸)+평평할 지(氏=砥)자로 나무의 섬유를 평평하게 눌러 만든 '종이'의 뜻이다. 紙燈(지등) 종이로 만든 초롱. 紙面(지면) 紙匣(지갑) 紙幣(지폐)	
실 사(糸)부 [6糸4 총10획]	紙紙紙紙紙紙紙紙紙紙	
종이 **지**	紙 紙 紙 紙 紙	

7급	곧다, 바른 길 반 曲(굽을 곡)	영 straight 중 直 zhí 일 チョク(なお)
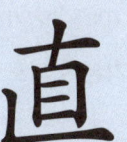	회의 열[十]개의 눈[目]은 아무리 작게 굽은[ㄴ]것도 바로 알 수 있으므로 '곧다'의 뜻이다. 直諫(직간) 바른 말로 윗사람에게 충간함. 直立(직립) 直角(직각) 直感(직감)	
눈 목(目)부 [5目3 총8획]	直直直直直直直直	
곧을 **직**	直 直 直 直 直	

3II급	별, 별 이름	영 star 중 辰 chén 일 シン(ほしのな)
	상형 조개가 껍데기에서 발을 내밀고 있는 모양으로 가차하여 '십이지 용'을 뜻한다. 辰星(진성) 수성을 달리 부르는 말. 辰宿(진수) 日辰(일진) 壬辰倭亂(임진왜란)	
별 진(辰)부 [7辰0 총7획]	辰辰辰辰辰辰辰	
별 **진/신**	辰 辰 辰 辰 辰	

4Ⅱ급 眞 눈 목(目)부 [5目5 총10획] 참 진	참, 진짜 （반）假(거짓 가)　（영）true　（중）真 zhēn　（일）真 シン(まこと) （회의）비수 비(匕)+눈 목(目)+마음 심(心)자로 비수로 눈을 도려내도 마음속으로는 '참된' 것은 변치 않는다. 眞價(진가) 참된 값어치.　眞談(진담)　眞骨(진골)　眞理(진리)　弄假成眞(농가성진) 眞 眞 眞 眞 眞 眞 眞 眞 眞 眞 眞 眞 眞 眞 眞
4Ⅱ급 進 쉬엄쉬엄갈 착(辶)부 [4辶_8 총12획] 나아갈 진	나아가다, 벼슬하다 （반）退(물러날 퇴)　（영）advance　（중）进 jìn　（일）進 シン(すすむ) （형성）쉬엄쉬엄갈 착(辶)+새 추(隹)자로 새가 날아가는 것처럼 앞으로 '나아간다'는 뜻이다. 進擊(진격) 나아가서 적을 침.　進路(진로)　進軍(진군)　進級(진급) 進 進 進 進 進 進 進 進 進 進 進 進
4급 盡 (尽) 그릇 명(皿)부 [5皿9 총14획] 다할 진	다하다, 정성　（영）exhaust　（중）尽 jìn　（일）尽 ジン(つまる) （회의）붓 율(聿)+불 화(火)+그릇 명(皿)자로 그릇 속을 솔로 털어서 비우므로 '다하다'는 뜻이다. 盡力(진력) 온힘을 다함.　盡心(진심)　未盡(미진)　無盡(무진) 盡 盡 盡 盡 盡 盡 盡 盡 盡 盡 盡 盡 盡 盡 盡 盡
5급 質 (质) 조개 패(貝)부 [7貝8 총15획] 바탕 질	바탕, 진실 （유）素(바탕 소)　（영）disposition　（중）质 zhì　（일）質 シツ(ただす) （형성）모탕 은(所)+조개 패(貝)자로 재물은 사람이 살아가는 데 기본이 되므로 '바탕'의 뜻이다. 質朴(질박) 꾸밈없고 순박함.　質正(질정)　質量(질량)　質問(질문) 質 質 質 質 質 質 質 質 質 質 質 質 質 質 質 質
3Ⅱ급  흙토(土)부 [3土8 총11획] 잡을 집	잡다, 지킴　（영）catch　（중）执 zhí　（일）執 シュウ(とる) （형성）다행 행(幸)+둥글 환(丸)자로 수갑 찬 사람이 꿇어앉고 있는 모양으로 죄인을 '잡다'를 뜻한다. 執政(집정) 국정을 집행함.　執拗(집요)　執權(집권)　執念(집념) 執 執 執 執 執 執 執 執 執 執 執 執 執 執 執

集

6급

새 추(隹)부 [8隹4 총12획]

모일 집

모이다, 모으다　반 散(흩을 산)　영 assemble　중 集 jí　일 シユウ(あつまる)

회의 새 추(隹)+나무 목(木)자로 나무 위에 새가 떼지어 앉아 있으므로 '모이다'의 뜻이다.

集計(집계) 계산함. 集團(집단) 集結(집결) 集會(집회) 集中豪雨(집중호우)

集集集集集集集集集集集集

集 集 集 集 集

且

3급

한 일(一)부 [1-4 총5획]

또 차

또, 만일　영 also　중 且 qiě　일 シャ(かつ)

상형 고기를 수북이 담아 신에게 바친 찬합 같은 그릇 모양을 본뜬 글자로 '또, 가령'의 뜻이다.

且問且答(차문차답) 한편 묻고 한편 대답함. 且說(차설) 重且大(중차대) 苟且(구차)

且 且 且 且 且

且 且 且 且 且

此

3II급

그칠지(止)부 [4止2 총6획]

이 차

이, 이와 같은　영 this　중 此 cǐ　일 シ(これ)

회의 그칠 지(止)+나란히할 비(匕)자로 사람이 서로 나란히 멈춘다는 뜻으로 지시 대명사로 쓰인다.

此際(차제) 이때에. 此期(차기) 此後(차후)

此 此 此 此 此 此

此 此 此 此 此

次

4II급

하품 흠(欠)부 [4欠2 총6획]

버금 차

버금, 잇다　유 副(버금 부)　영 second　중 次 cì　일 ジ·シ(つぎ)

형성 두 이(二)+하품 흠(欠)자로 사람이 지쳐 하품하며 두 번째로 '다음'의 뜻이다.

次期(차기) 다음 시기. 次男(차남) 次官(차관) 次例(차례) 順次無事(순차무사)

次 次 次 次 次 次

次 次 次 次 次

借

3급

사람 인(人)부 [2人8 총10획]

빌 차

빌리다, 빌려 옴　영 borrow　중 借 jiè　일 シャク(かりる)

형성 사람 인(亻)+예 석(昔)자로 타인으로부터 쌓아 포개다는 것으로 '빌리다'를 뜻한다.

款(차관) 외국에서 돈을 빌림. 借問(차문) 借名(차명) 借入(차입)

借 借 借 借 借 借 借 借

借 借 借 借 借

중학 교육용 한자 900 | **161**

着

5급 | 눈 목(目)부 [5目7 총12획] | **붙을 착**

붙다, 붙이다 ㉨ 到(이를 도) 영 attach 중 着 zháo 일 チャク(きる)

형성 양 양(羊)+눈 목(目)자로 양들은 서로 눈을 보며 '붙다'의 뜻이다.

着工(착공) 공사를 시작함. 着服(착복) 着劍(착검) 着用(착용)

察

4Ⅱ급 | 갓머리(宀)부 [3宀11 총14획] | **살필 찰**

살피다, 알다 ㉨ 省(살필 성) 영 watch 중 察 chá 일 サツ

형성 집 면(宀)+제사 제(祭)자로 집에서 제사지낼 때 제상을 자세히 '살피다'는 뜻이다.

察色(찰색) 혈색을 살펴서 병을 진찰함. 察知(찰지) 監察(감찰) 考察(고찰)

參

5급 | 마늘 모(厶)부 [2厶9 총11획] | **참여할 참/석 삼**

참여하다, 석(삼) ㉨ 與(참여할 여) 영 participate 중 参 cān 일 参 サン(みつ)

형성 맑을 정(晶)+머리검을 진(㐱)자로 머리 위에서 삼태성이므로 '셋'의 뜻이다.

參加(참가) 어떤 모임이나 일에 관여함. 參觀(참관) 參見(참견) 參席(참석)

昌

3Ⅱ급 | 날 일(日)부 [4日4 총8획] | **창성할 창**

창성하다 영 prosper 중 昌 chāng 일 ショウ(さかん)

회의 날 일(日)+가로 왈(曰)자로 빛을 내쏘는 해를 본뜬 것으로 '성한 것'을 뜻한다.

隆昌(융창) 융성하고 번창함. 昌盛(창성) 繁昌(번창) 昌王(창왕)

唱

5급 | 입 구(口)부 [3口8 총11획] | **부를 창**

노래, 노래 부르다 ㉨ 歌(노래 가) 영 sing 중 唱 chàng 일 ショウ(となえる)

형성 입 구(口)+창성할 창(昌)자로 입으로 소리를 우렁차게 '노래하다'의 뜻이다.

唱導(창도) 앞장을 서서 주장함. 唱歌(창가) 唱法(창법) 唱劇(창극)

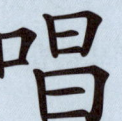

窓

6급 | 구멍 혈(穴)부 [5穴6 총11획] | 창 **창**

창, 창문 영 window 중 窗 chuāng 일 ソウ(まど)

형성 구멍 혈(穴)+밝을 총(悤)자로 벽에 구멍내어 빛을 받아들이게 한 것이 '창문'의 뜻이다.

窓門(창문) 빛이 들어오도록 벽에 만들어 놓은 문. 窓口(창구) 同窓(동창) 鷄窓(계창)

採

4급 | 손 수(재방변) 手(扌)부 [3扌8 총11획] | 캘 **채**

캐다, 파냄 영 pick 중 采 cǎi 일 サイ(とる)

형성 손 수(扌)+캘 채(采)자로 손으로 나무 열매를 따거나 땅속의 풀뿌리를 '캐다'의 뜻이다.

採鑛(채광) 광물을 캐어냄. 採金(채금) 採卵(채란) 採集(채집)

菜

3Ⅱ급 | 풀초(초두) 艸(艹)부 [4艹8 총12획] | 나물 **채**

나물, 푸성귀 영 vegetables 중 菜 cài 일 サイ(な)

형성 풀 초(艹)+캘 채(采)자로 채취하여 먹는 풀, 즉 '나물'을 뜻한다.

菜根(채근) 채소의 뿌리. 菜單(채단) 菜蔬(채소) 菜食(채식)

冊

4급 | 멀 경(冂)부 [2冂3 총5획] | 책 **책**

책, 칙서(봉록·작위를 내리는) 유 書(글 서) 영 book 중 册 cè 일 サツ(ほん)

상형 글을 적은 대조각을 한 줄로 엮어놓은 '책'의 뜻이다.

冊曆(책력) 책으로 된 역서. 冊房(책방) 冊名(책명) 冊欌(책장)

責

5급 | 조개 패(貝)부 [7貝4 총11획] | 꾸짖을 **책**

꾸짖다, 요구하다 유 任(맡길 임) 영 scold 중 责 zé 일 セキ(せめる)

형성 가시랭이 자(朿)+조개 패(貝)자로 꾼 돈을 갚으라고 가시로 찌르듯 '꾸짖다'의 뜻이다.

責望(책망) 허물을 들어 꾸짖음. 責務(책무) 責任(책임) 叱責(질책)

급수	한자	뜻·음	설명
3Ⅱ급	妻	아내, 시집보내다	영 wife 중 妻 qī 일 サイ(つま)
형성 남편과 어깨를 나란히 하고 있는 모습으로 '아내'를 뜻한다.
妻男(처남) 아내의 남자 형제. 妻山(처산) 妻家(처가) 妻弟(처제)

계집 녀(女)부 [3女5 총8획]
아내 **처**

| 4급 | 處(処) | 곳, 장소 | 유 所(바 소) 영 place, site 중 处 chù 일 処 ショ(おる)
회의 안석 궤(几)+천천히걸을 쇠(夂)자로 걸음을 멈추고 걸상에 앉아 쉬는 '곳'의 뜻이다.
處決(처결) 결정하여 처분함. 處事(처사) 處女(처녀) 處理(처리) |

범호 엄(虍)부 [6虍5 총11획]
곳·머무를 **처**

| 3Ⅱ급 | 尺 | 자, 길이의 단위 | 영 ruler 중 尺 chǐ 일 シャク(ものさし)
지사 사람을 옆에서 본 모양을 본뜬 글자로 '두 발 사이의 길이, 보폭의 길이'를 뜻한다.
尺牘(척독) 서로 떨어져 있는 상대에게 소식을 전하는 글.
尺數(척수) 尺貫法(척관법) 尺度(척도) 三尺童子(삼척동자) |

주검 시(尸)부 [3尸1 총4획]
자 **척**

| 7급 | 千 | 천, 천 번 | 영 thousand 중 千 qiān 일 セン(ち)
지사 사람 인(亻)+한 일(一)자로 엄지손가락을 펴서 백을 나타내고 몸으로 '천'을 나타낸다.
千古(천고) 먼 옛날. 千里眼(천리안) 千年(천년) 千秋(천추) 千載一遇(천재일우) |

열 십(十)부 [2十1 총3획]
일천 **천**

| 7급 | 川 | 내, 물 흐름의 총칭 | 반 山(메 산) 영 stream 중 川 chuān 일 セン(かわ)
상형 내가 흐르는 모양을 형상화한 글자다.
川獵(천렵) 물가에서 고기잡이를 하며 노는 일. 川邊(천변) 山川(산천) 河川(하천) |

개미허리(내천) 巛(川)부 [3川0 총3획]
내 **천**

7급	天 큰 대(大)부 [3大1 총4획]	하늘, 하느님　반 地(땅 지)　　영 heaven　중 天 tiān　일 テン(そら)
		회의 클 대(大)+한 일(一)자로 사람의 머리 위에 하늘이 있어 끝없이 넓은 '하늘'을 뜻한다. 天界(천계) 하늘.　天氣(천기)　天國(천국)　天使(천사)　天高馬肥(천고마비)
하늘 천		天 天 天 天

4급	泉 물 수(삼수변) 水(氵)부 [4水5 총9획]	샘, 물이 솟아 나오는 근원　　영 spring　중 泉 quán　일 セン(いずみ)
		상형 땅속이나 바위틈 등에서 물이 솟아나와서 떨어지는 모양을 본뜬 글자로 '샘'이다. 泉亭(천정) 샘터에 세운 정자.　泉石膏肓(천석고황)　溫泉(온천)　泉水畓(천수답)
샘 천		泉 泉 泉 泉 泉 泉 泉 泉 泉

3Ⅱ급	淺 (浅) 물 수(삼수변) 水(氵)부 [3氵8 총11획]	얕다　　영 shallow　중 浅 qiǎn　일 浅 セン(あさい)
		형성 물 수(氵)+적을 전(戔:얇고 잘게 베다)자로 적은 물이나 얕은 것을 뜻한다. 淺紅(천홍) 엷은 분홍.　淺薄(천박)　寡聞淺識(과문천식)　淺見薄識(천견박식)
얕을 천		淺 淺 淺 淺 淺

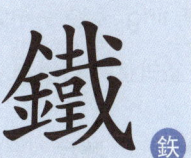

5급	鐵 (鉄) 쇠 금(金)부 [8金13 총21획]	쇠, 검다　　영 iron, metal　중 铁 tiě　일 鉄 テツ(くろがね)
		형성 예리한 무기를 만들 수 있는 것은 '쇠'라는 뜻이다. 鐵甲(철갑) 쇠로 만든 갑옷.　鐵材(철재)　鐵拳(철권)　鐵筋(철근)
쇠 철		鐵 鐵 鐵 鐵 鐵

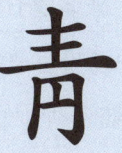

8급	靑 푸를 청(靑)부 [8靑0 총8획]	푸르다, 푸른 빛　　영 blue　중 青 qīng　일 セイ(あおい)
		회의 날 생(生)+붉을 단(丹)자로 초목의 싹이 나올 때는 자라면서 '푸르다'의 뜻이다. 靑盲(청맹) 뜨고도 보지 못하는 눈.　靑松(청송)　靑果(청과)　靑年(청년)
푸를 청		靑 靑 靑 靑 靑

6급	淸	맑다, 갚다 ⊕ 潔(깨끗할 결) 영 clear 중 清 qīng 일 セイ(きよい)
		형성 물 수(氵)+푸를 청(靑)자로 푸르게 보이는 물은 '맑다'의 뜻이다.
		淸歌(청가) 맑고 청아한 목소리로 노래함. 淸潔(청결) 淸溪(청계) 淸淨(청정)
물 수(삼수변) 水(氵)부 [3氵8 총11획]		淸淸淸淸淸淸淸淸淸淸淸
맑을 청		淸 淸 淸 淸 淸

3급	晴	개다 영 clear 중 晴 qíng 일 セイ(はれる)
		형성 날 일(日)+맑을 청(靑)자로 하늘이 맑게 '개는 것'을 뜻한다.
		晴明(청명) 하늘이 개어 맑음. 晴雨(청우) 晴曇(청담) 快晴(쾌청)
날 일(日)부 [4日8 총12획]		晴晴晴晴晴晴晴晴晴晴晴
갤 청		晴 晴 晴 晴 晴

4Ⅱ급	請	청하다, 원하다 영 request 중 请 qǐng 일 セイ(こう)
		형성 말씀 언(言)+푸를 청(靑)자로 윗사람을 뵙고 자기의 뜻을 '청하다'의 뜻이다.
		請暇(청가) 휴가를 청함. 請負(청부) 請求(청구) 請約(청약)
말씀 언(言)부 [7言8 총15획]		請請請請請請請請請請請
청할 청		請 請 請 請 請

4급	聽(聴)	듣다, 단정하다 ⊕ 聞(들을 문) 영 hear 중 听 tīng 일 聴 チョウ(きく)
		회의 귀 이(耳)+간사할 임(壬)+큰 덕(悳)자로 귀는 간사한 소리보다 덕있는 소리를 '들어야한다'.
		聽訟(청송) 재판하기 위하여 송사를 들음. 聽力(청력) 聽覺(청각) 聽衆(청중)
귀 이(耳)부 [6耳16 총22획]		聽聽聽聽聽聽聽聽聽聽聽
들을 청		聽 聽 聽 聽 聽

6급	體(体)	몸, 신체 ⊕ 身(몸 신) 영 body 중 体 tǐ 일 体 タイ(からだ)
		형성 뼈 골(骨)+풍성할 풍(豊)자로 몸은 뼈와 풍부한 살로 이루어졌다는 뜻이다.
		體軀(체구) 몸뚱이. 體罰(체벌) 體感(체감) 體格(체격) 主客一體(주객일체)
뼈 골(骨)부 [10骨13 총23획]		體體體體體體體體體體體
몸 체		體 體 體 體 體

5급	初	처음, 시작 ㈜ 始(처음 시)	영 beginning 중 初 chū 일 ショ(はつ)
		회의 옷 의(衣)+칼 도(刀)자로 옷을 만들 때 칼로써 마름질하는 데서 '처음'의 뜻이다.	
		初期(초기) 어떤 기간의 처음이 되는 시기. 初面(초면) 初段(초단) 初行(초행)	
칼 도(刀/刂)부 [2刀5 총7획]		初初初初初初初	
처음 **초**		初 初 初 初 初	

4급	招	부르다, 초래하다	영 invite, call 중 招 zhāo 일 ショウ(まねく)
		회의 손 수(扌)+부를 소(召)자로 손으로 부른다 하여 '부르다'의 뜻이다.	
		招來(초래) 불러서 옴. 招請(초청) 招聘(초빙) 招待(초대) 招搖過市(초요과시)	
손 수(재방변) 手(扌)부 [3扌5 총8획]		招招招招招招招招	
부를 **초**		招 招 招 招 招	

7급		풀, 풀숲	영 grass 중 草 cǎo 일 ソウ(くさ)
		형성 풀 초(艹)+이를 조(早)자로 이른 봄에 가장 먼저 싹이 돋아나는 것은 '풀'이다.	
		草家(초가) 이엉으로 지붕을 덮은 집. 草色(초색) 草稿(초고) 草地(초지)	
풀 초(초두) 艸(艹)부 [4艹6 총10획]		草草草草草草草草草	
풀 **초**		草 草 草 草 草	

8급	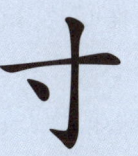	마디, 치(길이의 단위)	영 inch, moment 중 寸 cùn 일 スン
		지사 또 우(又)에 맥박이 뛰는 곳(丶)의 길이가 한 치이므로 '마디'의 뜻이다.	
		寸刻(촌각) 아주 짧은 시각. 寸鐵(촌철) 寸劇(촌극) 寸評(촌평)	
마디 촌(寸)부 [3寸0 총3획]		寸寸寸	
마디 **촌**		寸 寸 寸 寸 寸	

7급		마을, 시골	영 village 중 村 cūn 일 ソン(むら)
		형성 나무 목(木)+마디 촌(寸)자로 나무 밑에 질서있게 모여사는 '마을'의 뜻이다.	
		村婦(촌부) 시골에 사는 여자. 村落(촌락) 村長(촌장) 江村(강촌)	
나무 목(木)부 [4木3 총7획]		村村村村村村村	
마을 **촌**		村 村 村 村 村	

最

5급 | 가장, 제일 | 영 most, best | 중 最 zuì | 일 サイ(もっとも)

회의 무릅쓸 모(曰:冒)와 취할 취(取)자로 위험을 무릅쓰고 적의 귀를 베는 것이 '가장'이란 뜻이다.

最古(최고) 가장 오래됨. 最惡(최악) 最强(최강) 最善(최선)

가로 왈(曰)부 [4曰8 총12획]

가장 최

最最最最最最最最最最最最

最最最最最

秋

7급 | 가을, 결실 | 반 春(봄 춘) | 영 autumn | 중 秋 qiū | 일 シュウ(あき)

형성 벼 화(禾)+불 화(火)자로 곡식을 햇볕에 말려거두는 계절은 '가을'인 것이다.

秋季(추계) 가을철. 秋扇(추선) 秋穀(추곡) 秋霜(추상) 秋高馬肥(추고마비)

벼 화(禾)부 [5禾4 총9획]

가을 추

秋秋秋秋秋秋秋秋

秋秋秋秋秋

追

3Ⅱ급 | 따르다, 좇다 | 영 pursue | 중 追 zhuī | 일 ツイ(おう)

형성 사람의 뒤를 쫓아가는 것을 뜻한다.

追加(추가) 나중에 더하여 보탬. 追念(추념) 追擊(추격) 追放(추방)

쉬엄쉬엄갈 착(책받침) 辵(辶)부 [4辶6 총10획]

쫓을·따를 추

追追追追追追追追追追

追追追追追

推

4급 | 밀다, 변천 | 영 get, push | 중 推 tuī | 일 スイ(おす)

형성 손 수(扌)+새 추(隹)자로 새가 앞으로 힘차게 '밀다'의 뜻이다.

推仰(추앙) 높이 받들어 우러름. 推考(추고) 推理(추리) 推算(추산)

손 수(재방변) 手(扌)부 [3扌8 총11획]

밀 추/퇴

推推推推推推推

推推推推推

丑

3Ⅱ급 | 소, 둘째 지지 | 영 cattle | 중 丑 chǒu | 일 チュウ(うし)

지사 사람이 손가락 끝을 굽혀서 물건을 잡는 모양으로 십이지의 '소'를 뜻한다.

丑年(축년) 태세의 지지가 축(丑)으로 시작되는 해.
丑時(축시) 丑方(축방) 癸丑(계축) 鷄鳴丑時(계명축시)

한 일(一)부 [1−3 총4획]

소 축

丑丑丑丑

丑丑丑丑丑

5급	빌다, 축하하다	영 pray 중 祝 zhù 일 シユク(いわう)

회의 보일 시(示)+입 구(口)와 어진사람 인(儿)자로 사람이 입으로 신에게 '빌다'의 뜻이다.

祝禱(축도) 축복하고 기도함. 祝儀(축의) 祝歌(축가) 祝辭(축사)

보일 시(示)부 [5示5 총10획]

빌 **축**

祝祝祝祝祝祝祝祝祝祝
祝祝祝祝祝

7급	봄, 청춘 반 秋(가을 추)	영 spring 중 春 chūn 일 シュン(はる)

회의 풀 초(艹)+어려울 둔(屯)+날 일(日)자로 햇볕을 받아 풀싹이 돋아나는 '봄'이다.

春季(춘계) 봄철. 春耕(춘경) 春困(춘곤) 春蘭(춘란) 四面春風(사면춘풍)

날 일(日)부 [4日5 총9획]

봄 **춘**

春春春春春春春春春
春春春春春

7급	나다, 태어나다 반 缺(이지러질 결)	영 come out 중 出 chū 일 シュツ(でる)

지사 초목이 움터에서 자라나므로 '나다'의 뜻이다.

出家(출가) 집을 나감. 出力(출력) 出擊(출격) 出庫(출고)

위터진입 구(凵)부 [2凵3 총5획]

날 **출**

出出出出出
出出出出出

5급	가득하다, 채우다 유 滿(찰 만)	영 full 중 充 chōng 일 ジュウ(あてる)

회의·형성 기를 육(育)+어진사람 인(儿)자로 아이가 자라 어진 사람이 되므로 '채우다'의 뜻이다.

充當(충당) 모자람을 채움. 充耳(충이) 充滿(충만) 充分(충분)

어진사람 인(儿)부 [2儿4 총6획]

채울 **충**

充充充充充充
充充充充充

4Ⅱ급	충성, 진심	영 loyalty 중 忠 zhōng 일 チュウ(まごころ)

형성 가운데 중(中)+마음 심(心)자로 마음속에서 우러나온 '충성'의 뜻이다.

忠良(충량) 충성스럽고 선량함. 忠臣(충신) 忠犬(충견) 忠僕(충복)

마음 심(심방변) 心(忄/⺗)부 [4心4 총8획]

충성 **충**

忠忠忠忠忠忠忠忠
忠忠忠忠忠

蟲

4Ⅱ급

벌레 충(虫)부 [6虫12 총18획]

벌레 충

벌레, 벌레 피해 　　　영 insect　중 虫 chóng　일 虫 チュウ(むし)

회의 벌레 훼(虫) 셋을 합친 자로 발이 없는 벌레를 뜻한다.

幼蟲(유충) 애벌레.　蟲齒(충치)　昆蟲(곤충)　寄生蟲(기생충)

吹

3Ⅱ급

입 구(口)부 [3口4 총7획]

불 취

불다, 충동하다 　　　영 blow　중 吹 chuī　일 スイ(ふく)

회의 입 구(口)+하품할 흠(欠)자로 입을 벌려 어떤 물건에 입김을 부는 것을 뜻한다.

吹毛求疵(취모구자) 흉터를 찾으려고 털을 헤친다는 의미.
吹入(취입)　鼓吹(고취)　吹打(취타)　鏤塵吹影(누진취영)

取

4Ⅱ급

또 우(又)부 [2又6 총8획]

취할 취

취하다, 가지다 　　　영 take, pick　중 取 qǔ　일 シュ(とる)

회의 귀 이(耳)+또 우(又)자로 전쟁에서 적을 죽여 증거물로 '취하다'의 뜻이다.

取得(취득) 손에 넣음.　取妻(취처)　取捨(취사)　取材(취재)

就

4급

절름발이왕(尢)부 [3尢9 총12획]

이룰 취

나아가다, 이루다　유 進(나아갈 진)　영 advance　중 就 jiù　일 シュウ·ジュ(つく)

회의 서울 경(京)+더욱 우(尤)자로 높은 언덕 위에 집을 짓고 살아감이 '이루어지다'.

就勞(취로) 일에 착수함.　就中(취중)　就業(취업)　就任(취임)

治

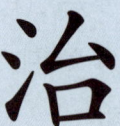

4Ⅱ급

물 수(삼수변) 水(氵)부 [3氵5 총8획]

다스릴 치

다스리다, 병 고치다　유 政(다스릴 정)　영 govern　중 治 zhì　일 ジ(おさめる)

형성 물 수(氵)+기를 이(台)자로 하천에 인공을 가하여 '다스리다'의 뜻이다.

治世(치세) 세상을 다스림.　治亂(치란)　治療(치료)　治山(치산)

| 5급 |  이를 지(至)부 [6至4 총10획] 이룰 **치** | 이르다, 부르다　　　　　영 arrive, reach　중 致 zhì　일 チ(いたす)
회의 이를 지(至)+뒤져올 치(夂)자로 발로 천천히 걸어서 목적지에 '이르다'의 뜻이다.
致命(치명) 죽을 지경에 이름.　致富(치부)　致死(치사)　致賀(치하) |

| 4Ⅱ급 |  이 치(齒)부 [15齒0 총15획] 이 **치** | 이, 나이　　　　　　　영 tooth　중 齿 chǐ　일 歯 シ(は)
상형 이가 아래위로 나란히 박힌 모양을 본뜬 글자이다.
齒德(치덕) 나이가 많고 덕이 높음.　齒牙(치아)　齒科(치과)　齒痛(치통) |

| 5급 |  칼 도(刀/刂)부 [2刂7 총9획] 법칙 **칙**/곧 **즉** | 법칙, 규칙　　　　　　영 rule　중 则 zé　일 ソク(のり)
회의 조개 패(貝)+칼 도(刂)자로 재물을 나누기 위해서 필요한 일정한 '법칙'을 뜻한다.
原則(원칙) 정해놓은 기준.　則效(칙효)　校則(교칙)　規則(규칙) |

| 6급 |  볼 견(見)부 [7見9 총16획] 친할 **친** | 친하다, 사이좋게 지내다　　영 friendly　중 亲 qīn　일 シン(おや·したしい)
형성 설 립(立)+나무 목(木)+볼 견(見)자로 나무처럼 자식을 보살피므로 '어버이'의 뜻이다.
親近(친근) 정의가 아주 가깝고 두터움.　親家(친가)　親舊(친구)　親戚(친척) |

| 8급 | 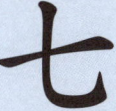 한 일(一)부 [1一1 총2획] 일곱 **칠** | 일곱, 일곱 번　　　　　영 seven　중 七 qī　일 シチ(なな)
지사 열 십(十)의 세로로 그은 자로 하늘[一]의 북두칠성 모양을 본뜬 글자이다.
七星(칠성) 북두칠성.　七旬(칠순)　七寶(칠보)　七夕(칠석)　七顚八起(칠전팔기) |

중학 교육용 한자 900 | **171**

針

4급 · 쇠 금(金)부 [8金2 총10획] · **바늘 침**

바늘, 침 영 needle, pin 중 针 zhēn 일 シン(はり)

형성 쇠 금(金)+열 십(十)자로 쇠로 만들어 열손가락을 써서 하는 '바느질'의 뜻이다.
針母(침모) 남의 집에서 바느질을 맡아 하던 여인.
方針(방침)　蜂針(봉침)　針葉樹(침엽수)　頂門一針(정문일침)

快

4Ⅱ급 · 마음 심(심방변) 心(忄/㣺)부 [3忄4 총7획] · **쾌할 쾌**

쾌하다, 상쾌하고 기분이 좋다 영 cheerful 중 快 kuài 일 カイ(こころよい)

형성 마음 심(忄)+결단할 쾌(夬)자로 마음속에 고민하던 일을 '쾌하다'의 뜻이다.
快感(쾌감) 상쾌한 느낌.　快刀(쾌도)　快擧(쾌거)　快擲(쾌척)

他

5급 · 사람 인(人)부 [2人3 총5획] · **다를 타**

다르다, 딴 ㊌ 自(스스로 자) 영 different 중 他 tā 일 タ(ほか)

형성 사람 인(亻)+어조사 야(也)자로 뱀이 머리를 든 모양으로 사람과 완전히 '다른' 동물이다.
他界(타계) 다른 세계.　他國(타국)　他人(타인)　他山之石(타산지석)

打

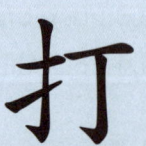

5급 · 손 수(재방변) 手(扌)부 [3扌2 총5획] · **칠 타**

치다, 공격하다 ㊌ 擊(칠 격) 영 strike, hit 중 打 dǎ 일 ダ(うつ)

형성 손 수(扌)+장정 정(丁)자로 손에 망치를 들고 못을 '치다'의 뜻이다.
打擊(타격) 치는 것. 손실.　打算(타산)　打開(타개)　打倒(타도)

脫

4급 · 고기 육(육달월) 肉(月)부 [4月7 총11획] · **벗을 탈**

벗다, 벗기다 영 slip off 중 脱 tuō 일 ダツ(ぬける)

형성 고기 육(月:肉)+바꿀 태(兌)자로 벌레가 허물을 '벗다'의 뜻이다.
脫却(탈각) 나쁜 상태에서 벗어남.　脫穀(탈곡)　脫稿(탈고)　脫線(탈선)

探 (찾을 탐)

4급 | 손 수(재방변) 手(扌)부 [3扌8 총11획]

찾다, 뒤져서 가지다　㊥ 訪(찾을 방)　영 search　중 探 tàn　일 タン(さがす)

형성 손 수(扌)+깊은 심(深)자로 손으로 깊은 곳을 더듬어 '찾는다'의 뜻이다.

探査(탐사) 더듬어 살펴 조사함.　探究(탐구)　探險(탐험)　探情(탐정)

太 (클 태)

6급 | 큰 대(大)부 [3大1 총4획]

크다, 심하다　영 great　중 太 tài　일 タ(ふとい)

지사 점[丶]같이 작은 씨앗이 자라서 '크다'의 뜻이다.

太古(태고) 아주 오랜 옛날.　太初(태초)　太極(태극)　太祖(태조)

泰 (클 태)

3Ⅱ급 | 물 수(삼수변) 水(氵)부 [4水6 총10획]

크다, 매우 큼　영 great　중 泰 tài　일 タイ(やすい)

형성 큰 대(大)+물 수(氺)+두 이(二)자로 두 손으로 감당하기에는 큰 물, 즉 '크다'를 뜻한다.

泰斗(태두) 태산북두의 준말. 어떤 분야에 뛰어난 사람.　泰山(태산)

宅 (집 택/댁 댁)

5급 | 갓머리(宀)부 [3宀3 총6획]

집, 대지(垈地)　영 house　중 宅 zhái　일 タク(すまい)

형성 집 면(宀)+맡길 탁(託)자로 집에 의지하고 사는 '집'을 뜻한다.

宅內(댁내) 남의 집을 높여서 일컫는 말.　住宅(주택)　宅地(택지)

土 (흙 토)

8급 | 흙 토(土)부 [3土0 총3획]

흙, 토양　㊥ 地(땅 지)　영 soil, earth　중 土 tǔ　일 ト·ド(つち)

상형 초목의 새싹이 땅위로 솟아오르며 자라는 모양을 본뜬 글자이다.

土窟(토굴) 땅속으로 판 굴.　土砂(토사)　土建(토건)

通

6급 통할 통

쉬엄쉬엄갈 착(辶)부 [4辶7 총11획]

통하다, 오가다 — 영 go through 중 通 tōng 일 ツ(とおす)

형성 쉬엄쉬엄갈 착(辶)+골목길 용(甬)자로 골목길을 나와 큰길로 가니 사방으로 '통한다'의 뜻이다.

通過(통과) 들르지 않고 지나감. 通達(통달) 通告(통고) 通禁(통금)

統

4Ⅱ급 거느릴 통

실 사(糸)부 [6糸6 총12획]

거느리다, 통괄하다 — 영 command 중 統 tǒng 일 トウ(すべる)

형성 실 사(糸)+채울 충(充)자로 누에가 뽑아낸 한 줄기의 긴실이므로 '계통'의 뜻이다.

統括(통괄) 낱낱이 한데 묶음. 統帥(통수) 統監(통감) 統計(통계)

退

4Ⅱ급 물러날 퇴

쉬엄쉬엄갈 착(辶)부 [4辶6 총10획]

물러나다, 후퇴함 반 進(나아갈 진) — 영 retreat 중 退 tuì 일 タイ(しりぞく)

형성 쉬엄쉬엄갈 착(辶)+그칠 간(艮)자로 하던 일을 그치고 '물러가다'의 뜻이다.

退却(퇴각) 뒤로 물러남. 退社(퇴사) 退去(퇴거) 退勤(퇴근)

投

4급 던질 투

손 수(재방변) 手(扌)부 [3扌4 총7획]

던지다, 내던지다 — 영 throw 중 投 tóu 일 トウ(なげる)

형성 손 수(扌)에 칠 수(殳)자로 손으로 창을 '던지다'의 뜻이다.

投光(투광) 조명기 따위로 빛을 내비침. 投球(투구) 投稿(투고) 投網(투망)

特

6급 특별할 특

소 우(牛)부 [4牛6 총10획]

유다르다, 뛰어난 사람 — 영 special 중 特 tè 일 トク(ことに)

회의·형성 소 우(牛)+절 사(寺)자로 관청에 희생으로 쓰는 황소는 반드시 '특별하다'의 뜻이다.

特急(특급) 특별 급행열차. 特講(특강) 特級(특급) 特命(특명)

波

4Ⅱ급

물결, 흐름

영 wave 중 波 bō 일 ハ(なみ)

회의 물 수(氵)+가죽 피(皮)자로 물의 거죽은 항상 움직여 '물결'이 인다.

波紋(파문) 수면에 이는 잔 물결. 波動(파동) 波高(파고) 波及(파급)

물 수(삼수변) 水(氵)부 [3氵5 총8획]

물결 파

破

4Ⅱ급

깨뜨리다, 부수다

영 break 중 破 pò 일 ハ(やぶる)

형성 돌 석(石)+가죽 피(皮)자로 돌의 표면이 가죽처럼 '깨뜨리다'의 뜻이다.

破鏡(파경) 깨어진 거울. 부부 사이가 금이 간 상태.
破産(파산) 破壞(파괴) 破損(파손) 破竹之勢(파죽지세)

돌 석(石)부 [5石5 총10획]

깨뜨릴 파

判

4급

판단하다, 가르다

영 judge 중 判 pàn 일 ハン(わける)

형성 반 반(半)+칼 도(刂)자로 물건을 칼로 절반씩 자르듯 모든 일의 시비를 '판단'한다.

判讀(판독) 뜻을 판단하여 읽음. 判決(판결) 判別(판별) 判明(판명)

칼 도(刀/刂)부 [2刀5 총7획]

판단할 판

八

8급

여덟, 여덟째

영 eight 중 八 bā 일 ハチ・ハツ(やっつ)

지사 두 손을 네 손가락씩 펴서 들어보이는 모양을 본뜬 글자로 '여덟'을 뜻한다.

八方美人(팔방미인) 어느 모로 보나 아름다운 미인. 八旬(팔순) 八角(팔각) 八景(팔경) 四柱八字(사주팔자)

여덟 팔(八)부 [2八0 총2획]

여덟 팔

貝

3급

조개, 소라

영 shell 중 贝 bèi 일 ハイ

상형 조개의 모양을 본뜬 글자로 '조개'를 뜻한다.

貝殼(패각) 조개 껍데기. 貝物(패물) 貝類(패류) 貝塚(패총) 紫貝(자패)

조개 패(貝)부 [7貝0 총7획]

조개 패

敗

5급 | 패하다, 지다 | 반 勝(이길 승) | 영 defeated | 중 敗 bài | 일 ハイ(やぶれる)

형성 조개 패(貝)+칠 복(攵)자로 조개껍질을 쳐서 '패하다'의 뜻이다.

敗滅(패멸) 멸망함. 敗訴(패소) 敗亡(패망) 敗色(패색) 轉敗爲功(전패위공)

칠 복(등글월문)攵(攴)부 [4攵7 총11획]

패할 패

片

3Ⅱ급 | 조각, 토막 | | 영 splinter | 중 片 piàn | 일 ヘン(かた)

지사 나무 목(木)자를 세로로 쪼개어 나눈 오른쪽 조각 형상으로 '조각, 쪼개다'를 뜻한다.

片道(편도) 가고 오는 길. 片面(편면) 破片(파편) 片紙(편지) 一片丹心(일편단심)

조각 편(片)부 [4片0 총4획]

조각 편

便

7급 | 편하다, 편리하다 | | 영 handy | 중 便 biàn | 일 べん(たより)

회의·형성 사람 인(亻)+고칠 경(更)자로 사람은 불편하면 다시 고쳐서 '편리하게' 한다는 뜻이다.

便乘(편승) 남의 차를 타고 감. 便利(편리) 便安(편안) 便器(변기)

사람 인(人)부 [2人7 총9획]

편할 편/오줌 변

篇

4급 | 책, 완결된 책 | | 영 book | 중 篇 piān | 일 ヘン(まき)

형성 대 죽(竹)+현판 변(扁)자로 대쪽에 글을 써서 가죽으로 꿰어 엮은 '책'의 뜻이다.

篇次(편차) 서책을 분류할 때의 차례. 篇籍(편적) 短篇(단편) 玉篇(옥편)

대 죽(竹)부 [6竹9 총15획]

책 편

平

7급 | 평평하다, 바르게 하다 | | 영 flat·even | 중 平 píng | 일 ヘイ(たいら)

상형 물에 뜬 부평초의 모양을 본뜬 글자로 수면이 '평평하다'의 뜻이다.

平交(평교) 벗과의 오랜 사귐. 오래된 친구. 平吉(평길) 平等(평등) 平面(평면)

방패 간(干)부 [3干2 총5획]

평평할 평

閉

4급

문 문(門)부 [8門3 총11획]

닫다, 닫힘 [반] 開(열 개)　　　[영] shut　[중] 闭 bì　[일] ヘイ(とじる)

[회의] 문 문(門)+재주 재(才)자로 문에 빗장을 '닫다'의 뜻이다.

閉幕(폐막) 연극을 마치고 막을 내림.　閉門(폐문)　閉講(폐강)

닫을 폐

布

4Ⅱ급

수건 건(巾)부 [3巾2 총5획]

베, 피륙의 총칭　　　[영] linen　[중] 布 bù　[일] フ・ホ(ぬの)

[형성] 손[ㄨ]에 걸고 있는 수건[巾]은 '베'로 만들었다.

布告(포고) 일반인에게 널리 알림.　布敎(포교)　布石(포석)　布施(보시)

베 포/보시 보

抱

3급

손 수(재방변) 手(扌)부 [3扌5 총8획]

안다, 껴안다　　　[영] embrace　[중] 抱 bào　[일] ホウ(かかえる)

[형성] 손 수(扌)+쌀 포(包)자로 손으로 '감싸안는 것'을 뜻한다.

抱負(포부) 안고 업고 하는 것.　抱卵(포란)　抱擁(포옹)　抱主(포주)

안을 포

暴

4Ⅱ급

날 일(日)부 [4日11 총15획]

사납다, 세차다　　　[영] wild, expose　[중] 暴 bào　[일] ボウ(あばれる)

[회의·형성] 火熱(화열)에 의해 속이 노출됨을 나타낸다.

暴虐(포학) 횡포하고 잔악함.　暴君(폭군)　暴動(폭동)　橫暴(횡포)

사나울 폭/모질 포

表

6급

옷 의(衤/衣)부 [6衣2 총8획]

겉, 바깥　　　[영] surface　[중] 表 biǎo　[일] ヒョウ(おもて)

[회의] 털 모(毛)+옷 의(衣)자로 털옷은 그 털이 겉으로 나오므로 '겉'의 뜻이다.

表裏(표리) 겉과 속.　表面(표면)　表決(표결)　表現(표현)　表裏不同(표리부동)

겉 표

중학 교육용 한자 900 | 177

品 (5급)

물건, 물품 영 goods 중 品 pǐn 일 ヒン(しな)

회의 입 구(口) 셋을 합한 글자로 여러 사람이 모여 의견을 내놓으므로 '품평하다'의 뜻이다.

品質(품질) 물건의 성질과 바탕. 品評(품평) 品格(품격) 品名(품명)

입 구(口)부 [3口6 총9획]

물건 품

風 (6급)

바람, 풍속 영 wind 중 风 fēng 일 フウ(かぜ)

형성 무릇 범(凡)+벌레 충(虫)자로 무릇 '바람'의 움직임에 따라 벌레가 생겨난다.

風角(풍각) 각적(角笛)으로 부는 소리. 風景(풍경) 風琴(풍금) 風車(풍차)

바람 풍(風)부 [9風0 총9획]

바람 풍

豊 (4Ⅱ급)

풍성하다, 풍년 반 凶(흉할 흉) 영 abundant 중 丰 fēng 일 豊 ホウ(ゆたか)

상형 제사 그릇에 많은 음식이 담긴 모양을 본뜬 글자로 제사 음식이 '풍성하다'의 뜻이다.

豊年(풍년) 농사가 잘된 해. 豊滿(풍만) 豊美(풍미) 物豊(물풍)

콩 두(豆)부 [7豆6 총13획]

풍년 풍

皮 (3Ⅱ급)

가죽, 생가죽 영 skin 중 皮 pí 일 ヒ(かわ)

회의 손으로 짐승의 가죽을 벗기고 있는 모양을 본뜬 글자로 '가죽'을 뜻한다.

皮帶(피대) 가죽띠. 皮相(피상) 皮革(피혁) 去皮(거피) 虎死留皮(호사유피)

가죽피(皮)부 [5皮0 총5획]

가죽 피

彼 (3Ⅱ급)

저, 저기 영 that 중 彼 bǐ 일 ヒ(かれ)

형성 조금걸을 척(彳)+가죽 피(皮)자로 물결처럼 멀리 간 곳, 즉 '저쪽'을 뜻한다.

彼我(피아) 그와 나. 彼我間(피아간) 彼岸(피안) 於此彼(어차피)

두인 변(彳)부 [3彳5 총8획]

저 피

匹

[3급] 감출 혜(匸)부 [2匸2 총4획]
짝 **필**

짝, 필(옷감)
영 partner 중 匹 pǐ 일 ヒツ(ひき·たぐい)
회의 말꼬리의 형상으로 말을 세거나 옷감의 길이를 나타내는 '단위, 짝'을 뜻한다.
匹馬(필마) 한 필의 말. 匹敵(필적) 匹夫(필부) 配匹(배필) 天生配匹(천생배필)

必

[5급] 마음 심(심방변) 心(忄/㣺)부 [4心1 총5획]
반드시 **필**

반드시, 오로지
영 surely 중 必 bì 일 キ·ゴ(あう·ちぎる)
회의 주살 익(弋)+여덟 팔(八)자로 땅을 경계지을 때 '반드시' 표말을 세운다.
必死(필사) 죽을 각오로 일함. 必勝(필승) 必讀(필독) 必修(필수)

筆

[5급] 대 죽(竹)부 [6竹6 총12획]
붓 **필**

붓, 쓰다
영 pen·writing brush 중 笔 bǐ 일 ヒツ(ふで)
회의 대 죽(竹)+붓 율(聿)자로 대나무로 붓대를 만들어 글씨를 '쓰다'.
筆談(필담) 글로 써서 의사를 통일함. 筆墨(필묵) 筆耕(필경) 筆記(필기)

下

[7급] 한 일(一)부 [1一2 총3획]
아래 **하**

아래, 낮은 곳 반 上(윗 상)
영 below 중 下 xià 일 カ(した)
지사 하늘 밑에 있는 것으로 '아래'를 뜻한다.
下級(하급) 등급이 낮음. 下略(하략) 下校(하교) 下待(하대) 下學上達(하학상달)

何

[3Ⅱ급] 사람 인(人)부 [2人5 총7획]
어찌 **하**

어찌, 무엇
영 how 중 何 hé 일 カ·グ(した)
형성 사람 인(亻)+옳을 가(可)자로 '어찌, 무엇'을 뜻한다.
何故(하고) 어째서, 무슨 연유로. 何如間(하여간) 何必(하필) 如何(여하)

河 (물·강 하)

- **5급**
- 물, 황하(黃河) 유 川(내 천) 영 river 중 河 hé 일 カ(かわ)
- 형성 물 수(氵)+옳을 가(可)자로 굽이쳐 흐르는 '큰물'을 뜻한다.
- 河畔(하반) 물가. 河床(하상) 河口(하구) 河馬(하마) 百年河淸(백년하청)
- 물 수(삼수변) 水(氵)부 [3氵5 총8획]

夏 (여름 하)

- **7급**
- 여름, 나라 이름 영 summer 중 夏 xià 일 カ(なつ)
- 회의 머리 혈(頁)+천천히 걸을 쇠(夂)자로 더워서 머리와 발을 드러내므로 '여름'의 뜻이다.
- 夏季(하계) 하절기, 여름. 夏期(하기) 夏穀(하곡) 夏服(하복) 冬溫夏淸(동온하정)
- 천천히걸을 쇠(夂)부 [3夂7 총10획]

賀 (하례할 하)

- **3Ⅱ급**
- 하례하다 영 congratulate 중 贺 hè 일 ガ(いわう)
- 형성 조개 패(貝)+더할 가(加)로 재물을 더하여 보내는 것으로 '하례하다'를 뜻한다.
- 賀客(하객) 축하하는 손님. 賀正(하정) 賀禮(하례) 賀宴(하연) 謹賀新年(근하신년)
- 조개 패(貝)부 [7貝5 총12획]

學 (배울 학)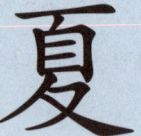

- **8급**
- 배우다, 학문 반 敎(가르칠 교) 영 learn 중 学 xué 일 学 ガク(まなぶ)
- 회의 절구 구(臼)+본받을 효(爻)+덮을 멱(冖)+아들 자(子)로 몽매한 아이가 본받아 '배운다'의 뜻이다.
- 學說(학설) 학문상의 논설. 學文(학문) 學界(학계) 學科(학과)
- 아들 자(子)부 [3子13 총16획]

恨 (한할 한)

- **4급**
- 한하다, 원한을 품다 유 怨(원망할 원) 영 grudge 중 恨 hèn 일 コン(うらむ)
- 회의 마음 심(忄)+그칠 간(艮)자로 어떤 소원을 얻지 못해 마음이 그쳐 있으므로 '한하다'의 뜻이다.
- 恨死(한사) 한을 품고 죽음. 痛恨(통한) 恨歎(한탄) 餘恨(여한)
- 마음 심(심방변) 心(忄/㣺)부 [3忄6 총9획]

限

4Ⅱ급 | 한정, 한계 | 영 limit | 중 限 xiàn | 일 ゲン(きり·かぎる)

형성 언덕 부(阝)+그칠 간(艮)자로 언덕끝까지 갔으니 갈 곳이 없으므로 '한정되다'의 뜻이다.

限界(한계) 땅의 경계. 限度(한도) 限定(한정) 制限(제한) 以死爲限(이사위한)

언덕 부(좌부방) 阜(阝)부 [3阝6 총9획]

한정할 **한**

閑

4급 | 한가하다, 등한하다 | 영 leisure, free | 중 闲 xián | 일 カン

회의 문 문(門)+나무 목(木)자로 문에 나무를 가로질러 출입을 막으니 '한가하다'의 뜻이다.

閑邪(한사) 나쁜 마음이 생기지 않도록 막음. 閑寂(한적) 閑暇(한가) 閑散(한산)

문 문(門)부 [8門4 총12획]

한가할 **한**

寒

5급 | 차다 (반 暖(따뜻할 난)) | 영 cold | 중 寒 hán | 일 カン(さむい)

회의 틈 하(𡨄)+얼음 빙(冫)자로 얼음이 얼면 움집에서 생활하므로 '춥다'의 뜻이다.

寒露(한로) 찬이슬. 寒微(한미) 寒氣(한기) 寒波(한파) 嚴冬雪寒(엄동설한)

찰 **한**

漢

7급 | 한나라, 은하수 | 영 name of a river | 중 汉 hàn | 일 カン(かん)

회의·형성 중국의 한족은 황하강[氵]의 황토 진흙[堇]밭을 중심으로 발전해갔다.

漢文(한문) 중국의 문장. 漢陽(한양) 漢江(한강) 漢詩(한시) 漢江投石(한강투석)

한나라 **한**

韓

8급 | 나라 이름, 삼한 | 영 Korea | 중 韩 hán | 일 カン(から)

형성 군사들이 성둘레를 지키는 해돋는 쪽의 '나라'를 뜻한다.

韓人(한인) 우리나라 사람. 韓國(한국) 韓方(한방) 韓紙(한지) 韓信匍匐(한신포복)

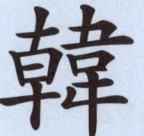

나라이름·성 **한**

6급 合
입 구(口)부 [3口3 총6획]
합할 **합**

합하다, 들어맞다 (반) 離(떠날 리)　　영 unite　중 合 hé　일 ゴウ(あう)

회의 모을 집(集)+입 구(口)자로 여러 사람의 입에서 나오는 말을 '합하다'의 뜻이다.

合格(합격) 규격이나 격식의 기준에 맞음. 合設(합설) 合計(합계) 合唱(합창)

合合合合合合

合 合 合 合 合

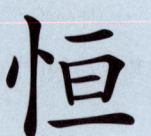

3Ⅱ급 恒
마음 심(심방변) 心(忄/㣺)부 [3忄6 총9획]
항상 **항**

항상, 늘　　　　　　　　　영 constant　중 恒 héng　일 コウ(つね)

형성 마음 심(忄)+뻗칠 긍(亙)자로 마음이 변치 않는 것으로 '항상'을 뜻한다.

恒久(항구) 변함없이 오램. 恒常(항상) 恒星(항성) 永恒(영항)

恒恒恒恒恒恒恒恒恒

恒 恒 恒 恒 恒

3급 亥
돼지해머리(亠)부 [2亠4 총6획]
돼지 **해**

돼지, 열두째 지지　　　　　영 pig　중 亥 hài　일 ガイ(い)

상형 돼지 시(豕)에서 글자의 모양을 본뜬 글자다.

亥年(해년) 태세의 지지가 해로 되는 해. 亥時(해시) 亥日(해일) 乙亥(을해)

亥亥亥亥亥亥

亥 亥 亥 亥 亥

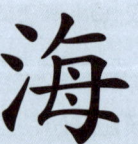

7급 海
물 수(삼수변) 水(氵)부 [3氵7 총10획]
바다 **해**

바다, 바닷물 (유) 河(강 하)　　영 sea　중 海 hǎi　일 カイ(うみ)

형성 물 수(氵)+매양 매(每)자로 물이 마르지 않고 매양 가득차 있는 '바다'를 뜻한다.

海陸(해륙) 바다와 육지. 海洋(해양) 海軍(해군) 海諒(해량) 桑田碧海(상전벽해)

海海海海海海海海海海

海 海 海 海 海

5급 害
갓머리(宀)부 [3宀7 총10획]
해칠 **해**

해치다 (유) 利(이할 리)　　　영 harm　중 害 hài　일 ガイ(そこなう)

회의 집에 앉아 남을 '해치다'의 뜻이다.

害毒(해독) 해와 독. 害惡(해악) 害蟲(해충) 被害(피해) 百害無益(백해무익)

害害害害害害害害害害

害 害 害 害 害

解

4II급

뿔 각(角)부 [7角6 총13획]

풀 **해**

풀다, 풀어지다　　　　　　　　　　영 explain, solve　중 解 jiě　일 解 カイ(とく)

회의 뿔 각(角)+칼 도(刀)+소 우(牛)자로 소를 칼로 뿔에 이르기까지 '풀다'의 뜻이다.

解毒(해독) 독기를 풀어 없앰.　解答(해답)　解明(해명)　解職(해직)

行

6급

다닐 행(行)부 [6行0 총6획]

갈 **행**/줄 **항**

다니다, 걷다　반 言(말씀 언)　　　　영 go　중 行 xíng　일 コウ(いく)

상형 사방으로 통하는 사거리의 모양을 본뜬 글자이다.

行客(행객) 나그네.　行進(행진)　行動(행동)　行列(항렬)　訥言敏行(눌언민행)

幸

6급

방패 간(干)부 [3干5 총8획]

다행·행복 **행**

다행　유 福(복 복)　　　　　　　　영 fortunate　중 幸 xìng　일 コウ(さいわい)

회의 일찍 죽지 않고 장수해 '다행'이란 뜻이다.

幸民(행민) 요행만을 바라고 일을 하지 않은 백성.
幸福(행복)　幸運(행운)　不幸(불행)　射幸數跌(사행삭질)

向

6급

입 구(口)부 [3口3 총6획]

향할 **향**

향하다, 나아감　　　　　　　　　　영 face　중 向 xiàng　일 コウ(むく)

상형 집 면(宀)+입 구(口)자로 옛날집의 북쪽에 환기를 위해 낸 창의 모양을 본뜬 글자.

向日葵(향일규) 해바라기.　向日(향일)　向方(향방)　向發(향발)

香

4II급

향기 향(香)부 [9香0 총9획]

향기 **향**

향기, 향기롭다　　　　　　　　　　영 perfume　중 香 xiāng　일 ユウ(か)

회의 벼 화(禾)+달 감(曰:甘)자로 풍년을 빌기 위해 음식 냄새가 '향기롭다'의 뜻이다.

香氣(향기) 향기로운 냄새.　香水(향수)　香爐(향로)　香臭(향취)

4II급 **鄕** 고을 읍(우부방) 邑(阝)부 [3阝10 총13획]	시골, 마을　반 京(서울 경)　영 country　중 乡 xiāng　일 郷 キョウ(さと)
	회 음식을 가운데 놓고 여러 사람이 먹는 '마을'의 뜻이다.
	鄕里(향리) 시골. 또는 고향.　他鄕(타향)　鄕歌(향가)　鄕愁(향수)
	鄕鄕鄕鄕鄕鄕鄕鄕鄕鄕鄕鄕鄕
시골 **향**	鄕 鄕 鄕 鄕 鄕

5급 **許** 말씀 언(言)부 [7言4 총11획]	허락하다, 나아가다　영 permit　중 许 xǔ　일 キョ(ゆるす)
	형성 떡을 칠 때 내려쳐도 좋다고 '허락하다'의 뜻이다.
	許諾(허락) 청원을 들어줌.　許多(허다)　許可(허가)　許容(허용)
	許許許許許許許許許許許
허락할 **허**	許 許 許 許 許

4II급 **虛** 범호 엄(虍)부 [6虍6 총12획]	비다, 헛되다　유 空(빌 공)　영 empty　중 虚 xū　일 虚 キョ(むなしい)
	형성 범 호(虍)+언덕 구(丘)자로 범을 잡으려고 놓은 함정에 걸려든 것이 '없다'는 뜻이다.
	虛空(허공) 공중.　虛誕(허탄)　虛構(허구)　虛脫(허탈)　虛張聲勢(허장성세)
	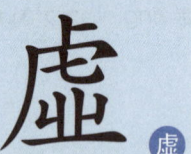
빌 **허**	虛 虛 虛 虛 虛

4급 **革** 가죽 혁(革)부 [9革0 총9획]	가죽, 피부　영 leather　중 革 gé　일 カク(かえる)
	상형 짐승의 머리에서 꼬리까지 벗긴 '가죽'의 모양을 본뜬 글자이다.
	革帶(혁대) 가죽으로 만든 대.　革命(혁명)　革罷(혁파)　革去(혁거)

가죽 **혁**	革 革 革 革 革

6급 **現** 구슬 옥(玉/王)부 [4王7 총11획]	나타나다, 나타냄　유 顯(나타날 현)　영 appear　중 现 xiàn　일 ゲン(あらわれる)
	형성 구슬 옥(玉)+볼 견(見)자로 옥돌을 갈고 닦으면 당장 아름다운 빛이 '나타난다'는 뜻이다.
	現金(현금) 현재 가지고 있는 돈.　現象(현상)　現代(현대)　現存(현존)

나타날 **현**	現 現 現 現 現

4Ⅱ급	賢	어질다, 어진 사람　　　　　　　영wise 중贤 xián 일ケン(かしこい)
		형성 군을 견(堅)+조개 패(貝)자로 원래 재화가 많음을 가리켜 '어질다'는 뜻이다.
		賢良(현량) 어질고 착함.　賢明(현명)　賢人(현인)　賢淑(현숙)　賢母良妻(현모양처)
조개 패(貝)부 [7貝8 총15획]		賢賢賢賢賢賢賢賢賢賢賢賢
어질 현		賢 賢 賢 賢 賢

4Ⅱ급	血	피, 골육　　　　　　　　　　　영blood 중血 xuě 일ケツ(ち)
		회의·형성 삐침 별(丶)+그릇 명(皿)자로 칼질을 하여 흘러나온 '피'를 그릇에 담다.
		血管(혈관) 핏줄.　血氣(혈기)　血淚(혈루)　血鬪(혈투)　鳥足之血(조족지혈)
피 혈(血)부 [6血0 총6획]		血血血血血血
피 혈		血 血 血 血 血

4Ⅱ급	協	화합하다, 일치하다　유 和(화할 화)　　영harmony 중协 xié 일キョウ(かなう)
		형성 열 십(十)+화할 협(劦)자로 많은 사람이 힘을 '화합하다'의 뜻이다.
		協同(협동) 여럿이 마음과 힘을 합하여 어떤 일을 함.
		協力(협력)　協助(협조)　協商(협상)　同心協力(동심협력)
열 십(十)부 [2十6 총8획]		協協協協協協協協
화합할 협		協 協 協 協 協

8급	兄	맏이, 형　반 弟(아우 제)　　　　영elder brother 중兄 xiōng 일ケイ(あに)
		회의·형성 입 구(口)+어진사람 인(儿)자로 아래 형제들을 타이르고 지도하는 '맏이'의 뜻이다.
		兄夫(형부) 언니의 남편.　兄嫂(형수)　兄弟(형제)　大兄(대형)　兄友弟恭(형우제공)
어진사람 인(儿)부 [2儿3 총5획]		兄兄兄兄兄
맏형 형		兄 兄 兄 兄 兄

4급	刑	형벌, 형벌을 주다　　　　　　　영punishment 중刑 xíng 일ケイ(のり)
		형성 우물 정(井)+칼 도(刂)자로 죄인을 형틀에 매달고 칼로 위엄을 보이므로 '형벌'의 뜻이다.
		刑期(형기) 형에 처하는 시기.　刑典(형전)　刑罰(형벌)　刑事(형사)
칼 도(刀/刂)부 [2刀4 총6획]		刑刑刑刑刑刑
형벌 형		刑 刑 刑 刑 刑

6급		모양, 형상 윤 狀(모양 상)	영 form 중 形 xíng 일 ケイ(かたち)

회의 평평할 견(幵)+터럭 삼(彡)자로 붓으로 평평한 종이나 돌에 쓰는 '모양'의 뜻이다.
形狀(형상) 물체의 생긴 모양. 形局(형국) 形成(형성) 形便(형편)

터럭 삼(彡)부 [3彡4 총7획]

모양 **형**

4II급	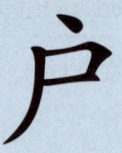	은혜, 혜택 윤 恩(은혜 은)	영 favor 중 惠 huì 일 恵 エ(めぐむ)

회의 삼갈 전(專)+마음 심(心)자로 말과 행동을 삼가고 어진 마음으로 베푸는 '은혜'를 뜻한다.
惠聲(혜성) 인자하다는 소문. 惠示(혜시) 惠澤(혜택) 惠存(혜존)

마음 심(심방변) 心(忄/㣺)부 [4心8 총12획]

은혜 **혜**

4II급		집, 지게	영 house 중 户 hù 일 コ(と)

상형 두 짝으로 된 문의 한 짝인 '지게문'을 본뜬 글자이다.
戶口(호구) 호수와 인구. 戶別(호별) 戶當(호당) 戶主(호주) 家喻戶曉(가유호효)

집 호(戶)부 [4戶0 총4획]

집 **호**

3급	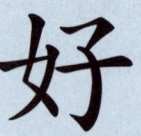	온, 그런가	영 particle 중 乎 hū 일 コ(か)

지사 목소리를 길게 뽑아 뜻을 다하는 말을 뜻한다.
確乎(확호) 든든하게. 斷乎(단호) 福輕乎羽(복경호우) 嗟乎 (차호)

삐칠 별(삐침)(丿)부 [1丿4 총5획]

어조사 **호**

4II급	好	좋다, 좋아하다 반 惡(미워할 오)	영 good 중 好 hǎo 일 コウ(よい)

회의 계집 녀(女)+아들 자(子)자로 여자가 아이를 안고 좋아하므로 '좋다'를 뜻한다.
好感(호감) 좋은 느낌. 好機(호기) 好轉(호전) 好況(호황) 好事多魔(호사다마)

계집 녀(女)부 [3女3 총6획]

좋을 **호**

呼

[4Ⅱ급]

부르다, 외치다 영call, cry 중呼 hū 일コ(よぶ)

형성 입 구(口)+어조사 호(乎)자로 소리를 길게 내어 '부르다'의 뜻이다.

呼戚(호척) 인척간의 항렬을 찾아 부름. 呼應(호응) 呼價(호가) 呼客(호객)

입 구(口)부 [3口5 총8획]

부를 호

虎

[3Ⅱ급]

범, 용맹스럽다 영tiger 중虎 hǔ 일コ(とら)

상형 큰 입을 벌리고 날카로운 어금니, 발톱을 드러내놓은 '범'의 모양을 본뜬 글자로 '범'을 뜻한다.

虎尾(호미) 호랑이의 꼬리. 虎皮(호피) 虎口(호구) 虎叱(호질)

범호 엄(虍)부 [6虍2 총8획]

범 호

湖

[5급]

호수, 큰 못 영lake 중湖 hú 일コ(みずうみ)

형성 옛 고(古)+달 월(月)+물 수(氵)자로 오랜 세월을 두고 물이 모인 곳이 '호수'이다.

湖岸(호안) 호숫가. 湖沼(호소) 湖南(호남) 湖畔(호반) 江湖煙波(강호연파)

물 수(삼수변) 水(氵)부 [3氵9 총12획]

호수 호

號

[6급] 号

부르짖다, 울부짖다 영shout 중号 hào 일号コウ(さけぶ)

형성 이름 호(号)+범 호(虎)자로 범의 울음소리같이 우렁차게 '부르짖는다'의 뜻이다.

號角(호각) 호루라기. 號哭(호곡) 號令(호령) 號數(호수)

범호 엄(虍)부 [6虍7 총13획]

부를 호

或

[4급]

혹, 혹은 영perhaps 중或 huò 일ワク(あるいは)

회의 적군이 영토 안에 쳐들어올지도 모른다 하여 '혹시'를 뜻한다.

或問(혹문) 어떤 이가 묻는다는 식으로 설명하는 일.
或說(혹설) 或是(혹시) 或者(혹자) 多言或中(다언혹중)

창 과(戈)부 [4戈4 총8획]

혹 혹

混

4급 | 물 수(삼수변) 水(氵)부 [3氵8 총11획] | 섞을 **혼**

섞다, 섞임　유 雜(섞일 잡)　영 mix　중 混 hùn　일 コン(まぜる)

형성 물 수(氵)+같을 곤(昆)자로 탁하고 맑은 물이 모두 같은 '섞인다'는 뜻이다.

混用(혼용) 섞여서 씀.　混合(혼합)　混沌(혼돈)　混亂(혼란)　玉石混淆(옥석혼효)

婚

4급 | 계집 녀(女)부 [3女8 총11획] | 혼인할 **혼**

혼인하다, 혼인　영 marry　중 婚 hūn　일 コン

회의 계집 녀(女)+저물 혼(昏)자로 옛날 신부를 어두울 때 결혼하므로 '혼인'의 뜻이다.

婚期(혼기) 혼인하기에 적당한 나이.　婚配(혼배)　婚禮(혼례)　婚需(혼수)

紅

4급 | 실 사(糸)부 [6糸3 총9획] | 붉을 **홍**

붉다, 붉은 빛　유 朱(붉을 주)　영 red　중 红 hóng　일 コウ(べに)

형성 실 사(糸)+장인 공(工)자로 실에 붉은 물감을 들여서 붉게 만드므로 '붉다'의 뜻이다.

紅寶石(홍보석) 홍옥. 루비를 말함.　紅顔(홍안)　紅蓮(홍련)　紅柹(홍시)

化

5급 | 비수 비(匕)부 [2匕2 총4획] | 될 **화**

되다, 화하다　유 變(변할 변)　영 change　중 化 huà　일 カ(ばかす)

회의 바로 선 사람[亻]과 거꾸로 선 사람[匕]모양을 합쳐 사물이 '변하다'의 뜻이다.

化膿(화농) 상처 따위가 곪음.　化成(화성)　化石(화석)　強化(강화)

火

8급 | 불 화(火/灬)부 [4火0 총4획] | 불 **화**

불, 타다　반 水(물 수)　영 fire　중 火 huǒ　일 カ(ひ)

상형 불이 활활 타오르는 모양을 본뜬 글자이다.

火口(화구) 화산의 분화구.　火氣(화기)　火急(화급)　火災(화재)　風前燈火(풍전등화)

花

7급
풀 초(초두) 艹(++)부 [4++4 총8획]
꽃 **화**

꽃, 꽃이 피다 　　　영 flower　중 花 huā　일 カ(はな)

형성 풀 초(艹)+될 화(化)자로 새싹이 돋아나와 꽃이 되므로 '꽃'을 뜻한다.

花信(화신) 꽃 소식. 花草(화초) 花壇(화단) 花盆(화분) 花無十日紅(화무십일홍)

和

6급
입 구(口)부 [3口5 총8획]
화할 **화**

고르다, 조화됨　유 調(고를 조)　영 harmonize　중 和 hé　일 ワ(あえる)

형성 벼 화(禾)+입 구(口)자로 곡식을 풍족하게 먹으니 가족이 '화목하다'는 뜻이다.

和睦(화목) 서로 뜻이 맞고 정다움. 和顔(화안) 和色(화색) 和解(화해)

貨

4II급
조개 패(貝)부 [7貝4 총11획]
재화 **화**

재화, 말하다　유 財(재물 재)　영 goods　중 货 huò　일 カ(かね)

회의·형성 될 화(化)+조개 패(貝)자로 돈이 되는 물건이므로 '재화'를 뜻한다.

貨幣(화폐) 지불 수단으로 사용되는 매개체. 貨物(화물) 貨主(화주) 貨車(화차)

華

4급
풀초(초두) 艹(++)부 [4++8 총12획]
빛날 **화**

빛날, 꽃피다　유 榮(영화 영)　영 brilliant　중 华 huá　일 カ(はな)

회의 풀 초(艹)+드리울 수(垂)자로 초목의 꽃이 무성하여 '화려하다'의 뜻이다.

華甲(화갑) 61세. 華僑(화교) 華麗(화려) 華奢(화사) 外華內貧(외화내빈)

畵

6급
밭 전(田)부 [5田8 총13획]
그림 **화**/그을 **획**

그림, 그리다　유 圖(그림 도)　영 picture, draw　중 画 huà　일 画 ガ(えがく)

회의 붓 율(聿)+밭 전(田)+한 일(一)자로 붓으로 그림을 그리거나 밭의 경계를 '긋다'는 뜻이다.

時事漫畵(시사만화) 사회적인 일을 해학적 만화. 繪畵(회화) 漫畵鳥(만획조)

話

7급 · 말씀 언(言)부 [7言6 총13획] · 말씀 **화**

말씀, 말하다 유 說(말씀 설) 영 talk 중 话 huà 일 華 ワ(はなす)

형성 말씀 언(言)+혀 설(舌)자로 혀를 움직여 이야기하므로 '말하다'의 뜻이다.

話術(화술) 말하는 기술. 話法(화법) 話題(화제) 對話(대화) 漁焦閑話(어초한화)

患

5급 · 마음 심(심방변) 心(忄/㣺)부 [4心7 총11획] · 근심 **환**

근심, 고통 영 anxiety 중 患 huàn 일 カン(うれえる)

형성 꼬챙이 곶(串)+마음 심(心)자로 꼬챙이로 찌르는 것같이 마음이 '근심스럽다'의 뜻이다.

患亂(환란) 재난. 患者(환자) 患部(환부) 疾患(질환) 有備無患(유비무환)

歡

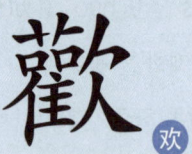

4급 · 하품 흠(欠)부 [4欠18 총22획] · 기뻐할 **환**

기뻐하다, 기쁘게 하다 유 喜(기쁠 희) 영 delight 중 欢 huān 일 歓 カン(よろこぶ)

형성 황새 관(藋)+하품 흠(欠)자로 어미 황새가 먹이를 물어오면 새끼들이 '기뻐한다'의 뜻이다.

歡談(환담) 정겹게 말을 주고받음. 歡迎(환영) 歡聲(환성) 歡待(환대)

活

7급 · 물 수(삼수변) 水(氵)부 [3氵6 총9획] · 살 **활**

살다, 생존하다 유 生(살 생) 영 live 중 活 huó 일 活 カツ(いきる)

회의 물 수(氵)+혀 설(舌)자로 막혔던 입에서 혀가 나오듯 활기 있으므로 '살다'의 뜻이다.

活氣(활기) 활동의 원천이 되는 싱싱한 생기. 活力(활력) 活劇(활극) 活字(활자)

皇

3Ⅱ급 · 흰 백(白)부 [5白4 총9획] · 임금 **황**

임금, 왕, 군주 영 emperor 중 皇 kuáng 일 コウ(きみ)

형성 흰 백(白)+임금 왕(王)자로 햇볕에 빛나는 큰 도끼의 모양에서 '임금'을 뜻한다.

皇考(황고) 돌아간 아버지의 존칭. 皇恩(황은) 皇妃(황비) 皇室(황실)

6급	黃 누를 황(黃)부 [12黃0 총12획]	누르다, 누른빛 영yellow 중黃 huáng 일黃 コウ(き) 회의 빛 광(光)+밭 전(田)자로 밭의 빛깔이 황토색으로 '누렇다'는 뜻이다. 黃口(황구) (참새 새끼의 입을 본뜬) 어린이. 黃金(황금) 黃狗(황구) 黃昏(황혼)
	누를 **황**	

4Ⅱ급	回 큰입 구(口)부 [3口3 총6획]	돌다, 돌아오다 영return 중回 huí 일カイ·エ(めぐる) 지사 물건이 회전하는 모양으로 빙빙 '돎'을 본뜬 글자이다. 回甲(회갑) 나이 61세. 回顧錄(회고록) 回軍(회군) 回答(회답) 起死回生(기사회생)
	돌 **회**	

6급	會 会 가로 왈(曰)부 [4曰9 총13획]	모이다, 모임 유社(모일 사) 영meet 중会 huì 일会 カイ(あう) 회의 모을 집(集)+거듭 증(曾)자로 더하여 '모으다'의 뜻이다. 會見(회견) 서로 만나 봄. 會堂(회당) 會同(회동) 會議(회의) 一期一會(일기일회)
	모일 **회**	

7급	孝 아들 자(子)부 [3子4 총7획]	효도, 부모 잘 섬기다 영filial duty 중孝 xiào 일コウ(まこと) 회의·형성 늙을 로(老)+아들 자(子)자로 자식이 늙은 어버이를 잘 섬기는 '효도'를 뜻한다. 孝者(효자) 효도하는 사람. 孝心(효심) 孝女(효녀) 孝道(효도) 反哺之孝(반포지효)
	효도 **효**	

5급	效 칠 복(등글월문)攵(攴)부 [4攵6 총10획]	본받다, 힘쓰다 영effect 중效 xiào 일効 コウ(きく) 형성 사귈 교(交)+칠 복(攵)자로 어질고 학식있는 사람과 사귀면 좋은 점을 '본받는다'는 뜻이다. 效用(효용) 보람. 效能(효능) 效果(효과) 效力(효력) 效顰(효빈)
	본받을 **효**	

4급 厚 민엄 호(厂)부 [2厂7 총9획] 두터울 후	두텁다, 도탑다　　　　　　　　　　　영 thick　중 厚 hòu　일 コウ(あつい)
	형성 집 엄(厂)+클 후(㫗)자로 높고 두터운 벼랑의 뜻으로 '두텁다'를 뜻한다.
	厚待(후대) 두터운 대우. 厚德(후덕) 厚意(후의) 厚生(후생) 厚顏無恥(후안무치)
	厚厚厚厚厚厚厚厚厚
	厚 厚 厚 厚 厚

7급 後 두인 변(彳)부 [3彳6 총9획] 뒤 후	뒤, 나중　만 前(앞 전)　　　　　　　　영 back　중 后 hòu　일 コウ(あと)
	회의 자축거릴 척(彳)+뒤쳐져올 치(夊)로 어린이가 조금씩 걸으며 뒤따라오므로 '뒤'의 뜻이다.
	後繼(후계) 뒤를 이음. 後年(후년) 後面(후면) 後進(후진) 雨後竹筍(우후죽순)
	後後後後後後後後後
	後 後 後 後 後

6급 訓 말씀 언(言)부 [7言3 총10획] 가르칠 훈	가르치다, 훈계함　유 敎(가르칠 교)　영 teach　중 训 xùn　일 クン(おしえる)
	형성 말씀 언(言)+내 천(川)자로 냇물의 흐름에 좇듯 도리를 좇도록 말로 '가르친다'는 뜻이다.
	訓戒(훈계) 타일러 경계함. 訓誥(훈고) 訓讀(훈독) 訓示(훈시)
	訓訓訓訓訓訓訓訓訓訓
	訓 訓 訓 訓 訓

7급 休  사람 인(人)부 [2人4 총6획] 쉴 휴	쉬다, 아름답다　유 息(쉴 식)　　　　　영 rest　중 休 xiū　일 キュウ(やすまる)
	회의 사람 인(亻)+나무 목(木)자로 사람은 대개 밭에서 일을 하다가 나무 그늘에서 '휴식'한다.
	休校(휴교) 학교가 일정 기간 쉬는 것. 休日(휴일) 休講(휴강) 休學(휴학)
	休休休休休休
	休 休 休 休 休

5급 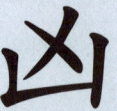 위터진입 구(凵)부 [2凵2 총4획] 흉할 흉	흉하다, 재앙　만 吉(길할 길)　　　　영 wicked　중 凶 xiōng　일 キョウ(わるい)
	지사 사람이 함정에 빠져 운수가 '흉하다'의 뜻이다.
	凶器(흉기) 사람을 살상하는 데 쓰는 도구. 凶夢(흉몽) 凶年(흉년) 凶測(흉측)
	凶凶凶凶
	凶 凶 凶 凶 凶

胸

[3급] 고기 육(육달월) 肉(月)부 [4月6 총10획] | 가슴 흉

가슴, 마음 영 breast 중 胸 xiōng 일 キョウ(むね)

형성 고기 육(月)+가슴 흉(匈)자로 몸속의 심장을 감싼 '가슴'을 뜻한다.

胸襟(흉금) 마음속. 胸背(흉배) 胸廓(흉곽) 胸部(흉부) 胸中生塵(흉중생진)

黑

[5급] 검을 흑(黑)부 [12黑0 총12획] | 검을 흑

검다 반 白(흰 백) 영 black 중 黑 hēi 일 黑 コク(くろ)

회의·형성 불을 지피면 흙벽과 창문에 검게 그을리므로 '검다'는 뜻이다.

黑幕(흑막) 겉으로 드러나지 않은 내막. 黑字(흑자) 黑白(흑백) 黑人(흑인)

興

[4Ⅱ급] 절구 구(臼)부 [6臼10 총16획] | 일 흥

일어나다, 번성하다 반 亡(망할 망) 영 rise 중 兴 xīng 일 コウ(おこる)

지사 마주들 여(舁)+한가지 동(同)자로 힘을 합해 함께 들어올리면 일이 '흥한다'는 뜻이다.

興國(흥국) 나라를 흥하게 함. 興起(흥기) 興亡(흥망) 興味(흥미)

希

[4Ⅱ급] 수건 건(巾)부 [3巾4 총7획] | 바랄 희

바라다, 드물다 유 望(바랄 망) 영 expect 중 希 xī 일 キ(ねがう)

회의 풀벨 예[乂]+ 수건 건(巾)자로 찢어진 수건을 새것으로 교체하기를 '희망'하다.

希求(희구) 원하고 바람. 希望(희망) 希願(희원) 希冀(희기) 抱炭希凉(포탄희량)

喜

[4급] 입 구(口)부 [3口9 총12획] | 기쁠 희

기쁘다, 즐겁다 유 歡(기쁠 환) 영 glad 중 喜 xǐ 일 キ(よろこぶ)

회의 북 고(鼓)+입 구(口)자로 북을 치며 입으로 노래를 부르므로 '기쁘다'는 뜻이다.

喜劇(희극) 익살과 풍자가 섞인 연극. 喜報(희보) 喜捨(희사) 喜悅(희열)

Part II

중학 교육용 한자
900 + 고사성어
故事成語
쓰기교본

중학교 교육용 고사성어 故事成語

家家户户 가가호호

집집마다, 또는 모든 집이라는 뜻으로, 각 집과 각 호(户)를 가리킴.
유 매가(每家), 매호(每戶), 가가문전(家家門前)

| 家 집 가 | 家家家家家家家家家家 | 영 house 중 家 jiā 일 カ・ケ(いえ) |

| 家 집 가 | 家家家家家家家家家家 | 영 house 중 家 jiā 일 カ・ケ(いえ) |

| 户 지게 호 | 户户户户 | 영 door 중 户 hù 일 コ(と) |

| 户 지게 호 | 户户户户 | 영 door 중 户 hù 일 コ(と) |

刻舟求劍 각주구검

검이 물속에 떨어진 자리를 배에 새겨 그 검을 찾으려 한다는 뜻으로, 어리석음을 말함.
유 수주대토(守株待兔), 각선구검(刻船求劍)

| 刻 새길 각 | 刻刻刻刻刻刻刻刻 | 영 carve 중 刻 kè 일 コク(きざむ) |

| 舟 배 주 | 舟舟舟舟舟舟 | 영 ship 중 舟 zhōu 일 シュウ(ふね) |

| 求 구할 구 | 求求求求求求求 | 영 obtain, get 중 求 qiú 일 キュウ(もとめる) |

| 劍 칼 검 | 劍劍劍劍劍劍劍劍劍劍 | 영 sword 중 劍 jiàn 일 ケン(つるぎ) |

乾坤一色 건곤일색 [3II급]

눈이 내린 뒤에 세상이 한 가지 빛깔이 되었다는 뜻으로, 천지가 온통 같은 빛깔임을 나타냄.

乾 하늘 건 — 乾乾乾乾乾乾乾乾乾乾 / 乾乾乾乾乾 — 영 heaven 중 乾 qián 일 ケン(てん)

坤 땅 곤 — 坤坤坤坤坤坤坤坤 / 坤坤坤坤坤 — 영 earth 중 坤 kūn 일 コン(つち)

一 한 일 — 一 / 一一一一一 — 영 one 중 一 yī 일 イチ(ひとつ)

色 빛 색 — 色色色色色色 / 色色色色色 — 영 color 중 色 sè 일 ショク(いろ)

建陽多慶 건양다경 [4II급]

새해가 시작됨에 경사스런 일이 많기를 바란다는 뜻으로 입춘 날 좋은 복이 가득하기를 기원.

建 세울 건 — 建建建建建建建建 / 建建建建建 — 영 build 중 建 jiàn 일 ケン(たてる)

陽 볕 양 — 陽陽陽陽陽陽陽陽陽陽 / 陽陽陽陽陽 — 영 sunshine 중 阳 yáng 일 ヨウ(ひ)

多 많을 다 — 多多多多多多 / 多多多多多 — 영 many 중 多 duō 일 タ(おおい)

慶 경사 경 — 慶慶慶慶慶慶慶慶慶慶 / 慶慶慶慶慶 — 영 happy event 중 庆 qìng 일 ケイ(よろこぶ)

중학 교육용 고사성어 | **197**

5급 見利思義 견리사의
눈앞에 이익(利益)이 되는 일을 보면 그것이 옳은 일인지 여부를 먼저 생각한다는 말.

見 볼 견 / 见
見見見見見見見
영 see 중 见 jiàn 일 ケン(みる)

利 이로울 리
利利利利利利利
영 benefit 중 lì 일 リ(もうけ)

思 생각할 사
思思思思思思思思
영 think 중 思 sī 일 シ(おもう)

義 옳을 의
義義義義義義義義義義義義
영 right 중 义 yì 일 ギ(よろしい)

3II급 犬馬之誠 견마지성
개나 말의 정성이란 뜻으로, 윗사람에게 바치는 자기의 노력을 낮추어 이르는 말.

犬 개 견
犬犬犬犬
영 dog 중 quǎn 일 ケン(いぬ)

馬 말 마
馬馬馬馬馬馬馬馬馬馬
영 horse 중 马 mǎ 일 バ(うま)

之 갈 지
之之之之
영 go 중 之 zhī 일 シ(ゆく·これ)

誠 정성 성
誠誠誠誠誠誠誠
영 sincere 중 诚 chéng 일 セイ(まこと)

4급 結者解之 결자해지

맺은 사람이 풀어야 한다는 뜻으로, 일을 저지른 사람이 그 일을 해결하여야 한다는 말. 참 인과응보(因果應報)

結 맺을 결	結結結結結結結結結結 / 結 結 結 結 結	영 join·tie 중 结 jié 일 ケツ(むすぶ)
者 놈 자	者者者者者者者者者 / 者 者 者 者 者	영 person, man 중 者 zhě 일 シャ(もの)
解 풀 해	解解解解解解解解解解解解解 / 解 解 解 解 解	영 explain, solve 중 解 jiě 일 解 カイ(とく)
之 갈 지	之之之之 / 之 之 之 之 之	영 go 중 之 zhī 일 シ(ゆく·これ)

5급 結草報恩 결초보은

풀을 묶어 은혜를 갚는다는 뜻으로, 아비의 혼령이 풀을 묶어 딸의 은인을 궁지에서 구하고 은혜를 갚는다는 말. 유 결초(結草), 각골난망(刻骨難忘)

結 매듭 결	結結結結結結結結結結 / 結 結 結 結 結	영 join·tie 중 结 jié 일 ケツ(むすぶ)
草 풀 초	草草草草草草草草草 / 草 草 草 草 草	영 grass 중 草 cǎo 일 ソウ(くさ)
報 갚을 보	報報報報報報報報報報 / 報 報 報 報 報	영 repay 중 报 bào 일 ホウ(むくいる)
恩 은혜 은	恩恩恩恩恩恩恩恩恩 / 恩 恩 恩 恩 恩	영 favor 중 恩 ēn 일 オン

중학 교육용 고사성어 | 199

4급 鷄卵有骨 계란유골

계란에도 뼈가 있다는 뜻으로, 재수가 없으면 좋은 기회를 만나도 되는 일이 하나도 없다는 말.
㊒ 도둑을 맞으려면 개도 안 짖는다.

| 鷄 (鸡) 닭 계 | 鷄鷄鷄鷄鷄鷄鷄鷄鷄鷄鷄 | 영 cock 중 鸡 jī 일 鶏 ケイ(にわとり) |

| 卵 알 란 | 卵卵卵卵卵卵卵 | 영 egg 중 卵 luǎn 일 ラン(たまご) |

| 有 있을 유 | 有有有有有有 | 영 exist 중 有 yǒu 일 ユウ(ある) |

| 骨 뼈 골 | 骨骨骨骨骨骨骨骨骨 | 영 bone 중 骨 gǔ 일 コツ(ほね) |

*4급 苦盡甘來 고진감래

쓴 것이 다하면 달콤함이 온다는 뜻으로, 어려움을 견뎌내면 좋은 일이 생긴다는 말.
㊫ 흥진비래(興盡悲來)

| 苦 괴로울 고 | 苦苦苦苦苦苦苦苦苦 | 영 bitter 중 苦 kǔ 일 ク(くるしい) |

| 盡 (尽) 다할 진 | 盡盡盡盡盡盡盡盡盡盡盡盡盡 | 영 exhaust 중 尽 jìn 일 尽 ジン(つまる) |

| 甘 달 감 | 甘甘甘甘甘 | 영 sweet 중 甘 gān 일 カン(あまい) |

| 來 (来) 올 래 | 來來來來來來來來 | 영 come 중 来 lái 일 来 ライ(きたる) |

公平無私 공평무사 [4급]

공평하게 처리하고 행한다는 뜻으로, 어느 한쪽에 치우치지 않게 바르고 사사로움이 없다는 말.

파 공평무사하다

公 공변 공	公公公公	영 public 중 公 gōng 일 コウ(おおやけ)
平 평평할 평	平平平平平	영 flat·even 중 平 píng 일 ヘイ(たいら)
無 없을 무	無無無無無無無無無無無無	영 nothing 중 无 wú 일 ム(ない)
私 사사로울 사	私私私私私私私	영 private 중 私 sī 일 シ(わたくし)

過猶不及 과유불급 [3급]

지나침은 미치지 못함과 같다. 즉 '중용(中庸)'을 가리킴.

過 지나칠 과	過過過過過過過過過過過	영 excess 중 过 guò 일 カ(すぎる)
猶 같을 유	猶猶猶猶猶猶猶猶猶猶	영 same 중 犹 yóu 일 ユウ(なお)
不 아닐 불	不不不不	영 not 중 不 bù 일 フ·ブ
及 미칠 급	及及及及	영 reach 중 及 jí 일 キユウ(およぶ)

管鮑之交 관포지교 [2급]

춘추 시대 제나라의 관중과 포숙아가 나눈 절친한 사귐이란 뜻으로, 우정이 돈독한 친구를 이르는 말.
(유) 문경지교(刎頸之交), (반) 시도지교(市道之交)

한자	훈음	영	중	일
管	대롱 관	pipe, manage	管 guǎn	カン(くだ)
鮑	생선 포	salted fish	鮑 bào	ホウ(しおづけ)
之	갈 지	go	之 zhī	シ(ゆく·これ)
交	사귈 교	associate	交 jiāo	コウ(まじわる)

交友以信 교우이신 [5급]

벗을 믿음으로써 사귀어야 한다는 뜻으로, 세속오계(世俗五戒)의 하나.

한자	훈음	영	중	일
交	사귈 교	associate	交 jiāo	コウ(まじわる)
友	벗 우	friend	友 yǒu	コウ(とも)
以	써 이	by, with	已 yǐ	イ(もつて)
信	믿을 신	believe, trust	信 xìn	シン(まこと)

教學相長 교학상장 [5급]

가르치면서 배우고 배우는 자에게도 가르침을 받는다는 뜻으로, 서로 성장한다는 말.

출전 예기(禮記)

| 敎 가르침 교 | 敎敎敎敎敎敎敎敎敎敎 | 영 teach 중 教 jiào, jiāo 일 教 キョウ(おしえる) |

敎 敎 敎 敎 敎

| 學 (学) 배울 학 | 學學學學學學學學學學學 | 영 learn 중 学 xué 일 ガク(まなぶ) |

學 學 學 學 學

| 相 서로 상 | 相相相相相相相相 | 영 mutually 중 相 xiàng 일 ショウ(あい) |

相 相 相 相 相

| 長 긴 장 | 長長長長長長長長 | 영 long 중 长 cháng 일 チョウ(ながい) |

長 長 長 長 長

句句節節 구구절절 [5급]

모든 구절마다라는 뜻으로, 말이나 글 따위의 전부를 가리킴.

유 구절구절(句節句節)

| 句 글귀 구 | 句句句句句 | 영 phrase 중 句 jù 일 ク |

句 句 句 句 句

| 句 글귀 구 | 句句句句句 | 영 phrase 중 句 jù 일 ク |

句 句 句 句 句

| 節 (节) 마디 절 | 節節節節節節節節節節節 | 영 joint 중 节 jié 일 セツ(ふし) |

節 節 節 節

| 節 (节) 마디 절 | 節節節節節節節節節節 | 영 joint 중 节 jié 일 セツ(ふし) |

節 節 節 節

4Ⅱ급 九死一生 구사일생

아홉 번 죽어 한 번 살아난다는 뜻으로, 죽을 고비를 여러 번 넘기고 간신히 살아난다는 말.
유 십생구사(十生九死), 백사일생(百死一生)

九 아홉 구 — 九九 — 영 nine 중 九 jiǔ 일 キユウ·ク(ここのつ)
九 九 九 九 九

死 죽을 사 — 死死死死死死 — 영 die 중 死 sǐ 일 シ(しぬ)
死 死 死 死 死

一 한 일 — 一 — 영 one 중 一 yī 일 イチ(ひとつ)
一 一 一 一 一

生 날 생 — 生生生生生 — 영 born 중 生 shēng 일 セイ(なま)
生 生 生 生 生

3급 群鷄一鶴 군계일학

닭 무리 중에 섞여 있는 한 마리 학이라는 뜻으로, 여러 평범한 사람들 가운데 뛰어난 한 사람을 일컫는 말.
유 계군일학(鷄群一鶴), 계군고학(鷄群孤鶴)

群 무리 군 — 群群群群群群群群群群群群 — 영 crowd 중 群 qún 일 グン(むら)
群 群 群 群 群

鷄(鶏) 닭 계 — 鷄鷄鷄鷄鷄鷄鷄鷄鷄鷄鷄 — 영 cock 중 鸡 jī 일 鶏 ケイ(にわとり)
鷄 鷄 鷄 鷄 鷄

一 한 일 — 一 — 영 one 중 一 yī 일 イチ(ひとつ)
一 一 一 一 一

鶴 학 학 — 鶴鶴鶴鶴鶴鶴鶴鶴鶴鶴鶴 — 영 crane 중 鹤 hè 일 カク(つる)
鶴 鶴 鶴 鶴 鶴

[4급] 君臣有義 군신유의
오륜의 하나로 임금과 신하의 도리는 의리에 있음을 가리킴.

君 임금 군	君君君君君君	영 king 중 君 jūn 일 クン(きみ)

臣 신하 신	臣臣臣臣臣臣	영 minister 중 臣 shén 일 シン(たみ)

有 있을 유	有有有有有	영 exist 중 有 yǒu 일 ユウ(ある)

義 옳을 의	義義義義義義義義義義義	영 righteous 중 义 yì 일 ギ(よし)

[3급] 君爲臣綱 군위신강
임금은 신하의 벼리(중심체)라는 뜻으로, 신하는 임금을 섬기는 것이 근본이라는 말. 유 부위자강(父爲子綱)

君 임금 군	君君君君君君	영 king 중 君 jūn 일 クン(きみ)

爲 (為) 할 위	爲爲爲爲爲爲爲爲爲爲爲	영 do 중 为 wèi 일 為 イ(なす·ため)

臣 신하 신	臣臣臣臣臣臣	영 minister 중 臣 shén 일 シン(たみ)

綱 벼리 강	綱綱綱綱綱綱綱綱綱綱綱	영 outline 중 纲 gāng 일 コウ(つな)

중학 교육용 고사성어 | 205

2급 勸善懲惡 권선징악

선을 권하고 악을 벌한다는 뜻으로, 착한 행실을 널리 권장하고 악한 행실을 벌준다는 말.

유 권징(勸懲), 창선징악(彰善懲惡)

| 勸 권할 권 | 영 advise 중 劝 quàn 일 勧 カン(すすめる) |

| 善 착할 선 | 영 good 중 善 shàn 일 ゼン(よい) |

| 懲 혼날 징 | 영 punish 중 惩 chéng 일 チョウ(こらす) |

| 惡(悪) 악할 악 | 영 bad 중 恶 è 일 悪 アク(わるい) |

3급 金蘭之交 금란지교

금처럼 견고하고 난초처럼 향기로운 사귐이라는 뜻으로, 굳게 맺은 우정을 가리킴.

유 금란지계(金蘭之契), 지란지교(芝蘭之交)

| 金 쇠 금 | 영 gold 중 金 jīn 일 キン(かな) |

| 蘭(蘭) 난초 란 | 영 orchid 중 兰 lán 일 ラン(あららぎ) |

| 之 갈 지 | 영 go 중 之 zhī 일 シ(ゆく·これ) |

| 交 사귈 교 | 영 associate 중 交 jiāo 일 コウ(まじわる) |

3II급 今昔之感 금석지감

지금과 옛날을 비교해 생각할 때, 그 차이가 심함을 보고 느껴지는 감정.

| 今 이제 금 | 今今今今 | 영 now 중 今 jīn 일 キン(いま) |

| 昔 옛 석 | 昔昔昔昔昔昔昔昔 | 영 old 중 昔 xī 일 セキ(むかし) |

| 之 갈 지 | 之之之之 | 영 go 중 之 zhī 일 シ(ゆく·これ) |

| 感 느낄 감 | 感感感感感感感感感感感感 | 영 emotion, feel 중 感 gǎn 일 カン(かんずる) |

4급 金石之交 금석지교

쇠와 돌의 사귐이라는 뜻으로, 쇠와 돌처럼 변함없는 굳은 사귐을 말함.

⊕ 단금지교(斷金之交), 금란지계(金蘭之契)

| 金 쇠 금 | 金金金金金金金金 | 영 gold 중 金 jīn 일 キン(かな) |

| 石 돌 석 | 石石石石石 | 영 stone 중 石 shí 일 セキ(いし) |

| 之 갈 지 | 之之之之 | 영 go 중 之 zhī 일 シ(ゆく·これ) |

| 交 사귈 교 | 交交交交交交 | 영 associate 중 交 jiāo 일 コウ(まじわる) |

4급 金枝玉葉 금지옥엽

황금빛 나뭇가지와 옥빛 나는 잎사귀라는 뜻으로, 임금의 자손이나 집안, 귀여운 자식. 또는 아름답고 상서로운 구름을 비유하는 말.
유 경지옥엽(瓊枝玉葉)

金 쇠 금 — 金金金金金金金金 — 영 gold 중 金 jīn 일 キン(かな)

枝 가지 지 — 枝枝枝枝枝枝枝枝 — 영 branch 중 枝 zhī 일 シ(えだ)

玉 구슬 옥 — 玉玉玉玉玉 — 영 gem, jewel 중 玉 yù 일 ギョク(たま)

葉 잎사귀 엽 — 葉葉葉葉葉葉葉葉葉葉葉葉 — 영 leaf 중 叶 yè 일 ヨウ(は)

4II급 起死回生 기사회생

죽음에서 삶을 회복한다는 뜻으로, 절망적인 상태에서 다시 살아난다는 말.
유 구사일생(九死一生), 백사일생(百死一生)

起 일어날 기 — 起起起起起起起起起 — 영 rise 중 起 qǐ 일 キ(おきる)

死 죽을 사 — 死死死死死死 — 영 die 중 死 sǐ 일 シ(しぬ)

回 돌아올 회 — 回回回回回回 — 영 return 중 廻 huí 일 カイ·エ(めぐる)

生 날 생 — 生生生生生 — 영 born 중 生 shēng 일 セイ(なま)

杞人之憂 기인지우 [4II급]

기나라 사람의 근심이라는 뜻으로, 쓸데없는 군걱정.
출전 열자(列子)

杞 나라 이름 기	杞杞杞杞杞杞杞 杞 杞 杞 杞 杞	영 name of country 중 杞 qǐ 일 キ(こぶやなぎ)
人 사람 인	人人 人 人 人 人 人	영 person 중 人 rén 일 ジン・ニン(ひと)
之 갈 지	之之之之 之 之 之 之 之	영 go 중 之 zhī 일 シ(ゆく・これ)
憂 근심 우	憂憂憂憂憂憂憂憂憂憂憂憂 憂 憂 憂 憂 憂	영 anxiety 중 忧 yōu 일 ユウ(うれえる)

難兄難弟 난형난제 [4II급]

형이라 하기도 어렵고 아우라 하기도 어렵다는 뜻으로, 두 사물이 서로 엇비슷하여 낫고 못함을 가리기 어려움을 뜻함. 유 백중지간(伯仲之間), 막상막하(莫上莫下)

難 어려울 난	難難難難難難難難難難難 難 難 難 難 難	영 difficult 중 难 nán 일 ナン(むずかしい)
兄 맏 형	兄兄兄兄兄 兄 兄 兄 兄 兄	영 eldest brother 중 兄 xiōng 일 ケイ(あに)
難 어려울 난	難難難難難難難難難難難 難 難 難 難 難	영 difficult 중 难 nán 일 ナン(むずかしい)
弟 아우 제	弟弟弟弟弟弟弟 弟 弟 弟 弟 弟	영 younger brother 중 弟 dì 일 テイ(おとうと)

[7급] 男女老少 남녀노(로)소

남자와 여자와 늙은이와 젊은이라는 뜻으로, 모든 사람을 가리킴.
㊎ 대소남녀(大小男女)

| 男 사내 남 | 男男男男男男男 | 男 男 男 男 男 | | | ㊇man ㊄男 nán ㊅ダン(おとこ) |

| 女 달 녀 | 女女女 | 女 女 女 女 女 | | | ㊇female ㊄女 nǚ ㊅ジョ(おんな) |

| 老 늙을 노(로) | 老老老老老老 | 老 老 老 老 老 | | | ㊇old ㊄老 lǎo ㊅ロウ(おいる) |

| 少 적을 소 | 少少少少 | 少 少 少 少 少 | | | ㊇few ㊄少 shǎo ㊅ショウ(すくない) |

[5급] 多多益善 다다익선

많으면 많을수록 좋다는 뜻으로, 병력을 몇 명이나 지휘할 능력이 있느냐는 한나라 유방의 질문에 장수인 한신이 답한 말.
㊎ 다다익판(多多益辦)

| 多 많을 다 | 多多多多多多 | 多 多 多 多 多 | | | ㊇many ㊄多 duō ㊅タ(おおい) |

| 多 많을 다 | 多多多多多多 | 多 多 多 多 多 | | | ㊇many ㊄多 duō ㊅タ(おおい) |

| 益 더할 익 | 益益益益益益益益益益 | 益 益 益 益 益 | | | ㊇increase ㊄益 yì ㊅エキ(ます) |

| 善 좋을 선 | 善善善善善善善善善善 | 善 善 善 善 善 | | | ㊇good ㊄善 shàn ㊅ゼン(よい) |

4급 單刀直入 단도직입

단칼로 쳐들어간다는 뜻으로, 곧바로 요점이나 본론으로 들어간다는 말.
유 일침견혈(一針見血)

| 單 홑 단 | 單單單單單單單單單單單 | 영 single 중 单 dān 일 単 タン(ひとえ) |
| | 單 單 單 單 單 | |

| 刀 칼 도 | 刀刀 | 영 knife 중 刀 dāo 일 トウ(かたな) |
| | 刀 刀 刀 刀 刀 | |

| 直 곧을 직 | 直直直直直直直直 | 영 straight 중 直 zhí 일 チョク(なお) |
| | 直 直 直 直 直 | |

| 入 들 입 | 入入 | 영 enter 중 入 rù 일 ニュウ(いる) |
| | 入 入 入 入 入 | |

1급 大器晚成 대기만성

큰 그릇은 늦게 만들어진다는 뜻으로, 크게 될 사람은 늦게 성공한다는 말. 과거에 낙방한 선비를 위로하는 말.
유 대기난성(大器難成), 대재만성(大才晚成)

| 大 큰 대 | 大大大 | 영 big 중 大 dà 일 タイ(おおきい) |
| | 大 大 大 大 大 | |

| 器 그릇 기 | 器器器器器器器器器器器 | 영 vessel 중 器 qì 일 キ(うつわ) |
| | 器 器 器 器 器 | |

| 晚 늦을 만 | 晚晚晚晚晚晚晚晚晚晚晚 | 영 late 중 晚 wǎn 일 バン(おくれる) |
| | 晚 晚 晚 晚 晚 | |

| 成 이룰 성 | 成成成成成成 | 영 accomplish 중 成 chéng 일 セイ(なる) |
| | 成 成 成 成 成 | |

5급 讀書亡羊 독서망양

책을 읽다가 양을 잃었다는 뜻으로, 다른 일에 정신이 팔려 중요한 일을 소홀히 함.

| 讀 (읽을 독) [読] | 讀讀讀讀讀讀讀讀讀讀讀 | 영 read | 중 读 dú | 일 読 ドク(よむ) |

| 書 (글 서) | 書書書書書書書書書書 | 영 write, book | 중 书 shū | 일 ショ(ふみ) |

| 亡 (망할 망) | 亡亡亡 | 영 be ruined | 중 亡 wáng | 일 ボウ(ほろぶ) |

| 羊 (양 양) | 羊羊羊羊羊羊 | 영 sheep | 중 羊 yáng | 일 ヨウ(ひつじ) |

5급 冬去春來 동거춘래

겨울이 가고 봄이 온다는 뜻으로 고생 끝에 낙이 온다.

| 冬 (겨울 동) | 冬冬冬冬冬 | 영 winter | 중 冬 dōng | 일 トウ(ふゆ) |

| 去 (갈 거) | 去去去去去 | 영 leave | 중 去 qù | 일 キョ·コ(さる) |

| 春 (봄 춘) | 春春春春春春春春 | 영 spring | 중 春 chūn | 일 シュン(はる) |

| 來 (올 래) [来] | 來來來來來來來來 | 영 come | 중 来 lái | 일 ライ(きたる) |

東問西答 동문서답 [6급]

동을 물었는데 서를 답한다는 뜻으로, 묻는 내용과는 전혀 관련이 없는 엉뚱한 대답을 하는 것을 말함.
유 문동답서(問東答西)

한자	훈음	영어	중국어	일본어
東	동녘 동	east	东 dōng	トウ(ひがし)
問	물을 문	ask	问 wèn	モン(とう)
西	서녘 서	west	西 xī	セイ(にし)
答	답할 답	answer	答 dá	トウ(こたえる)

燈下不明 등하불명 [4II급]

등잔 밑이 어둡다는 뜻으로, 가까이 있는 것을 찾기가 오히려 힘들거나 남의 일은 잘 알아도 제 일은 모른다는 말.
유 등대부자조(燈臺不自照)

한자	훈음	영어	중국어	일본어
燈 (灯)	등잔 등	lamp	灯 dēng	灯 トウ(ひ)
下	아래 하	below	下 xià	カ(した)
不	아닐 불	not	不 bù	フ·ブ
明	밝을 명	light	明 míng	メイ(あかり)

중학 교육용 고사성어 | **213**

燈火可親 등화가친

4II급

등잔불을 가까이 한다는 뜻으로, 등불을 가까이 하여 글 읽기에 아주 좋다는 말.

유 추고마비(秋高馬肥), 천고마비(天高馬肥)

| 燈 등잔 등 | 燈燈燈燈燈燈燈燈燈燈燈 燈 燈 燈 燈 燈 | 영 lamp 중 灯 dēng 일 灯 トウ(ひ) |

| 火 불 화 | 火火火火 火 火 火 火 火 | 영 fire 중 火 huǒ 일 カ(ひ) |

| 可 옳을 가 | 可可可可可 可 可 可 可 可 | 영 right 중 可 kě 일 カ(よい) |

| 親 친할 친 | 親親親親親親親親親親親親親 親 親 親 親 親 | 영 friendly 중 亲 qīn 일 シン(おや·したしい) |

馬耳東風 마이동풍

4II급

말 귀에 부는 동풍이라는 뜻으로, 따뜻한 봄바람이 귀에 불어와도 말은 그것을 알지 못한다는 말.

유 우이독경(牛耳讀經), 오불관언(吾不關焉)

| 馬 말 마 | 馬馬馬馬馬馬馬馬馬馬 馬 馬 馬 馬 馬 | 영 horse 중 马 mǎ 일 バ(うま) |

| 耳 귀 이 | 耳耳耳耳耳耳 耳 耳 耳 耳 耳 | 영 ear 중 耳 ěr 일 ジ(みみ) |

| 東 동쪽 동 | 東東東東東東東東 東 東 東 東 東 | 영 east 중 东 dōng 일 トウ(ひがし) |

| 風 바람 풍 | 風風風風風風風風風 風 風 風 風 風 | 영 wind 중 风 fēng 일 フウ(かぜ) |

3II급 莫逆之友 막역지우
마음이 맞아 서로 거스리는 일이 없다는 뜻으로, 생사를 같이할 수 있는 친밀한 벗을 말함.

| 莫 없을 막 | 莫莫莫莫莫莫莫莫莫莫 | 영 not 중 莫 mò 일 バク(ない) |

| 逆 거스를 역 | 逆逆逆逆逆逆逆逆逆逆 | 영 oppose 중 逆 nì 일 ゲキ(さからう) |

| 之 갈 지 | 之之之之 | 영 go 중 之 zhī 일 シ(ゆく·これ) |

| 友 벗 우 | 友友友友 | 영 friend 중 友 yǒu 일 コウ(とも) |

*4급 望雲之情 망운지정
멀리 구름을 바라보는 정이라는 뜻으로, 구름을 바라보며 타향에서 어버이를 그리워하는 정을 말함.
유 망운지회(望雲之懷), 백운고비(白雲孤飛)

| 望 바랄 망 | 望望望望望望望望望 | 영 hope 중 望 wàng 일 ボウ(のぞむ) |

| 雲 구름 운 | 雲雲雲雲雲雲雲雲雲雲雲 | 영 cloud 중 云 yún 일 ウン(くも) |

| 之 갈 지 | 之之之之 | 영 go 중 之 zhī 일 シ(ゆく·これ) |

| 情 뜻 정 | 情情情情情情情情情 | 영 affection 중 情 qíng 일 ジョウ(なさけ) |

[3II급] 亡子計齒 망자계치
죽은 자식의 나이를 세어본다는 뜻으로, 이미 지나간 쓸데없는 일을 생각하고 애석하게 생각한다는 말.

亡 망할 망
亡亡亡
亡 亡 亡 亡 亡 亡
[영] be ruined [중] 亡 wáng [일] ボウ(ほろぶ)

子 아들 자
子子子
子 子 子 子 子
[영] son [중] 子 zǐ, zi [일] シ(むすこ)

計 셈할 계
計計計計計計計計計
計 計 計 計 計
[영] count [중] 计 jì [일] ケイ(はかる)

齒 이 치 (歯)
齒齒齒齒齒齒齒齒齒齒齒
齒 齒 齒 齒 齒
[영] teeth [중] 齿 chǐ [일] 歯 シ(は)

[3II급] 梅蘭菊竹 매란국죽
매화와 난초와 국화와 대나무라는 뜻으로, 사군자(四君子)를 가리킴.
⇒ 사군자(四君子)

梅 매화 매
梅梅梅梅梅梅梅梅梅
梅 梅 梅 梅 梅
[영] plum [중] 梅 méi [일] バイ(うめ)

蘭 난초 란 (兰)
蘭蘭蘭蘭蘭蘭蘭蘭蘭蘭蘭
蘭 蘭 蘭 蘭 蘭
[영] orchid [중] 兰 lán [일] ラン(あららぎ)

菊 국화 국
菊菊菊菊菊菊菊菊菊菊
菊 菊 菊 菊 菊
[영] chrysanthemum [중] 菊 jú [일] キク(きく)

竹 대나무 죽
竹竹竹竹竹竹
竹 竹 竹 竹 竹
[영] bamboo [중] 竹 zhú [일] チク(たけ)

麥秀之嘆 맥수지탄 [3II급]

보리 이삭이 더부룩하게 자란 모습을 한탄한다는 뜻으로, 고국의 멸망을 탄식함을 일컫는 말.

유 망국지탄(亡國之歎), 맥수서유(麥秀黍油)

麥 (麦) 보리 맥	麥麥麥麥麥麥麥麥麥麥麥	영 barley 중 麦 mài 일 麦 バク(むぎ)
秀 빼어날 수	秀秀秀秀秀秀秀	영 surpass 중 秀 xiù 일 シユウ(ひいでる)
之 갈 지	之之之之	영 go 중 之 zhī 일 シ(ゆく·これ)
嘆 탄식할 탄	嘆嘆嘆嘆嘆嘆嘆嘆嘆嘆嘆嘆嘆	영 sigh 중 叹 tàn 일 タン(なげく)

明明白白 명명백백 [6급]

의심의 여지가 없이 매우 뚜렷하다는 뜻으로 명백하다는 말.

참 확고부동(確固不動)

明 밝을 명	明明明明明明明明	영 light 중 明 míng 일 メイ(あかり)
明 밝을 명	明明明明明明明明	영 light 중 明 míng 일 メイ(あかり)
白 흰 백	白白白白白	영 white 중 白 bái 일 ハク(しろ)
白 흰 백	白白白白白	영 white 중 白 bái 일 ハク(しろ)

중학 교육용 고사성어 | **217**

7급 名山大川 명산대천

이름난 산과 큰 내라는 뜻으로, 경치 좋고 이름난 산천의 자연을 일컫는 말.

참 명산대찰(名山大刹), 금수강산(錦繡江山)

| 名 이름 명 | 名名名名名名 | 영 name 중 名 míng 일 メイ(な) |

| 山 메 산 | 山山山 | 영 mountain 중 山 shān 일 サン(やま) |

| 大 큰 대 | 大大大 | 영 big 중 大 dà 일 タイ(おおきい) |

| 川 내 천 | 川川川 | 영 stream 중 川 chuān 일 セン(かわ) |

3II급 明若觀火 명약관화

불을 보는 것 같이 밝게 보인다는 뜻으로, 더 말할 나위없이 명백하다.

| 明 밝을 명 | 明明明明明明明明 | 영 light 중 明 míng 일 メイ(あかり) |

| 若 같을 약 | 若若若若若若若若若 | 영 same 중 若 ruò 일 ジャク(ごとし) |

| 觀(観) 볼 관 | 觀觀觀觀觀觀觀觀觀觀觀 | 영 observe 중 观 guàn 일 観 カン(みる) |

| 火 불 화 | 火火火火 | 영 fire 중 火 huǒ 일 カ(ひ) |

目不識丁 목불식정 [4급]

한자 고무래 정(丁)자를 알아보지 못한다는 뜻으로, 글자를 전혀 모르거나 그런 사람을 비유하여 일컫는 말.
㊠ 일자무식(一字無識), 어로불변(魚魯不辨)

| 目 눈 목 | 目目目目目 | 영 eye 중 目 mù 일 モク(め) |

| 不 아닐 불 | 不不不不 | 영 not 중 不 bù 일 フ·ブ |

| 識 알 식 | 識識識識識識識識識識識 | 영 recognize 중 识 shí 일 チ(しる) |

| 丁 고무래 정 | 丁丁 | 영 rake, adult 중 丁 dīng 일 テイ(ひのと) |

文房四友 문방사우 [5급]

글방의 네가지 친구라는 뜻으로, 종이, 붓, 벼루, 먹을 가리킴.
㊠ 문방사보(文房四寶), 지필연묵(紙筆硯墨)

| 文 글월 문 | 文文文文 | 영 letter 중 文 wén 일 ブン(もじ) |

| 房 방 방 | 房房房房房房房房 | 영 room 중 房 fáng 일 ボウ(へや) |

| 四 넉 사 | 四四四四四 | 영 four 중 四 sì 일 シ(よ·よつ) |

| 友 벗 우 | 友友友友 | 영 friend 중 友 yǒu 일 コウ(とも) |

5급 聞一知十 문일지십

한 가지를 듣고 열 가지를 미루어 안다는 뜻으로, 매우 총명함을 일컫는 말.

聞 들을 문	聞聞聞聞聞聞聞聞聞聞聞聞	영 hear 중 闻 wén 일 ブン(きく)
	聞 聞 聞 聞 聞	

一 한 일	一	영 one 중 一 yī 일 イチ(ひとつ)
	一 一 一 一 一	

知 알 지	知知知知知知知知	영 know 중 知 zhī 일 チ(しる)
	知 知 知 知 知	

十 열 십	十十	영 ten 중 十 shí 일 ジュウ(とお)
	十 十 十 十 十	

4급 尾生之信 미생지신

너무 고지식해서 융통성이 없다는 뜻으로, 미련하고 우직하게 약속을 지킨다는 말.

유 수주대토(守株待兎), 포주지신(抱柱之信)

尾 꼬리 미	尾尾尾尾尾尾尾	영 tail 중 尾 wěi 일 ビ(お)
	尾 尾 尾 尾 尾	

生 날 생	生生生生生	영 born 중 生 shēng 일 セイ(なま)
	生 生 生 生 生	

之 갈 지	之之之之	영 go 중 之 zhī 일 シ(ゆく・これ)
	之 之 之 之 之	

信 믿을 신	信信信信信信信信信	영 believe, trust 중 信 xìn 일 シン(まこと)
	信 信 信 信 信	

反哺之孝 반포지효 [1급]

까마귀 새끼가 자란 뒤에 늙은 어미에게 먹을 것을 물어다 주는 효라는 뜻으로, 자식이 커서 부모를 봉양함을 말함.
㊌ 반의지희(斑衣之戱), 혼정신성(昏定晨省)

反 돌이킬 반 — 영 return / 중 反 fǎn / 일 ハン(そる)

哺 먹일 포 — 영 eat / 중 哺 bǔ / 일 ホ(くらう)

之 갈 지 — 영 go / 중 之 zhī / 일 シ(ゆく·これ)

孝 효도 효 — 영 filial duty / 중 孝 xiào / 일 コウ(まこと)

拔本塞源 발본색원 [2급]

뿌리를 뽑고 근원을 막는다는 뜻으로, 잘못된 것의 근본적인 원인을 찾아 뿌리째 없애 버린다는 뜻.
㊌ 전초제근(剪草除根), 삭주굴근(削株堀根)

拔 뽑을 발 — 영 pull out / 중 拔 bá / 일 バシ(ぬく)

本 근본 본 — 영 origin / 중 本 běn / 일 ホン(もと)

塞 막을 색 — 영 block / 중 塞 sài / 일 サイ(とりで)

源 근원 원 — 영 source / 중 源 yuán / 일 ゲン(みなもと)

중학 교육용 고사성어 | **221**

2급 蚌鷸之爭 방휼지쟁
조개와 도요새의 다툼이라는 뜻으로, 서로 버티고 물러서지 않고 싸움.

| 蚌 방합 방 | 蚌蚌蚌蚌蚌蚌蚌蚌蚌 | 영 shellfish | 중 蚌 bàng | 일 ボウ(どぶがい) |

| 鷸 도요새 휼 | 鷸鷸鷸鷸鷸鷸鷸鷸鷸鷸 | 영 stork | 중 鷸 yù | 일 イツ(しぎ) |

| 之 갈 지 | 之之之之 | 영 go | 중 之 zhī | 일 シ(ゆく·これ) |

| 爭(争) 다툴 쟁 | 爭爭爭爭爭爭爭爭 | 영 fight | 중 爭 zhēng | 일 ソウ(あらそう) |

3II급 背水之陣 배수지진
물을 등지고 진친다는 뜻으로, 위태한 일을 모험적으로한다. 또는 최후에 목숨을 걸고 성패(成敗)를 결한다.

| 背 등 배 | 背背背背背背背背背 | 영 back | 중 背 bèi | 일 (そむく) |

| 水 물 수 | 水水水水 | 영 water | 중 水 shuǐ | 일 スイ(みず) |

| 之 갈 지 | 之之之之 | 영 go | 중 之 zhī | 일 シ(ゆく·これ) |

| 陣 진칠 진 | 陣陣陣陣陣陣陣陣陣 | 영 encampment | 중 陣 zhèn | 일 チン(たむろ) |

百年大計 백년대계 [5급]

백년에 걸치는 큰 계획이라는 뜻으로, 먼 장래를 내다보고 긴 안목에서 세우는 중요한 계획을 말함.
(유) 백년지계(百年之計)

百 일백 백	百百百百百百	영 hundred 중 百 bǎi 일 ヒャク(もも)
年 해 년	年年年年年年	영 year 중 年 nián 일 ネン(とし)
大 큰 대	大大大	영 big 중 大 dà 일 タイ(おおきい)
計 꾀 계	計計計計計計計計計	영 count 중 计 jì 일 ケイ(はからう)

百年河淸 백년하청 [5급]

백년을 기다린다 해도 황하의 물이 맑아지지 않는다는 뜻으로, 아무리 기다려도 바라는 것이 이루어지기 어렵다는 말.
(유) 하청난사(河淸難俟)

百 일백 백	百百百百百百	영 hundred 중 百 bǎi 일 ヒャク(もも)
年 해 년	年年年年年年	영 year 중 年 nián 일 ネン(とし)
河 황하 하	河河河河河河河河	영 river 중 河 hé 일 カ(かわ)
淸 맑을 청	淸淸淸淸淸淸淸淸淸淸	영 clear 중 清 qīng 일 セイ(きよい)

중학 교육용 고사성어 | **223**

步武堂堂 보무당당

걸음이 씩씩하고 당당함.

步 걸을 보	步步步步步步步	영 walk 중 步 bù 일 ホ·ブ(あるく)
武 호반 무	武武武武武武武武	영 military 중 武 wǔ 일 ブ·マ(たけしい)
堂 집 당	堂堂堂堂堂堂堂堂堂堂堂	영 house 중 堂 táng 일 ドウ(おもてざしき)
堂 집 당	堂堂堂堂堂堂堂堂堂堂	영 house 중 堂 táng 일 ドウ(おもてざしき)

夫婦有別 부부유별

남편과 아내는 구별이 있어야 한다는 뜻으로, 과거 오륜(五倫)의 하나로 엄격한 구별이 있어야 하는 내외간의 도리를 말함. 참 오륜(五倫)

夫 지아비 부	夫夫夫夫	영 husband 중 夫 fū 일 フ(おっと)
婦 지어미 부	婦婦婦婦婦婦婦婦婦婦	영 wife 중 妇 fù 일 フ(おんな)
有 있을 유	有有有有有有	영 exist 중 有 yǒu 일 ユウ(ある)
別 다를 별	別別別別別別別	영 different 중 別 béi 일 ベツ(わかれる)

夫爲婦綱 부위부강 [3급]

남편은 아내의 벼리가 된다는 뜻으로, 남편이 아내의 모범이 되어야 한다는 부부간에 관한 유교 도덕의 기본 가치 덕목을 말함.

| 夫 지아비 부 | 夫夫夫夫 | 영 husband 중 夫 fū 일 フ(おっと) |

| 爲 (为) 할 위 | 爲爲爲爲爲爲爲爲爲爲 | 영 do 중 为 wèi 일 為 イ(なす·ため) |

| 婦 지어미 부 | 婦婦婦婦婦婦婦婦婦婦 | 영 wife 중 妇 fù 일 フ(おんな) |

| 綱 벼리 강 | 綱綱綱綱綱綱綱綱綱綱綱綱 | 영 outline 중 纲 gāng 일 コウ(つな) |

父爲子綱 부위자강 [3급]

아버지가 자식의 벼리가 된다는 뜻으로, 아버지가 아들의 모범이 되어야 한다는 부자간에 관한 유교 도덕의 기본 가치 덕목을 말함.

| 父 아비 부 | 父父父父 | 영 father 중 父 fù 일 フ(ちち) |

| 爲 (为) 할 위 | 爲爲爲爲爲爲爲爲爲爲 | 영 do 중 为 wèi 일 為 イ(なす·ため) |

| 子 아들 자 | 子子子 | 영 son 중 子 zǐ, zi 일 シ(むすこ) |

| 綱 벼리 강 | 綱綱綱綱綱綱綱綱綱綱綱綱 | 영 outline 중 纲 gāng 일 コウ(つな) |

6급 父子有親 부자유친

아버지와 자식간에는 친함이 있어야 한다는 뜻으로, 부자간의 도리는 사랑과 공경의 친애함에 있다는 인간의 기본 도리인 오륜(五倫) 중의 하나.

父 아비 부 — 父父父父 — 영 father 중 父 fǔ 일 フ(ちち)

子 자식 자 — 子子子 — 영 son 중 子 zǐ, zi 일 シ(むすこ)

有 있을 유 — 有有有有有有 — 영 exist 중 有 yǒu 일 ユウ(ある)

親 친할 친 — 親親親親親親親親親親親親 — 영 friendly 중 亲 qīn 일 シン(おや·したしい)

4급 朋友有信 붕우유신

친구 사이에는 믿음이 있어야 한다는 뜻으로, 인간 사이의 윤리인 오륜(五倫)의 하나.
유 붕우춘회곡(朋友春懷曲)

朋 벗 붕 — 朋朋朋朋朋朋朋朋 — 영 friend 중 朋 péng 일 ホウ(とも)

友 벗 우 — 友友友友 — 영 friend 중 友 yǒu 일 コウ(とも)

有 있을 유 — 有有有有有有 — 영 exist 중 有 yǒu 일 ユウ(ある)

信 믿을 신 — 信信信信信信信信 — 영 believe, trust 중 信 xìn 일 シン(まこと)

非一非再 비일비재

한두 번도 아니고 많다는 뜻으로, 한둘이 아니고 많음을 가리킴.
유 수두룩하다, 흔하다

| 非 아닐 비 | 非非非非非非非 | 영 not 중 非 fēi 일 ヒ(あらず) |

| 一 한 일 | 一 | 영 one 중 一 yī 일 イチ(ひとつ) |

| 非 아닐 비 | 非非非非非非非 | 영 not 중 非 fēi 일 ヒ(あらず) |

| 再 두번 재 | 再再再再再再 | 영 twice 중 再 zài 일 サイ(ふたたび) |

舍己從人 사기종인

자기의 이전 행위를 버리고 타인의 선행을 본떠 행함.
출전 퇴계집(退溪集)

| 舍 집 사 | 舍舍舍舍舍舍舍舍 | 영 house 중 舍 shě 일 シャ(いえ) |

| 己 자기 기 | 己己己 | 영 self 중 己 jǐ 일 コ·キ(おのれ) |

| 從 (从) 좇을 종 | 從從從從從從從從從從 | 영 obey 중 从 cóng 일 從 ショウ(したがう) |

| 人 사람 인 | 人人 | 영 person 중 人 rén 일 ジン·ニン(ひと) |

砂上樓閣 사상누각

모래 위의 누각이라는 뜻으로, 기초가 튼튼하지 못하여 오래 견디지 못할 일이나 물건을 비유하는 헛된 것을 의미함.
유 공중누각(空中樓閣)

砂 모래 사 — 砂砂砂砂砂砂砂砂 — 영 sand 중 shā 일 サ(すな)

上 위 상 — 上上上 — 영 upper 중 上 shàng 일 ジョウ(うえ)

樓 다락 누 — 樓樓樓樓樓樓樓樓樓樓樓 — 영 loft 중 楼 lóu 일 楼 ロウ(たかどの)

閣 집 각 — 閣閣閣閣閣閣閣閣閣閣閣閣 — 영 house 중 阁 gé 일 カク(たかどの)

師弟同行 사제동행

스승과 제자가 함께 행동한다는 뜻으로, 스승과 제자가 같이 학문에 힘쓴다는 말.

師 스승 사 — 師師師師師師師師師師 — 영 teacher 중 师 shī 일 シ(せんせい)

弟 아우 제 — 弟弟弟弟弟弟弟 — 영 younger brother 중 弟 dì 일 テイ(おとうと)

同 한 가지 동 — 同同同同同同 — 영 same 중 同 tóng 일 トウ(おなじ)

行 갈 행 — 行行行行行行 — 영 go 중 行 xíng 일 コウ(いく)

事親以孝 사친이효 [6급]

부모 섬기기를 효도로써 한다는 뜻으로, 세속오계(世俗五戒)의 하나.

事 일 사	事事事事事事事事	영 work 중 事 shì 일 ジ(こと)
親 친할 친	親親親親親親親親親親親	영 friendly 중 亲 qīn 일 シン(おや·したしい)
以 써 이	以以以以以	영 by, with 중 已 yǐ 일 イ(もって)
孝 효도 효	孝孝孝孝孝孝孝	영 filial duty 중 孝 xiào 일 コウ(まこと)

事必歸正 사필귀정 [4급]

모든 일은 바르게 되돌아간다는 뜻으로, 무릇 모든 일은 결국에 가서는 바르게 시비가 가려지게 된다는 말.
유 사필귀도(事必歸道), 사불범정(邪不犯正)

事 일 사	事事事事事事事事	영 work 중 事 shì 일 ジ(こと)
必 반드시 필	必必必必必	영 surely 중 必 bì 일 キ·ゴ(あう·ちぎる)
歸(帰) 돌아갈 귀	歸歸歸歸歸歸歸歸歸歸歸	영 return, go back 중 归 guī 일 帰 キ(かえる)
正 바를 정	正正正正正	영 straight 중 正 zhèng 일 セイ(ただしい)

6급 山高水長 산고수장

군자의 덕이 높고 끝없음을 산의 우뚝 솟음과 큰 냇물의 흐름에 비유한 말.

| 山 메 산 | 山山山
 山 山 山 山 山 | 영 mountain 중 山 shān 일 サン(やま) |

| 高 높을 고 | 高高高高高高高高高
 高 高 高 高 高 | 영 high 중 高 gāo 일 コウ(たかい) |

| 水 물 수 | 水水水水
 水 水 水 水 水 | 영 water 중 水 shuǐ 일 スイ(みず) |

| 長 길 장 | 長長長長長長長長
 長 長 長 長 長 | 영 long 중 长 cháng 일 チョウ(ながい) |

4급 殺身成仁 살신성인

자신을 죽여서라도 인(仁)을 이룬다는 뜻으로, 바른 일을 위해 자기를 희생한다는 말.
유 살신입절(殺身立節), 사생취의(捨生取義)

| 殺 죽일 살 | 殺殺殺殺殺殺殺殺殺殺殺
 殺 殺 殺 殺 殺 | 영 kill 중 杀 shā 일 サツ(ころす) |

| 身 몸 신 | 身身身身身身身
 身 身 身 身 身 | 영 body 중 身 shēn 일 シン(み) |

| 成 이룰 성 | 成成成成成成
 成 成 成 成 成 | 영 accomplish 중 成 chéng 일 セイ(なる) |

| 仁 어질 인 | 仁仁仁仁
 仁 仁 仁 仁 仁 | 영 humanity 중 仁 rén 일 ジン(いつくしみ) |

三馬太守 삼마태수 [4II급]

세 마리의 말만 거느린 태수의 뜻으로 조선 중종 때 송흠이 행차 때 겨우 말 세 필만 거느렸다고 하는 데서 나온 말.

| 三 석삼 | 三三三 | 三 三 三 三 三 | 영 three 중 三 sān 일 サン(みっつ) |

| 馬 말마 | 馬馬馬馬馬馬馬馬馬馬 | 馬 馬 馬 馬 馬 | 영 horse 중 马 mǎ 일 バ(うま) |

| 太 클태 | 太太太太 | 太 太 太 太 太 | 영 great 중 太 tài 일 タ(ふとい) |

| 守 지킬수 | 守守守守守守 | 守 守 守 守 守 | 영 keep 중 守 shǒu 일 シュ(まもる) |

三三五五 삼삼오오 [8급]

셋씩 또는 다섯씩이라는 뜻으로, 사람들이 무리지어 다니거나 무슨 일을 하는 모양을 일컫는 말.

㈜ 삼오삼오(三五三五)

| 三 석삼 | 三三三 | 三 三 三 三 三 | 영 three 중 三 sān 일 サン(みっつ) |

| 三 석삼 | 三三三 | 三 三 三 三 三 | 영 three 중 三 sān 일 サン(みっつ) |

| 五 다섯오 | 五五五五 | 五 五 五 五 五 | 영 five 중 五 wǔ 일 ゴ(いつつ) |

| 五 다섯오 | 五五五五 | 五 五 五 五 五 | 영 five 중 五 wǔ 일 ゴ(いつつ) |

*4급 三人成虎 삼인성호

세 사람이 하는 똑같은 말이면 호랑이도 만든다는 뜻으로, 근거 없는 말도 여러 사람이 같은 말을 하면 사실로 된다는 말.

㊙ 삼인성시호(三人成市虎)

| 三 석 삼 | 三三三 | 영 three 중 三 sān 일 サン(みっつ) |

| 人 사람 인 | 人人 | 영 person 중 人 rén 일 ジン·ニン(ひと) |

| 成 이룰 성 | 成成成成成成 | 영 accomplish 중 成 chéng 일 セイ(なる) |

| 虎 범 호 | 虎虎虎虎虎虎虎虎 | 영 tiger 중 虎 hǔ 일 コ(とら) |

7급 三日天下 삼일천하

사흘 동안 천하를 얻는다는 뜻으로, 아주 짧은 기간 동안 정권을 잡았다가 무너짐을 가리킴.

㊙ 오일경조(五日京兆), 백일천하(百日天下)

| 三 석 삼 | 三三三 | 영 three 중 三 sān 일 サン(みっつ) |

| 日 날 일 | 日日日日 | 영 day, sun 중 日 rì 일 ジツ·ニチ(ひ) |

| 天 하늘 천 | 天天天天 | 영 heaven 중 天 tiān 일 テン(そら) |

| 下 아래 하 | 下下下 | 영 below 중 下 xià 일 カ(した) |

三尺童子 삼척동자 [3II급]

키가 석 자밖에 안 되는 아이라는 뜻으로, 철부지 어린 아이를 일컫는 말.

| 三 석 삼 | 三三三 | 영 three 중 三 sān 일 サン(みっつ) |

| 尺 자 척 | 尺尺尺尺 | 영 ruler 중 尺 chǐ 일 シャク(ものさし) |

| 童 아이 동 | 童童童童童童童童童童童童 | 영 child 중 童 tóng 일 ドウ(わらべ) |

| 子 아들 자 | 子子子 | 영 son 중 子 zǐ, zi 일 シ(むすこ) |

三遷之敎 삼천지교 [3II급]

세 번 이사하여 가르쳤다는 뜻으로, 맹자의 어머니가 아들의 교육을 위해 세 번 이사를 함을 말함.

유 맹모삼천(孟母三遷), 단기지교(斷機之敎)

| 三 석 삼 | 三三三 | 영 three 중 三 sān 일 サン(みっつ) |

| 遷 옮길 천 | 遷遷遷遷遷遷遷遷遷遷遷 | 영 move 중 迁 qiān 일 セン(うつる) |

| 之 갈 지 | 之之之之 | 영 go 중 之 zhī 일 シ(ゆく·これ) |

| 敎 가르칠 교 | 敎敎敎敎敎敎敎敎敎敎 | 영 teach 중 教 jiào, jiāo 일 教 キョウ(おしえる) |

중학 교육용 고사성어 | **233**

2급 塞翁之馬 새옹지마

변방 늙은이의 말이라는 뜻으로, 길흉화복이 시시각각으로 변화함을 가리킴.

㊤ 전화위복(轉禍爲福), 새옹마(塞翁馬)

| 塞 변방 새 | 塞塞塞塞塞塞塞塞塞塞塞塞 | 영 frontier 중 塞 sài 일 サイ(とりで) |

塞 塞 塞 塞 塞

| 翁 늙은이 옹 | 翁翁翁翁翁翁翁翁翁翁 | 영 old man 중 翁 wēng 일 オウ(おきな) |

翁 翁 翁 翁 翁

| 之 갈 지 | 之之之之 | 영 go 중 之 zhī 일 シ(ゆく·これ) |

之 之 之 之 之

| 馬 말 마 | 馬馬馬馬馬馬馬馬馬馬 | 영 horse 중 马 mǎ 일 バ(うま) |

馬 馬 馬 馬 馬

4급 先見之明 선견지명

앞을 내다보는 안목이란 뜻으로 닥쳐올 일을 미리 아는 슬기로움을 말함.

㊤ 독견지명(獨見之明)

| 先 먼저 선 | 先先先先先先 | 영 first 중 先 xiān 일 セン(さき) |

先 先 先 先 先

| 見 볼 견 | 見見見見見見見 | 영 see, watch 중 见 jiàn 일 ケン(みる) |

見 見 見 見 見

| 之 갈 지 | 之之之之 | 영 go 중 之 zhī 일 シ(ゆく·これ) |

之 之 之 之 之

| 明 밝을 명 | 明明明明明明明明 | 영 light 중 明 míng 일 メイ(あかり) |

明 明 明 明 明

先公後私 선공후사 [4급]

공공의 일과 이익을 앞세우고 개인의 일과 이익은 나중으로 돌린다는 뜻.
(유) 지공무사(至公無私)

한자	획순	영어	중국어	일본어
先 먼저 선	先先先先先先	first	先 xiān	セン(さき)
公 공평할 공	公公公公	public	公 gōng	コウ(おおやけ)
後 뒤 후	後後後後後後後後	back	后 hòu	コウ(あと)
私 개인 사	私私私私私私私	private	私 sī	シ(わたくし)

雪膚花容 설부화용 [3II급]

눈처럼 흰 살결과 꽃같이 예쁜 얼굴이라는 뜻으로, 아름다운 여인의 모습을 비유하는 말.

한자	획순	영어	중국어	일본어
雪 눈 설	雪雪雪雪雪雪雪雪雪雪雪	snow	雪 xuě	セツ(ゆき)
膚(肤) 살갗 부	膚膚膚膚膚膚膚膚膚膚	skin	肤 fū	フ(はだ)
花 꽃 화	花花花花花花花花	flower	花 huā	カ(はな)
容 얼굴 용	容容容容容容容容容	face	容 róng	ヨウ(かたち)

중학 교육용 고사성어

4급 雪上加霜 설상가상

눈 위에 서리가 더해진다는 뜻으로, 어려운 일이나 상황이 거듭해서 발생함을 말함.
⊕ 설상가설(雪上加雪), ⊖ 금상첨화(錦上添花)

雪 눈 설	雪雪雪雪雪雪雪雪雪雪 雪 雪 雪 雪 雪	영 snow 중 雪 xuě 일 セツ(ゆき)
上 위 상	上上上 上 上 上 上 上	영 upper 중 上 shàng 일 ジョウ(うえ)
加 더할 가	加加加加加 加 加 加 加 加	영 add 중 加 jiā 일 カ(くわえる)
霜 서리 상	霜霜霜霜霜霜霜霜霜霜霜 霜 霜 霜 霜 霜	영 frost 중 霜 shuāng 일 ソウ(しも)

4급 送舊迎新 송구영신

옛 것을 보내고 새 것을 맞이한다는 뜻으로, 묵은 해를 보내고 새 해를 맞음. 또는 전임자를 보내고 신임자를 맞는다는 뜻.
⊕ 송고영신(送故迎新), 송영(送迎)

送 보낼 송	送送送送送送送送送 送 送 送 送 送	영 send 중 送 sòng 일 ソウ(おくる)
舊 [旧] 옛 구	舊舊舊舊舊舊舊舊舊舊 舊 舊 舊 舊 舊	영 old 중 旧 jiù 일 旧 キュウ(ふるい)
迎 맞을 영	迎迎迎迎迎迎迎 迎 迎 迎 迎 迎	영 welcome 중 迎 yíng 일 ゲイ(むかえる)
新 새 신	新新新新新新新新新新 新 新 新 新 新	영 new 중 新 xīn 일 シン(あたらしい)

手不釋卷 수불석권 [3급]

책을 손에서 떼지 않는다는 뜻으로, 부지런히 학문에 힘쓴다는 의미. 즉 책을 늘 가까이 한다는 말.
㊀ 수불폐권(手不廢卷), 독서삼매(讀書三昧)

| 手 손수 | 手手手手 | 영 hand 중 手 shǒu 일 シュ(て) |

| 不 아닐 불 | 不不不不 | 영 not 중 不 bù 일 フ·ブ |

| 釋(釈) 풀 석 | 釋釋釋釋釋釋釋釋釋釋釋 | 영 release 중 释 shì 일 釈 シャク |

| 卷 책 권 | 卷卷卷卷卷卷卷卷 | 영 book 중 卷 Juàn 일 カン·ケン(まき) |

水魚之交 수어지교 [3II급]

물과 물고기의 사귐뜻으로, 임금과 신하 사이의 두터운 교분. 부부의 친밀함.
㊁ 魚水之親(어수지친), 猶魚有水(유어유수) ㊀ 風雲之會(풍운지회)

| 水 물 수 | 水水水水 | 영 water 중 水 shuǐ 일 スイ(みず) |

| 魚 물고기 어 | 魚魚魚魚魚魚魚魚魚魚 | 영 fish 중 鱼 yú 일 ギョ(さかな) |

| 之 갈 지 | 之之之之 | 영 go 중 之 zhì 일 シ(ゆく·これ) |

| 交 사귈 교 | 交交交交交交 | 영 associate 중 交 jiāo 일 コウ(まじわる) |

중학 교육용 고사성어 | **237**

守株待兎 수주대토 [2급]

그루터기를 지켜 토끼를 기다린다는 뜻으로, 융통성 없이 옛 관습만 따진다는 말.
㈜ 각주구검(刻舟求劍), 미생지신(尾生之信)

| 守 지킬 수 | 守守守守守守 | 영 keep 중 守 shǒu 일 シュ(まもる) |

| 株 그루터기 주 | 株株株株株株株株株株 | 영 stump 중 株 zhū 일 シュ(かぶ) |

| 待 기다릴 대 | 待待待待待待待待待 | 영 wait 중 待 dài 일 タイ(まつ) |

| 兎 토끼 토 | 兎兎兎兎兎兎兎兎 | 영 rabbit 중 兎 tù 일 ト(うさぎ) |

脣亡齒寒 순망치한 [3급]

입술을 잃으면 이가 시리다는 뜻으로, 가까운 사이의 한쪽이 망하면 다른 한쪽도 그 영향을 받아 온전치 못함을 말함.
㈜ 순치지국(脣齒之國), 거지양륜(車之兩輪)

| 脣 입술 순 | 脣脣脣脣脣脣脣脣脣脣 | 영 lips 중 唇 chún 일 シユン |

| 亡 잃을 망 | 亡亡亡 | 영 be ruined 중 亡 wáng 일 ボウ(ほろぶ) |

| 齒(歯) 이 치 | 齒齒齒齒齒齒齒齒齒齒齒 | 영 tooth 중 齿 chǐ 일 歯 シ(は) |

| 寒 찰 한 | 寒寒寒寒寒寒寒寒寒寒 | 영 cold 중 寒 hán 일 カン(さむい) |

是是非非 시시비비 [4II급]

옳은 것은 옳고 그른 것은 그르다는 뜻으로, 특정의 입장에 얽매이지 않고 사물의 옳고 그른 것을 판단한다는 말.
⊕ 비리곡직(非理曲直)

是 이 시	是是是是是是是是					영 right 중 是 shì 일 ゼシ(ただしい)
	是	是	是	是	是	

是 이 시	是是是是是是是是					영 right 중 是 shì 일 ゼシ(ただしい)
	是	是	是	是	是	

非 아닐 비	非非非非非非非非					영 not 중 非 fēi 일 ヒ(あらず)
	非	非	非	非	非	

非 아닐 비	非非非非非非非非					영 not 중 非 fēi 일 ヒ(あらず)
	非	非	非	非	非	

始終如一 시종여일 [5급]

처음과 끝이 한결같다는 뜻으로, 처음부터 끝까지 변하지 않고 한결같음을 가리키는 말.
⊕ 시종일관(始終一貫), 수미일관(首尾一貫)

始 비로소 시	始始始始始始始始					영 begin 중 始 shǐ 일 シ(はじめ)
	始	始	始	始	始	

終 마칠 종	終終終終終終終終終終					영 finish 중 终 zhōng 일 シュウ(おえる)
	終	終	終	終	終	

如 같을 여	如如如如如如					영 same 중 如 rú 일 ジョ·ニョ(ごとし)
	如	如	如	如	如	

一 한 일	一					영 one 중 一 yī 일 イチ(ひとつ)
	一	一	一	一	一	

[5급] 身言書判 신언서판

신수와 말씨, 그리고 글씨와 판단력이라는 뜻으로, 당나라 시대에 관리를 뽑을 때 인물을 평가하던 네 가지 기준을 말함.

身 몸 신 — 영 body 중 身 shēn 일 シン(み)

言 말씀 언 — 영 talk 중 言 yán 일 ゲン(こと)

書 글 서 — 영 writing 중 书 shū 일 ショ(かく)

判 판단할 판 — 영 judge 중 判 pàn 일 ハン(わける)

[8급] 十中八九 십중팔구

열 중 여덟이나 아홉이라는 뜻으로, 거의 예외없이 그러할 것이라는 추측을 말함.
유 십상팔구(十常八九)

十 열 십 — 영 ten 중 十 shí 일 ジュウ(とお)

中 가운데 중 — 영 middle 중 中 zhōng 일 チュウ(なか)

八 여덟 팔 — 영 eight 중 八 bā 일 ハチ·ハツ(やっつ)

九 아홉 구 — 영 nine 중 九 jiǔ 일 キュウ·ク(ここのつ)

我田引水 아전인수 [4급]

나의 밭에 물을 끌어댄다는 뜻으로, 자기에게 이로울 대로만 일을 굽혀서 말하거나 행동함을 가리키는 말.
유 견강부회(牽强附會), 반 역지사지(易地思之)

我 나 아	我我我我我我我	영 I·we 중 我 wǒ 일 ガ (わ·われ)
田 밭 전	田田田田田	영 field 중 田 tián 일 デン(た)
引 당길 인	引引引引	영 pull 중 引 yǐn 일 イン(ひく)
水 물 수	水水水水	영 water 중 水 shuǐ 일 スイ(みず)

安貧樂道 안빈낙도 [4Ⅱ급]

가난을 편히 여겨 도를 즐긴다는 뜻으로, 가난한 생활을 불편하게 여기지 않고 즐기는 마음으로 살아간다는 말.
유 안분지족(安分知足), 청빈낙도(淸貧樂道)

安 편안할 안	安安安安安安	영 relaxed 중 安 ān 일 アン
貧 가난할 빈	貧貧貧貧貧貧貧貧貧貧貧	영 poor 중 贫 pín 일 ヒン(まずしい)
樂(楽) 즐길 낙	樂樂樂樂樂樂樂樂樂樂樂樂樂樂樂	영 pleasure 중 乐 lè 일 楽 ラク(たのしい)
道 길 도	道道道道道道道道道道道	영 road 중 道 dào 일 ドウ(みち)

眼下無人 (안하무인) [4II급]

눈 아래에 사람이 없다는 뜻으로, 방자하고 교만하여 다른 사람을 업신여긴다는 뜻.

㈜ 안중무인(眼中無人), 오안불손(傲岸不遜)

한자	훈음	영	중	일
眼	눈 안	eye	眼 yǎn	ガン(め)
下	아래 하	below	下 xià	カ(した)
無	없을 무	nothing	无 wú	ム(ない)
人	사람 인	person	人 rén	ジン・ニン(ひと)

愛人如己 (애인여기) [4급]

남을 사랑하기를 제 몸 사랑하듯 함.

한자	훈음	영	중	일
愛	사랑 애	love	爱 ài	アイ(あいする)
人	사람 인	person	人 rén	ジン・ニン(ひと)
如	같을 여	same	如 rú	ジョ・ニョ(ごとし)
己	몸 기	self	己 jǐ	コ・キ(おのれ)

6급 愛之重之 **애지중지**	매우 사랑하고 소중히 여긴다는 뜻으로, 어떤 사람이나 물건을 무척 아끼고 소중히 여긴다는 말. 유 부육(傅育)

愛 사랑 애	愛愛愛愛愛愛愛愛愛愛愛愛愛 愛 愛 愛 愛 愛	영 love 중 爱 ài 일 アイ(あいする)
之 갈 지	之之之之 之 之 之 之 之	영 go 중 之 zhī 일 シ(ゆく·これ)
重 무거울 중	重重重重重重重重重 重 重 重 重 重	영 heavy 중 重 zhòng 일 ジュウ(かさなる)
之 갈 지	之之之之 之 之 之 之 之	영 go 중 之 zhī 일 シ(ゆく·これ)

4급 藥房甘草 **약방감초**	한방에 꼭 들어가는 약재인 감초라는 뜻으로, 어떤 일에나 빠짐없이 끼어드는 사람. 또는 그 사물을 일컫는 말. 유 무불간섭(無不干涉)

藥(薬) 약 약	藥藥藥藥藥藥藥藥藥藥 藥 藥 藥 藥 藥	영 medicine 중 药 yào 일 薬 ヤク(くすり)
房 방 방	房房房房房房房房 房 房 房 房 房	영 room 중 房 fáng 일 ボウ(へや)
甘 달 감	甘甘甘甘甘 甘 甘 甘 甘 甘	영 sweet 중 甘 gān 일 カン(あまい)
草 풀 초	草草草草草草草草草 草 草 草 草 草	영 grass 중 草 cǎo 일 ソウ(くさ)

漁夫之利 어부지리 [4II급]

어부의 이익이라는 뜻으로, 둘이 다투고 있는 사이에 엉뚱한 사람이(어부가) 애쓰지 않고 이익을 얻게 된다는 말.
㉮ 어인지공(漁人之功), 방휼지세(蚌鷸之勢)

漁 고기잡을 어	漁漁漁漁漁漁漁漁漁漁漁 漁 漁 漁 漁 漁	영 fishing 중 渔 yú 일 ギョ(あさる)
夫 사내 부	夫夫夫夫 夫 夫 夫 夫 夫	영 husband 중 夫 fū 일 フ(おっと)
之 갈 지	之之之之 之 之 之 之 之	영 go 중 之 zhī 일 シ(ゆく·これ)
利 이익 리	利利利利利利利 利 利 利 利 利	영 profit 중 利 lì 일 ソ(えきする)

言中有骨 언중유골 [4급]

말 속에 뼈가 있다는 뜻으로, 평범한 말 속에 비범한 뜻이 담겨 있다는 말.
㉮ 언중유향(言中有響), 언중유언(言中有言)

言 말씀 언	言言言言言言言 言 言 言 言 言	영 talk 중 言 yán 일 ゲン(こと)
中 가운데 중	中中中中 中 中 中 中 中	영 middle 중 中 zhōng 일 チユウ(なか)
有 있을 유	有有有有有有 有 有 有 有 有	영 exist 중 有 yǒu 일 ユウ(ある)
骨 뼈 골	骨骨骨骨骨骨骨骨骨 骨 骨 骨 骨 骨	영 bone 중 骨 gǔ 일 コツ(ほね)

易地思之 역지사지 [4급]

처지를 바꾸어 생각하라는 뜻으로, 자신의 생각이나 판단에 앞서 상대의 입장을 염두에 두라는 뜻.
유 아전인수(我田引水), 참 타산지석(他山之石)

易 바꿀 역	易易易易易易易	영 exchange 중 易 yì 일 エキ(とりかえる)
地 땅 지	地地地地地地	영 earth, land 중 地 dì 일 チ(つち)
思 생각 사	思思思思思思思思	영 think 중 思 sī 일 シ(おもう)
之 갈 지	之之之之	영 go 중 之 zhī 일 シ(ゆく·これ)

年年歲歲 연년세세 [5급]

'매년'을 힘주어 이름.

年 해 년	年年年年年年	영 year 중 年 nián 일 ネン(とし)
年 해 년	年年年年年年	영 year 중 年 nián 일 ネン(とし)
歲 해 세	歲歲歲歲歲歲歲歲歲歲歲歲	영 year 중 岁 suì 일 サイ(とし)
歲 해 세	歲歲歲歲歲歲歲歲歲歲	영 year 중 岁 suì 일 サイ(とし)

중학 교육용 고사성어 | 245

2급 榮枯盛衰 영고성쇠

영화롭고 쇠하며, 융성하고 쇠락하다는 뜻으로, 성함과 쇠함이 무상하여 일정하지 않음과 같이 성함과 쇠함이 서로 뒤바뀌면서 세상의 변화가 무상함을 일컬음.

榮 (栄) 영화 영 — 영 glory / 중 荣 róng / 일 栄 エイ(さかえる)

枯 마를 고 — 영 wither / 중 枯 kū / 일 コ(からす)

盛 성할 성 — 영 thriving / 중 盛 shèng / 일 セイ(さかり)

衰 쇠할 쇠 — 영 decline / 중 衰 shuāi / 일 スイ(おとろえる)

2급 五里霧中 오리무중

사방 오 리에 걸친 깊은 안개 속이라는 뜻으로, 사물의 행방이나 사태의 추이가 어디에 있는지 찾을 길이 없음을 일컫는 말.
유 오리무(五里霧)

五 다섯 오 — 영 five / 중 五 wǔ / 일 ゴ(いつつ)

里 마을 리 — 영 village / 중 里 lǐ / 일 リ(さと)

霧 안개 무 — 영 fog / 중 雾 wù / 일 ム·ブ(きり)

中 가운데 중 — 영 middle / 중 中 zhōng / 일 チユウ(なか)

吾鼻三尺 오비삼척 [4급]

내 코가 석 자다라는 뜻으로, 내 일도 힘들어 타인을 돌볼 여유가 없다는 말.

㊌ 오비체수삼척(吾鼻涕垂三尺)

| 吾 나 오 | 吾吾吾吾吾吾吾 | 영 I 중 吾 wú 일 ゴ(われ) |

| 鼻 코 비 | 鼻鼻鼻鼻鼻鼻鼻鼻鼻鼻鼻鼻 | 영 nose 중 鼻 bí 일 ゼ(はな) |

| 三 석 삼 | 三三三 | 영 three 중 三 sān 일 サン(みっつ) |

| 尺 자 척 | 尺尺尺尺 | 영 ruler 중 尺 chǐ 일 シャク(ものさし) |

烏飛梨落 오비이락 [2급]

까마귀 날자 배 떨어진다는 뜻으로, 공교롭게 우연의 일치로 어떤 일이 일어나 의심을 받게 됨을 말함.

| 烏 까마귀 오 | 烏烏烏烏烏烏烏烏烏烏 | 영 crow 중 乌 wū 일 ウ(からす) |

| 飛 날 비 | 飛飛飛飛飛飛飛飛飛 | 영 fly 중 飞 fēi 일 ヒ(とぶ) |

| 梨 배 이 | 梨梨梨梨梨梨梨梨梨梨梨 | 영 pear 중 lí 일 リ(なし) |

| 落 떨어질 락 | 落落落落落落落落落落落落 | 영 fall 중 落 luò 일 ラク(おちる) |

중학 교육용 고사성어 | 247

4II급 五十步百步 오십보백보

오십보 도망한 자가 백보 도망한 자를 비웃는다는 뜻으로, 조금 낫고 못한 차이는 있지만 본질은 같은 것.
동 五十笑百(오십소백)

| 五 다섯 오 | 五五五五 | 영 five 중 五 wǔ 일 ゴ(いつつ) |

| 十 열 십 | 十十 | 영 ten 중 十 shí 일 ジュウ(とお) |

| 步 걸을 보 | 步步步步步步步 | 영 walk 중 步 bù 일 歩 ホ·ブ(あるく) |

| 百 일백 백 | 百百百百百百 | 영 hundred 중 百 bǎi 일 ヒャク(もも) |

| 步 걸을 보 | 步步步步步步步 | 영 walk 중 步 bù 일 歩 ホ·ブ(あるく) |

3II급 烏合之卒 오합지졸

까마귀가 모인 것처럼 아무렇게나 모인 병졸이라는 뜻으로, 규율도 통일성도 없는 군중.
유 烏合之衆(오합지중) 속 어중이떠중이 다 모였다.

| 烏 까마귀 오 | 烏烏烏烏烏烏烏烏烏烏 | 영 crow 중 乌 wū 일 ウ(からす) |

| 合 합할 합 | 合合合合合合 | 영 unite 중 合 hé 일 ゴウ(あう) |

| 之 갈 지 | 之之之之 | 영 go 중 之 zhī 일 シ(ゆく·これ) |

| 卒 군사 졸 | 卒卒卒卒卒卒卒卒 | 영 soldier 중 zú 일 ソツ(しもべ) |

溫故知新 온고지신 [4II급]

옛 것을 익히고 새 것을 안다는 뜻으로, 옛 지식을 통해 현재에도 적용할 수 있는 새 지혜를 얻는다는 말.
㊌ 기문지학(記問之學), 구이지학(口耳之學)

溫 따뜻할 온	溫溫溫溫溫溫溫溫溫溫溫溫溫	영 warm 중 温 wēn 일 温 オン(あたたか)

故 옛 고	故故故故故故故故故	영 ancient 중 故 gù 일 コ(ふるい・ゆえに)

知 알 지	知知知知知知知知	영 know 중 知 zhī 일 チ(しる)

新 새 신	新新新新新新新新新新新新	영 new 중 绅 xīn 일 シン(あたらしい)

臥薪嘗膽 와신상담 [1급]

섶에 누워 잠을 자고 쓸개를 맛본다는 뜻으로, 어떤 목적을 이루거나 원수를 갚기 위해 괴로움을 참고 견딘다는 말.
㊌ 회계지치(會稽之恥), ㊫ 불념구악(不念舊惡)

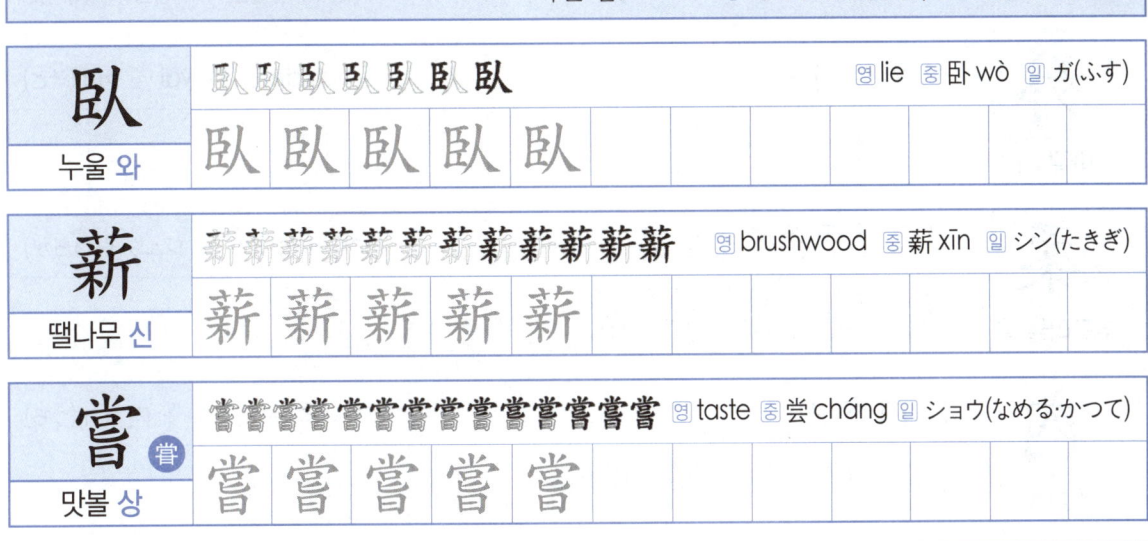

중학 교육용 고사성어 | **249**

4II급 王兄佛兄 왕형불형

죽어서는 부처의 형이 되고, 살아서는 왕의 형이 된다는 뜻으로 부러운 것이 없고 거리낌이 없음.

王 임금 왕	王王王王	영 king 중 王 wáng 일 オウ(きみ)
兄 맏 형	兄兄兄兄兄	영 eldest brother 중 兄 xiōng 일 ケイ(あに)
佛 부처 불	佛佛佛佛佛佛	영 buddha 중 佛 fó 일 フ·ブツ(ほとけ)
兄 맏 형	兄兄兄兄兄	영 eldest brother 중 兄 xiōng 일 ケイ(あに)

3II급 外柔內剛 외유내강

겉은 부드러우나 속은 곧고 굳다는 뜻으로, 겉으로는 부드럽고 순해 보이나 속마음은 단단하고 굳세다는 말.
유 내강외유(內剛外柔), 반 외강내유(外剛內柔)

外 바깥 외	外外外外外	영 outside 중 外 wài 일 ガイ(そと)
柔 부드러울 유	柔柔柔柔柔柔柔柔柔	영 soft 중 柔 róu 일 ジュウ(やわらか)
內 안 내	內內內內	영 inside 중 內 nèi 일 ナイ(うち)
剛 굳셀 강	剛剛剛剛剛剛剛剛剛	영 firm 중 剛 gāng 일 ゴウ(つよい)

樂山樂水 요산요수 [6급]

산을 좋아하고 물을 좋아한다는 뜻으로, 산수(山水: 자연)를 좋아함을 말함.

유 지자요수(知者樂水), 인자요산(仁者樂山)

한자	훈음	영	중	일
樂(楽)	좋아할 요	pleasure	乐 lè	楽 ラク(たのしい)
山	메 산	mountain	山 shān	サン(やま)
樂(楽)	좋아할 요	pleasure	乐 lè	楽 ラク(たのしい)
水	물 수	water	水 shuǐ	スイ(みず)

欲速不達 욕속부달 [4급]

빨리 하고자 하면 도달하지 못한다는 뜻으로, 너무 급하게 서두르다 보면 오히려 일을 그르치게 된다는 말.

유 욕교반졸(欲巧反拙)

한자	훈음	영	중	일
欲	하고자할 욕	desire	欲 yù	ヨク(ほっする)
速	빠를 속	fast	速 sù	ソク(はやい)
不	아닐 부	not	不 bù	フ·ブ
達	이를 달	succeed	达 dá	タツ(さとる)

[3II급] 龍頭蛇尾 용두사미

머리는 용이고 꼬리는 뱀이라는 뜻으로, 처음은 좋으나 끝이 좋지 않음을 가리키는 말.

유 유두무미(有頭無尾), 반 시종일관(始終一貫)

龍(竜) 용 용	영 dragon 중 龙 lóng 일 竜 リュウ
頭 머리 두	영 head 중 头 tóu 일 トウ(あたま)
蛇 뱀 사	영 snake 중 蛇 shé 일 ジャ(へび)
尾 꼬리 미	영 tail 중 尾 wěi 일 ビ(お)

[4II급] 牛耳讀經 우이독경

쇠귀에 경 읽기라는 뜻으로, 아무리 가르치고 일러 주어도 알아듣지 못함의 비유하는 말.

유 마이동풍(馬耳東風), 우이송경(牛耳誦經)

牛 소 우	영 ox·cow 중 牛 niú 일 ギュウ(うし)
耳 귀 이	영 ear 중 耳 ěr 일 ジ(みみ)
讀(読) 읽을 독	영 read 중 读 dú 일 読 ドク(よむ)
經(経) 경서 경	영 classics 중 经 jīng 일 経 ケイ(たていと)

252 | 중학 교육용 한자 900+고사성어 쓰기교본

衛正斥邪 위정척사 [4II급]

바른 것은 보호하고 간사한 것은 내친다는 뜻으로, 조선 후기에 유교적인 질서를 보존하고 외국 세력을 배척한 운동을 말함.
유 파사현정(破邪顯正)

| 衛 지킬 위 | 衛 행 행 행 행 행 행 행 행 衛 | 영 keep 중 卫 wèi 일 ユイ(まもる) |

| 正 바를 정 | 正 正 正 正 正 | 영 straight 중 正 zhèng 일 セイ(ただしい) |

| 斥 자를 척 | 斥 斥 斥 斥 斥 | 영 refuse 중 斥 chì 일 セキ(しりぞける) |

| 邪 간사할 사 | 邪 邪 邪 邪 邪 邪 邪 | 영 malicious 중 邪 xié 일 ジャ(よこしま) |

韋編三絶 위편삼절 [2급]

죽으로 맨 책의 끈이 세 번이나 닳아 끊어지다는 뜻으로, 독서에 힘씀을 이르는 말.
유 삼절(三絶)

| 韋 가죽 위 | 韋 韋 韋 韋 韋 韋 韋 韋 | 영 leather 중 韦 wéi 일 イ(なめしがわ) |

| 編 엮을 편 | 編 編 編 編 編 編 編 編 編 編 編 編 編 編 編 | 영 weave 중 编 biān 일 ヘン(あむ) |

| 三 석 삼 | 三 三 三 | 영 three 중 三 sān 일 サン(みっつ) |

| 絶 끊을 절 | 絶 絶 絶 絶 絶 絶 絶 絶 絶 | 영 cut off 중 绝 jué 일 ゼツ(たえる) |

중학 교육용 고사성어

6급 有口無言 유구무언

입은 있으나 말이 없다는 뜻으로, 변명할 말이 없다는 의미의 말.

| 有 있을 유 | 有有有有有有 | 영 exist 중 有 yǒu 일 ユウ(ある) |

| 口 입 구 | 口口口 | 영 mouth 중 口 kǒu 일 コウ(くち) |

| 無 없을 무 | 無無無無無無無無無無無無 | 영 nothing 중 无 wú 일 ム(ない) |

| 言 말씀 언 | 言言言言言言言 | 영 talk 중 言 yán 일 ゲン(こと) |

5급 有名無實 유명무실

소문난 잔치에 먹을 것 없다는 뜻으로, 명성은 높은데 실속은 없다는 말.
유 명존무실(名存無實), 허명무실(虛名無實)

| 有 있을 유 | 有有有有有有 | 영 exist 중 有 yǒu 일 ユウ(ある) |

| 名 이름 명 | 名名名名名名 | 영 name 중 名 míng 일 メイ(な) |

| 無 없을 무 | 無無無無無無無無無無無無 | 영 nothing 중 无 wú 일 ム(ない) |

| 實 (実) 열매 실 | 實實實實實實實實實實 | 영 fruit 중 实 shí 일 実 ジツ(みのる) |

[4II급] 有備無患 유비무환

미리 준비가 되어 있으면 근심할 것이 없다는 뜻으로, 모든 것은 갖춘 것이 있어야만 근심이 없게 된다는 말.
유 거안사위(居安思危), 반 사후약방문(死後藥方文)

| 有 있을 유 | 有有有有有有 | 영 exist 중 有 yǒu 일 ユウ(ある) |

| 備 갖출 비 | 備備備備備備備備備備備備 | 영 prepare 중 愤 fèn 일 フン(いきどおる) |

| 無 없을 무 | 無無無無無無無無無無無無 | 영 nothing 중 无 wú 일 ム(ない) |

| 患 근심 환 | 患患患患患患患患患患 | 영 anxiety 중 患 huàn 일 カン(うれえる) |

[3급] 柳暗花明 유암화명

버들이 무성하여 그늘이 짙고, 꽃이 활짝 피어 환하게 아름답다.

| 柳 버들 류(유) | 柳柳柳柳柳柳柳柳柳 | 영 poplar 중 柳 liǔ 일 リュウ(やなぎ) |

| 暗 어두울 암 | 暗暗暗暗暗暗暗暗暗暗暗 | 영 dark 중 暗 àn 일 アン(くらい) |

| 花 꽃 화 | 花花花花花花花花 | 영 flower 중 花 huā 일 カ(はな) |

| 明 밝을 명 | 明明明明明明明明 | 영 light 중 明 míng 일 メイ(あかり) |

중학 교육용 고사성어

[3급] 唯一無二 유일무이

오직 하나요 둘도 없다는 뜻으로, '유일(唯一)하다'의 강조어.

唯 오직 유	唯唯唯唯唯唯唯唯唯唯 / 唯 唯 唯 唯 唯	영 only 중 唯 wéi 일 イ·ユイ(ただ)
一 한 일	一 / 一 一 一 一 一	영 one 중 一 yī 일 イチ(ひとつ)
無 없을 무	無無無無無無無無無無無無 / 無 無 無 無 無	영 nothing 중 无 wú 일 ム(ない)
二 두 이	二二 / 二 二 二 二 二	영 two 중 二 èr 일 ニ(ふたつ)

[4II급] 有害無益 유해무익

해롭기만 하고 이로움은 없다는 뜻으로 아무 이로움이 없음.

有 있을 유	有有有有有有 / 有 有 有 有 有	영 exist 중 有 yǒu 일 ユウ(ある)
害 해로울 해	害害害害害害害害害 / 害 害 害 害 害	영 harm 중 害 hài 일 ガイ(そこなう)
無 없을 무	無無無無無無無無無無無無 / 無 無 無 無 無	영 nothing 중 无 wú 일 ム(ない)
益 더할 익	益益益益益益益益益益 / 益 益 益 益 益	영 increase 중 益 yì 일 エキ(ます)

陰德陽報 음덕양보 _{4II급}

사람이 보지 않는 곳에서 좋은 일을 베풀면 반드시 그 일이 드러나서 갚음을 받는다.

| 陰 그늘 음 | 陰陰陰陰陰陰陰陰陰陰 | 영 shade 중 阴 yīn 일 陰 イン(かげ) |
| | 陰 陰 陰 陰 陰 | |

| 德 큰 덕 | 德德德德德德德德德德 | 영 virtue 중 德 dé 일 德 トク |
| | 德 德 德 德 德 | |

| 陽 볕 양 | 陽陽陽陽陽陽陽陽陽陽 | 영 sunshine 중 阳 yáng 일 ヨウ(ひ) |
| | 陽 陽 陽 陽 陽 | |

| 報 갚을 보 | 報報報報報報報報報報 | 영 repay 중 报 bào 일 ホウ(むくいる) |
| | 報 報 報 報 報 | |

意氣揚揚 의기양양 _{4급}

뜻한 바를 이루어 만족한 마음이 얼굴에 나타난 모양이라는 뜻으로, 자랑스럽게 행동하는 것을 뜻하는 말.
유 지고기양(趾高氣揚), 반 의기소침(意氣銷沈)

| 意 뜻 의 | 意意意意意意意意意意意 | 영 intention, will 중 意 yì 일 イ |
| | 意 意 意 意 意 | |

| 氣 기운 기 | 氣氣氣氣氣氣氣氣氣氣 | 영 energy 중 气 qì 일 気 キ |
| | 氣 氣 氣 氣 氣 | |

| 揚 날릴 양 | 揚揚揚揚揚揚揚揚揚揚 | 영 raise 중 扬 yáng 일 ヨウ(あがる) |
| | 揚 揚 揚 揚 揚 | |

| 揚 날릴 양 | 揚揚揚揚揚揚揚揚揚揚 | 영 raise 중 扬 yáng 일 ヨウ(あがる) |
| | 揚 揚 揚 揚 揚 | |

5급 以德服人 이덕복인
무력이 아니라 사람 된 도리로 상대방이 자신을 따르게 함.

以 써 이	以以以以以	영 by, with 중 已 yǐ 일 イ(もつて)
	以 以 以 以 以	

德(徳) 덕 덕	德德德德德德德德德	영 virtue 중 德 dé 일 徳 トク
	德 德 德 德 德	

服 옷 복	服服服服服服服	영 clothes 중 服 fú 일 フク(きもの·したがう)
	服 服 服 服 服	

人 사람 인	人人	영 person 중 人 rén 일 ジン·ニン(ひと)
	人 人 人 人 人	

6급 以心傳心 이심전심
불도, 즉 부처의 마음이 제자인 가섭의 마음에 전해진다는 뜻으로, 마음에서 마음으로 전한다는 말.
유 심심상인(心心相印), 염화미소(拈華微笑)

以 써 이	以以以以以	영 by, with 중 已 yǐ 일 イ(もつて)
	以 以 以 以 以	

心 마음 심	心心心心	영 heart 중 心 xīn 일 シン(こころ)
	心 心 心 心 心	

傳(伝) 전할 전	傳傳傳傳傳傳傳傳傳傳	영 convey 중 传 chuán 일 伝 デン(つたえる)
	傳 傳 傳 傳 傳	

心 마음 심	心心心心	영 heart 중 心 xīn 일 シン(こころ)
	心 心 心 心 心	

4II급 以熱治熱 이열치열

열로써 열을 다스린다는 뜻으로, 어떤 작용에 대하여 그것과 같은 수단으로 대응한다는 것을 비유한 말.

以 써 이 — 영 by, with 중 已 yǐ 일 イ(もって)

熱 더울 열 — 영 hot 중 热 rè 일 ネツ(あつい)

治 다스릴 치 — 영 govern 중 治 zhì 일 ジ(おさめる)

熱 더울 열 — 영 hot 중 热 rè 일 ネツ(あつい)

5급 利害得失 이해득실

이로움과 해로움 및 얻음과 잃음이라는 뜻으로, 이득과 손해가 있음을 따진다는 말. 참 이해타산(利害打算)

利 이로울 이 — 영 profit 중 利 lì 일 ソ(えきする)

害 해로울 해 — 영 harm 중 害 hài 일 ガイ(そこなう)

得 얻을 득 — 영 get 중 得 dé 일 トク(える)

失 잃을 실 — 영 lose 중 失 shī 일 シツ(うしなう)

4급 人之常情 인지상정

사람의 보통 인정이라는 뜻으로, 사람이면 누구나 가지는 보통 마음이나 생각의 의미를 가리킴.

| 人 사람 인 | 人人 人人人人人 | 영 person 중 人 rén 일 ジン・ニン(ひと) |

| 之 갈 지 | 之之之之 之之之之之 | 영 go 중 之 zhī 일 シ(ゆく・これ) |

| 常 떳떳할 상 | 常常常常常常常常常常 常常常常常 | 영 always 중 常 cháng 일 ジョウ(とこ) |

| 情 뜻 정 | 情情情情情情情情情情 情情情情情 | 영 affection 중 情 qíng 일 ジョウ(なさけ) |

4II급 一擧兩得 일거양득

하나를 노려서 두 개를 얻는다는 뜻으로, 한 가지 일로 두 가지 이득을 본다는 말.
유 일거양획(一擧兩獲), 반 일거양실(一擧兩失)

| 一 하나 일 | 一 一一一一一 | 영 one 중 一 yī 일 イチ(ひとつ) |

| 擧 (挙) 들 거 | 擧擧擧擧擧擧擧擧擧擧擧 擧擧擧擧擧 | 영 lift 중 举 jǔ 일 挙 キョ(あげる) |

| 兩 (両) 두 양 | 兩兩兩兩兩兩兩 兩兩兩兩兩 | 영 two 중 两 liǎng 일 両 リョウ |

| 得 얻을 득 | 得得得得得得得得得 得得得得得 | 영 get 중 得 dé 일 トク(える) |

一石二鳥 일석이조 [4II급]

한 개의 돌로 두 마리새를 잡는다는 뜻으로, 한 가지 일로 두 가지 이득을 얻는다는 말.
윤 일거양득(一擧兩得), 일전쌍조(一箭雙鵰)

一 하나 일 — 영 one 중 一 yī 일 イチ(ひとつ)

石 돌 석 — 영 stone 중 石 shí 일 セキ(いし)

二 두 이 — 영 two 중 二 èr 일 ニ(ふたつ)

鳥 새 조 — 영 bird 중 鸟 niǎo 일 ショウ(かね)

一進一退 일진일퇴 [4II급]

한 번 나아가고 한 번 물러섬의 뜻으로 상대와 경쟁을 벌이는 과정에서 전진과 후퇴를 반복한다는 말.

一 하나 일 — 영 one 중 一 yī 일 イチ(ひとつ)

進 나아갈 진 — 영 advance 중 进 jìn 일 シン(すすむ)

一 하나 일 — 영 one 중 一 yī 일 イチ(ひとつ)

退 물러날 퇴 — 영 retreat 중 退 tuì 일 タイ(しりぞく)

중학 교육용 고사성어 | 261

日就月將 일취월장 [5급]

날마다 달마다 성장하고 발전한다는 뜻으로, 학업이 날이 가고 달이 갈수록 진보, 발전함을 일컫는 말.

㈜ 일장월취(日將月就), 괄목상대(刮目相對)

日 날 일	日 日 日 日	영 day, sun	중 日 rì	일 ジツ・ニチ(ひ)
	日 日 日 日 日			

就 나아갈 취	就就就就就就就就就就	영 advance	중 就 jiù	일 シュウ・ジュ(つく)
	就 就 就 就 就			

月 달 월	月 月 月 月	영 moon	중 月 yuè	일 ゲツ(つき)
	月 月 月 月 月			

將(将) 장차 장	將將將將將將將將將將	영 in the future	중 将 jiàng	일 将 ショウ(はた)
	將 將 將 將 將			

一片丹心 일편단심 [4급]

한 조각의 붉은 마음이라는 뜻으로, 변하지 않는 참된 마음을 의미하는 말.

㈜ 충성심(忠誠心), 정성(精誠)

一 한 일	一	영 one	중 一 yī	일 イチ(ひとつ)
	一 一 一 一 一			

片 조각 편	片 片 片 片	영 splinter	중 片 piàn	일 ヘン(かた)
	片 片 片 片 片			

丹 붉을 단	丹 丹 丹 丹	영 red	중 丹 dān	일 タン(あか)
	丹 丹 丹 丹 丹			

心 마음 심	心 心 心 心	영 heart	중 心 xīn	일 シン(こころ)
	心 心 心 心 心			

立身揚名 입신양명 [4급]

출세하여 이름을 세상에 떨친다는 뜻으로, 사회적으로 인정을 받고 출세한다는 말.

立 (설 입)	立立立立立	영 stand 중 立 lì 일 ツ(たてる)
身 (몸 신)	身身身身身身身	영 body 중 身 shēn 일 シン(み)
揚 (오를 양)	揚揚揚揚揚揚揚揚揚揚	영 raise 중 扬 yáng 일 ヨウ(あがる)
名 (이름 명)	名名名名名名	영 name 중 名 míng 일 メイ(な)

自强不息 자강불식 [3II급]

스스로 힘쓰며 쉬지 아니한다는 뜻으로, 스스로 쉬지 않고 끊임없이 노력함을 말함.

유 발분망식(發憤忘食), 자강불식(自彊不息)

自 (스스로 자)	自自自自自自	영 self 중 自 zǐ 일 シジ(みずから)
强 (굳셀 강)	强强强强强强强强强强	영 strong 중 强 qiáng 일 キョウ(しいる)
不 (아닐 불)	不不不不	영 not 중 不 bù 일 フ·ブ
息 (쉴 식)	息息息息息息息息息	영 breathe 중 息 xī 일 ソク(いき)

6급 子子孫孫 자자손손

자손의 여러 대라는 뜻으로, 후세에까지 대를 이어 줄곧 이어진다는 말. ㈜ 자손만대(子孫萬代), 대대손손(代代孫孫)

| 子 아들 자 | 子子子 | 영 son 중 子 zǐ, zi 일 シ(むすこ) |

| 子 아들 자 | 子子子 | 영 son 중 子 zǐ, zi 일 シ(むすこ) |

| 孫 손자 손 | 孫孫孫孫孫孫孫孫孫孫 | 영 grandson 중 孙 sūn 일 ソン(まご) |

| 孫 손자 손 | 孫孫孫孫孫孫孫孫孫孫 | 영 grandson 중 孙 sūn 일 ソン(まご) |

7급 作心三日 작심삼일

품은 마음이 삼 일을 못 간다는 뜻으로, 결심이 굳지 못함을 일컫는 말. ㈜ 조령석개(朝令夕改), 조령모개(朝令暮改)

| 作 지을 작 | 作作作作作作作 | 영 make 중 作 zuò 일 サク(つくる) |

| 心 마음 심 | 心心心心 | 영 heart 중 心 xīn 일 シン(こころ) |

| 三 석 삼 | 三三三 | 영 three 중 三 sān 일 サン(みっつ) |

| 日 날 일 | 日日日日 | 영 day, sun 중 日 rì 일 ジツ・ニチ(ひ) |

長幼有序 장유유서 [4급]

어른과 어린이는 차례가 있다는 뜻으로, 연장자와 연소자 사이에는 지켜야 할 차례가 있음을 이르는 오륜(五倫)의 하나.
유 오륜(五倫)

長 어른 장	영 adult	중 长 cháng	일 チョウ(ながい)
幼 어릴 유	영 young	중 幼 yòu	일 ヨウ(おさない)
有 있을 유	영 exist	중 有 yǒu	일 ユウ(ある)
序 차례 서	영 order	중 序 xù	일 ジョ(ついで)

前途有望 전도유망 [3II급]

앞길에 희망이 있음. 장래가 유망함.

前 앞 전	영 front	중 前 qián	일 ゼン(まえ)
途 길 도	영 road	중 途 tú	일 ト(みち)
有 있을 유	영 exist	중 有 yǒu	일 ユウ(ある)
望 바랄 망	영 hope	중 望 wàng	일 ボウ(のぞむ)

[1급] 切磋琢磨 절차탁마

옥이나 돌 따위를 자르고 닦아 쪼며 갈아 빛을 낸다는 뜻으로, 학문이나 인격을 갈고 닦음을 나타내는 말.

윤 절마(切磨)

| 切 끊을 절 | 切切切切 | 영 cut 중 切 qiē 일 セツ(きる) |

| 磋 갈 차 | 磋磋磋磋磋磋磋磋磋磋 | 영 grind 중 磋 cuō 일 サ(みがく) |

| 琢 쪼을 탁 | 琢琢琢琢琢琢琢琢琢琢 | 영 peck 중 琢 zhuó 일 タク(ついばむ) |

| 磨 갈 마 | 磨磨磨磨磨磨磨磨磨磨 | 영 whet 중 磨 mó 일 マ(みがく) |

[4급] 頂門一針 정문일침

정수리에 침을 놓다는 뜻으로, 남의 잘못에 대한 따끔한 비판이나 타이름을 한다는 말.

윤 정상일침(頂上一鍼), 촌철살인(寸鐵殺人)

| 頂 정수리 정 | 頂頂頂頂頂頂頂頂頂頂 | 영 summit 중 顶 dǐng 일 チョウ(いただき) |

| 門 문 문 | 門門門門門門門門 | 영 door 중 门 mén 일 モン(かど) |

| 一 한 일 | 一 | 영 one 중 一 yī 일 イチ(ひとつ) |

| 針 바늘 침 | 針針針針針針針針針針 | 영 needle 중 针 zhēn 일 シン(はり) |

正正堂堂 정정당당 〔6급〕

태도나 수단이 공정하고 떳떳하다는 뜻으로, 공명정대한 모습을 일컫는 말.
참 정정방방(正正方方)

| 正 바를 정 | 正正正正正 | 영 straight 중 正 zhèng 일 セイ(ただしい) |

| 正 바를 정 | 正正正正正 | 영 straight 중 正 zhèng 일 セイ(ただしい) |

| 堂 집 당 | 堂堂堂堂堂堂堂堂堂堂堂 | 영 house 중 堂 táng 일 ドウ(おもてざしき) |

| 堂 집 당 | 堂堂堂堂堂堂堂堂堂堂堂 | 영 house 중 堂 táng 일 ドウ(おもてざしき) |

朝令暮改 조령모개 〔*4급〕

아침에 내린 명령을 저녁에 다시 바꾼다는 뜻으로, 일관성이 없이 법령이나 명령을 자주 바꿈을 일컫는 말.
유 조변석개(朝變夕改), 작심삼일(作心三日)

| 朝 아침 조 | 朝朝朝朝朝朝朝朝朝朝 | 영 morning 중 朝 zhāo 일 チョウ(あさ) |

| 令 하여금 령 | 令令令令令 | 영 order 중 令 lìng 일 レイ |

| 暮 저녁 모 | 暮暮暮暮暮暮暮暮暮暮暮 | 영 evening 중 暮 mù 일 ボ(くれる) |

| 改 고칠 개 | 改改改改改改改 | 영 improve 중 改 gǎi 일 カイ(あらためる) |

朝變夕改 조변석개
4II급

아침저녁으로 뜯어 고친다는 뜻으로, 결정이나 계획을 자주 바꾼다는 말.
유) 조령모개(朝令暮改), 조석변개(朝夕變改)

朝 아침 조 — morning / 朝 zhāo / チョウ(あさ)

變(変) 바꿀 변 — change / 变 biàn / 変 ヘン(かわる)

夕 저녁 석 — evening / 夕 xī / セキ(ゆう)

改 고칠 개 — improve / 改 gǎi / カイ(あらためる)

朝三暮四 조삼모사
4급

아침에 세 개 저녁에 네 개라는 뜻으로, 간사한 꾀로 남을 속인다는 말.
유) 조삼(朝三), 조사모삼(朝四暮三)

朝 아침 조 — morning / 朝 zhāo / チョウ(あさ)

三 석 삼 — three / 三 sān / サン(みっつ)

暮 저녁 모 — evening / 暮 mù / ボ(くれる)

四 넉 사 — four / 四 sì / シ(よ·よつ)

坐不安席 좌불안석

자리에 편안히 앉지 못한다는 뜻으로, 마음에 불안이나 근심 등이 있어 한 자리에 오래 앉아 있지 못함을 말함.

坐 앉을 좌	坐坐坐坐坐坐坐	영 sit 중 坐 zuò 일 ザ(すわる)
不 아닐 불	不不不不	영 not 중 不 bù 일 フ・ブ
安 편안할 안	安安安安安安	영 relaxed 중 安 ān 일 アン
席 자리 석	席席席席席席席席席	영 seat 중 席 xí 일 セキ(むしろ・せき)

坐井觀天 좌정관천

우물 속에 앉아 하늘을 본다는 뜻으로, 견문이 좁음을 일컫는 말. 또는 세상일에 어두운 것.

坐 앉을 좌	坐坐坐坐坐坐坐	영 sit 중 坐 zuò 일 ザ(すわる)
井 우물 정	井井井井	영 well 중 井 jǐng 일 セイ(いど)
觀(観) 볼 관	觀觀觀觀觀觀觀觀觀觀觀	영 observe 중 观 guàn 일 観 カン(みる)
天 하늘 천	天天天天	영 heaven 중 天 tiān 일 テン(そら)

左衝右突 좌충우돌 [3급]

왼쪽으로 부딪치고 오른쪽으로 부딪친다는 뜻으로, 이리저리 구분하지 않고 함부로 맞닥뜨린다는 말.
㊥ 동충서돌(東衝西突), 좌우충돌(左右衝突)

한자	훈음	영	중	일
左	왼 좌	left	左 zuǒ	サ(ひだり)
衝	찌를 충	pierce	衝 chōng	ショウ(つく)
右	오른 우	right	右 yòu	ユウ(みぎ)
突	부딪칠 돌	collide	突 tū	トツ(つく)

晝耕夜讀 주경야독 [4Ⅱ급]

낮에는 농사를 짓고 밤에는 글을 읽는다는 뜻으로, 바쁘고 어려운 중에도 꿋꿋이 공부함을 이르는 말.
㊥ 주경조독(晝耕朝讀), 청경우독(晴耕雨讀)

한자	훈음	영	중	일
晝(昼)	낮 주	day time	昼 zhòu	昼 チュウ(ひる)
耕	밭갈 경	plough	耕 gēng	コウ(たがやす)
夜	밤 야	night	夜 yè	ヤ(よる)
讀(读)	읽을 독	read	读 dú	読 ドク(よむ)

走馬看山 주마간산 [4II급]

달리는 말 위에서 산천을 구경한다는 뜻으로, 시간 들여 찬찬히 훑어보지 않고 서둘러 대충 보고 지나친다는 말.

유 주마간화(走馬看花)

走 달릴 주
走走走走走走走
영 run, rush 중 走 zǒu 일 ソウ(はしる)

馬 말 마
馬馬馬馬馬馬馬馬馬馬
영 horse 중 马 mǎ 일 バ(うま)

看 볼 간
看看看看看看看看看
영 see 중 看 kàn 일 カン(みる)

山 메 산
山山山
영 mountain 중 山 shān 일 サン(やま)

酒池肉林 주지육림 [3II급]

술은 못을 이루고 고기는 숲을 이룬다는 뜻으로, 호화스럽게 차려놓고 흥청망청하는 잔치를 일컫는 말.

유 육산주지(肉山酒池), 육산포림(肉山脯林)

酒 술 주
酒酒酒酒酒酒酒酒酒酒
영 wine, liquor 중 酒 jiǔ 일 シュ(さけ)

池 못 지
池池池池池池
영 pond 중 池 zhí 일 チ(いけ)

肉 고기 육
肉肉肉肉肉肉
영 meat 중 肉 ròu 일 ニク(しし)

林 수풀 림
林林林林林林林林
영 forest 중 林 lín 일 リン(はやし)

竹馬故友 죽마고우 [4II급]

대나무로 만든 말을 타던 옛 벗이라는 뜻으로, 어릴 적부터 같이 놀며 자란 오랜 벗을 일컬음.

윤 죽마구우(竹馬舊友), 죽마지우(竹馬之友)

| 竹 대 죽 | 竹竹竹竹竹竹 | 영 bamboo 중 竹 zhú 일 チク(たけ) |

竹 竹 竹 竹 竹

| 馬 말 마 | 馬馬馬馬馬馬馬馬馬馬 | 영 horse 중 马 mǎ 일 バ(うま) |

馬 馬 馬 馬 馬

| 故 옛 고 | 故故故故故故故故 | 영 ancient 중 故 gù 일 コ(ふるい·ゆえに) |

故 故 故 故 故

| 友 벗 우 | 友友友友 | 영 friend 중 友 yǒu 일 コウ(とも) |

友 友 友 友 友

衆口難防 중구난방 [4II급]

뭇사람의 말을 이루 다 막기가 어렵다는 뜻으로, 여러 명이 말을 마구 뱉어냄을 표현하는 말.

윤 방민지구심어방천(防民之口甚於防川)

| 衆 무리 중 | 衆衆衆衆衆衆衆衆衆衆衆衆 | 영 crowd 중 众 zhòng 일 シュウ(むれ) |

衆 衆 衆 衆 衆

| 口 입 구 | 口口口 | 영 mouth 중 口 kǒu 일 コウ(くち) |

口 口 口 口 口

| 難 어려울 난 | 難難難難難難難難難難難 | 영 difficult 중 难 nán 일 ナン(むずかしい) |

難 難 難 難 難

| 防 막을 방 | 防防防防防防防 | 영 block 중 防 fáng 일 ボウ(ふせぐ) |

防 防 防 防 防

知己之友 지기지우 [4급]

자신을 알아주는 벗이라는 뜻으로, 자기의 진심과 진가를 알아주는 참다운 친구를 일컬음.
㈜ 막역지우(莫逆之友), 문경지교(刎頸之交)

知 알 지	知知知知知知知	영 know 중 知 zhī 일 チ(しる)
己 자기 기	己己己	영 self 중 己 jǐ 일 コ·キ(おのれ)
之 갈 지	之之之之	영 go 중 之 zhī 일 シ(ゆく·これ)
友 벗 우	友友友友	영 friend 중 友 yǒu 일 コウ(とも)

指東指西 지동지서 [4II급]

동쪽을 가리키기도 하고 서쪽을 가리키기도 한다는 뜻으로, 근본에는 손을 못 대고 엉뚱한 것을 가지고 이러쿵저러쿵한다는 말.

指 가리킬 지	指指指指指指指指指	영 point 중 指 zhǐ 일 シ(ゆび)
東 동녘 동	東東東東東東東東	영 east 중 东 dōng 일 トウ(ひがし)
指 가리킬 지	指指指指指指指指	영 point 중 指 zhǐ 일 シ(ゆび)
西 서녘 서	西西西西西西	영 west 중 西 xī 일 セイ(にし)

芝蘭之交 지란지교 [1급]

쇠붙이를 끊을 수 있을 만큼 단단한 교분이라는 뜻으로, 친구 사이의 매우 두터운 우정을 이르는 말.

유 백아절현(伯牙絕絃), 반 시도지교(市道之交)

芝 지초 지	芝芝芝芝芝芝芝芝	영 ganoderma lucidum 중 zhī 일 シ(ひじりだけ)
蘭 난초 란	蘭蘭蘭蘭蘭蘭蘭蘭蘭蘭蘭蘭	영 orchid 중 兰 lán 일 ラン(あららぎ)
之 갈 지	之之之之	영 go 중 之 zhī 일 シ(ゆく·これ)
交 사귈 교	交交交交交交	영 associate 중 交 jiāo 일 コウ(まじわる)

指鹿爲馬 지록위마 [2급]

사슴을 가리켜 말이라고 우긴다는 뜻으로, 교묘한 꾀로 윗사람을 농락하며 권세를 마음대로 휘두름을 나태내는 말.

유 이록위마(以鹿爲馬)

指 가리킬 지	指指指指指指指指	영 point 중 指 zhǐ 일 シ(ゆび)
鹿 사슴 록	鹿鹿鹿鹿鹿鹿鹿鹿鹿鹿	영 deer 중 鹿 lù 일 ロク(しか)
爲 할 위	爲爲爲爲爲爲爲爲爲爲	영 do 중 为 wèi 일 為 イ(なす·ため)
馬 말 마	馬馬馬馬馬馬馬馬馬	영 horse 중 马 mǎ 일 バ(うま)

知彼知己 [4급] 지피지기

적을 알고 나를 안다는 뜻으로, 상대를 제대로 알고 자신을 제대로 파악한다면, 아무리 싸우더라도 위태롭지 않다는 뜻.
㊤ 지적지아(知敵知我)

| 知 알 지 | 知知知知知知知 | 영 know 중 知 zhī 일 チ(しる) |

| 彼 저 피 | 彼彼彼彼彼彼彼 | 영 that 중 彼 bǐ 일 ヒ(かれ) |

| 知 알 지 | 知知知知知知知 | 영 know 중 知 zhī 일 チ(しる) |

| 己 자기 기 | 己己己 | 영 self 중 己 jǐ 일 コ・キ(おのれ) |

紙筆硯墨 [2급] 지필연묵

종이 · 붓 · 벼루 · 먹의 네 가지를 아울러 이르는 말.

| 紙 종이 지 | 紙紙紙紙紙紙紙紙紙紙 | 영 paper 중 纸 zhǐ 일 シ(かみ) |

| 筆 붓 필 | 筆筆筆筆筆筆筆筆筆筆 | 영 pen · writing brush 중 笔 bǐ 일 ヒツ(ふで) |

| 硯 벼루 연 | 硯硯硯硯硯硯硯硯硯硯 | 영 ink-slab 중 砚 yàn 일 ケン(すずり) |

| 墨 먹 묵 | 墨墨墨墨墨墨墨墨墨墨墨 | 영 ink 중 墨 mò 일 ボク(すみ) |

중학 교육용 고사성어 | 275

5급 知行合一 지행합일

지식과 행동이 하나로 합치된다는 뜻으로 이론과 실천은 일치되어야 한다.

知 알 지	知知知知知知知	영 know	중 知 zhī	일 チ(しる)
	知 知 知 知 知			

行 다닐 행	行行行行行行	영 go	중 行 xíng	일 コウ(いく)
	行 行 行 行 行			

合 합할 합	合合合合合合	영 unite	중 合 hé	일 ゴウ(あう)
	合 合 合 合 合			

一 한 일	一	영 one	중 一 yī	일 イチ(ひとつ)
	一 一 一 一 一			

6급 集小成大 집소성대

작은 것이 모여 큰 것을 이룬다.

集 모을 집	集集集集集集集集集集集	영 assemble	중 集 jí	일 シユウ(あつまる)
	集 集 集 集 集			

小 적을 소	小小小	영 small	중 小 xiǎo	일 ショウ(ちいさい)
	小 小 小 小 小			

成 이룰 성	成成成成成成	영 accomplish	중 成 chéng	일 セイ(なる)
	成 成 成 成 成			

大 큰 대	大大大	영 big	중 大 dà	일 タイ(おおきい)
	大 大 大 大 大			

天長地久 천장지구 [3II급]

하늘과 땅처럼 오래고 변함이 없음.

天 하늘 천
天天天天 | 영 heaven | 중 天 tiān | 일 テン(そら)

長 길 장
長長長長長長長長 | 영 long | 중 长 cháng | 일 チョウ(ながい)

地 땅 지
地地地地地地 | 영 earth, land | 중 地 dì | 일 チ(つち)

久 오랠 구
久久久 | 영 long time | 중 久 jiǔ | 일 キュウ(ひさしい)

千篇一律 천편일률 [4II급]

천 가지 작품이 한 가지 율조를 지닌다는 뜻으로, 여러 시문의 격조가 변화가 없이 똑같다는 말.

윤 일률천편(一律千篇)

千 일천 천
千千千 | 영 thousand | 중 千 qiān | 일 セン(ち)

篇 책 편
篇篇篇篇篇篇篇篇篇篇篇篇 | 영 book | 중 篇 piān | 일 ヘン(まき)

一 한 일
一 | 영 one | 중 一 yī | 일 イチ(ひとつ)

律 법칙 률
律律律律律律律律律 | 영 law | 중 律 lǜ | 일 りつ・りち

晴耕雨讀 청경우독
3II급

맑은 날은 논밭을 갈고 비 오는 날은 책을 읽는다는 뜻으로, 부지런히 일하며 공부함을 일컫는 말.

晴 갤 청
晴晴晴晴晴晴晴晴晴晴晴
영 fair weather 중 晴 qíng 일 セイ(はれる)

耕 밭갈 경
耕耕耕耕耕耕耕耕耕耕
영 plough 중 耕 gēng 일 コウ(たがやす)

雨 비 우
雨雨雨雨雨雨雨雨
영 rain 중 雨 yǔ 일 ウ(あめ)

讀 [读] 읽을 독
讀讀讀讀讀讀讀讀讀讀讀讀
영 read 중 读 dú 일 読 ドク(よむ)

青松綠竹 청송녹죽
4II급

푸른 소나무와 푸른 대나무의 뜻으로 변하지 않는 절개.

青 푸를 청
青青青青青青青青
영 blue 중 青 qīng 일 セイ(あおい)

松 소나무 송
松松松松松松松松
영 pine 중 松 sōng 일 ショウ(まつ)

綠 초록색 록
綠綠綠綠綠綠綠綠綠綠綠綠綠綠
영 green 중 绿 lǜ 일 緑 ロク(みどり)

竹 대나무 죽
竹竹竹竹竹竹
영 bamboo 중 竹 zhú 일 チク(たけ)

青雲之志 청운지지 [3II급]

푸른 구름의 뜻을 품었다는 뜻으로, 남보다 출세할 뜻을 가지고 있다.
동 陵雲之志(능운지지), 桑蓬之志(상봉지지)

青 푸를 청	青青青青青青青青	영 blue 중 青 qīng 일 セイ(あおい)
雲 구름 운	雲雲雲雲雲雲雲雲雲雲雲雲	영 cloud 중 云 yún 일 ウン(くも)
之 갈 지	之之之之	영 go 중 之 zhì 일 シ(ゆく·これ)
志 뜻 지	志志志志志志志	영 meaning 중 志 zhì 일 シ(こころざし)

青出於藍 청출어람 [3급]

쪽에서 나온 푸른 물감이 쪽빛보다 더 푸르다는 뜻으로, 스승이나 선배보다 제자나 후배가 더 뛰어나다는 말.
유 출람지예(出藍之譽), 준 출람(出藍)

青 푸를 청	青青青青青青青青	영 blue 중 青 qīng 일 セイ(あおい)
出 나올 출	出出出出出	영 come out 중 出 chū 일 シュツ(でる)
於 갈 어	於於於於於於於於	영 particle 중 於 yú 일 オ(おいて)
藍(蓝) 쪽 람	藍藍藍藍藍藍藍藍藍藍	영 indigo 중 蓝 lán 일 ラン(あい)

중학 교육용 고사성어 | 279

6급 清風明月 청풍명월

맑은 바람과 밝은 달이라는 뜻으로, 풍자와 해학으로 세상사를 비판하거나 결백하고 온건한 성격을 비유하는 말.
유 강호연파(江湖煙波), 산명수려(山明水麗)

清 맑을 청	清清清清清清清清清清清	영 clear	중 清 qīng	일 セイ(きよい)
風 바람 풍	風風風風風風風風風	영 wind	중 风 fēng	일 フウ(かぜ)
明 밝을 명	明明明明明明明明	영 light	중 明 míng	일 メイ(あかり)
月 달 월	月月月月	영 moon	중 月 yuè	일 ゲツ(つき)

6급 草綠同色 초록동색

풀과 녹색은 서로 같은 색이라는 뜻으로, 사람은 같은 처지에 있는 사람끼리 어울리거나 편들게 마련이라는 말.
유 동병상련(同病相憐)

草 풀 초	草草草草草草草草草	영 grass	중 草 cǎo	일 ソウ(くさ)
綠 초록색 록	綠綠綠綠綠綠綠綠綠綠綠	영 green	중 绿 lǜ	일 綠 ロク(みどり)
同 같을 동	同同同同同同	영 same	중 同 tóng	일 トウ(おなじ)
色 색 색	色色色色色色	영 color	중 色 sè	일 ショク(いろ)

初志不變 초지불변 [5급]

처음의 뜻이 변하지 않는다는 뜻으로, 처음 계획한 뜻이 끝까지 바뀌지 않는다는 말.

| 初 처음 초 | 初初初初初初初 | 영 beginning　중 初 chū　일 ショ(はつ) |

| 志 뜻 지 | 志志志志志志志 | 영 meaning　중 志 zhì　일 シ(こころざし) |

| 不 아닐 불 | 不不不不 | 영 not　중 不 bù　일 フ・ブ |

| 變  변할 변 | 變變變變變變變變變變 | 영 change　중 变 biàn　일 変 ヘン(かわる) |

推己及人 추기급인 [3II급]

자신을 미루어 다른 사람에게 미친다는 뜻으로 자신의 처지를 미루어 다른 사람의 형편을 헤아림.

| 推 밀 추 | 推推推推推推推 | 영 transfer　중 推 tuī　일 スイ(おす) |

| 己 자기 기 | 己己己 | 영 self　중 己 jǐ　일 コ・キ(おのれ) |

| 及 미칠 급 | 及及及及 | 영 reach　중 及 jí　일 キユウ(およぶ) |

| 人 사람 인 | 人人 | 영 person　중 人 rén　일 ジン・ニン(ひと) |

중학 교육용 고사성어 | 281

追遠報本 추원보본

조상의 덕을 추모하는 제사를 지내고 자기의 태어난 근본을 잊지 않고 은혜를 갚음.

追 쫓을 추 — 영 pursue / 중 追 zhuī / 일 ツイ(おう)

遠 멀 원 — 영 far / 중 远 yuǎn / 일 エン(とおい)

報 갚을 보 — 영 repay / 중 报 bào / 일 ホウ(むくいる)

本 근본 본 — 영 origin / 중 本 běn / 일 ホン(もと)

秋風落葉 추풍낙엽

가을바람에 흩어져 떨어지는 낙엽이라는 뜻으로, 세력 같은 것이 시들어 우수수 떨어짐의 비유하는 말.

秋 가을 추 — 영 autumn / 중 秋 qiū / 일 シュウ(あき)

風 바람 풍 — 영 wind / 중 风 fēng / 일 フウ(かぜ)

落 떨어질 낙 — 영 fall / 중 落 luò / 일 ラク(おちる)

葉 잎사귀 엽 — 영 leaf / 중 叶 yè / 일 ヨウ(は)

他山之石 타산지석 [4II급]

남의 산에 있는 하찮은 돌도 자기의 옥(玉)을 가는 데 쓰인다는 뜻으로, 타인의 사소한 언행도 수양에 도움이 된다는 말.
유 절차탁마(切磋琢磨), 공옥이석(攻玉以石)

他 다를 타	他他他他他	영 different 중 他 tā 일 タ(ほか)
山 메 산	山山山	영 mountain 중 山 shān 일 サン(やま)
之 갈 지	之之之之	영 go 중 之 zhī 일 シ(ゆく·これ)
石 돌 석	石石石石石	영 stone 중 石 shí 일 セキ(いし)

泰山北斗 태산북두 [4급]

중국 제일의 명산인 태산과 북두칠성이라는 뜻으로, 세상 사람들로부터 가장 우러러 존경받는 사람을 일컫는 말.
유 산두(山斗), 태두(泰斗), 여태산북두(如泰山北斗)

泰 클 태	泰泰泰泰泰泰泰泰泰	영 great 중 太 tài 일 タイ(やすい)
山 메 산	山山山	영 mountain 중 山 shān 일 サン(やま)
北 북녘 북	北北北北北	영 north 중 北 bě 일 ホク(きた)
斗 별이름 두	斗斗斗斗	영 star names 중 斗 dǒu 일 ト(ます)

중학 교육용 고사성어 | **283**

破竹之勢 파죽지세 [4급]

대나무를 쪼개는 기세라는 뜻으로, 세력이 강대하여 적을 거침없이 물리치고 쳐들어가는 당당한 기세를 일컫는 말.
유 세여파죽(勢如破竹), 요원지화(燎原之火)

破 깨뜨릴 파 — 영 break / 중 破 pò / 일 ハ(やぶる)

竹 대나무 죽 — 영 bamboo / 중 竹 zhú / 일 チク(たけ)

之 갈 지 — 영 go / 중 之 zhì / 일 シ(ゆく・これ)

勢 기세 세 — 영 force, power / 중 勢 shì / 일 セイ(いきおい)

風樹之嘆 풍수지탄 [1급]

나무는 고요히 있기를 원하나 바람이 부는 것에 대한 한탄이라는 뜻으로, 부모를 봉양코자 하나 이미 돌아가심을 한탄하는 말.
유 풍수지감(風樹之感)

風 바람 풍 — 영 wind / 중 风 fēng / 일 フウ(かぜ)

樹 나무 수 — 영 tree / 중 树 shù / 일 ジユ(き)

之 갈 지 — 영 go / 중 之 zhì / 일 シ(ゆく・これ)

嘆 탄식할 탄 — 영 sigh / 중 叹 tàn / 일 タン(なげく)

4대급 風前燈火 풍전등화

바람 앞의 등불이라는 뜻으로, 매우 위급한 처지에 있거나 사물의 덧없음을 말함.

㊬ 풍전등촉(風前燈燭), 풍전지진(風前之塵)

| 風 바람 풍 | 風風風風風風風風風 | 영 wind 중 风 fēng 일 フウ(かぜ) |

| 前 앞 전 | 前前前前前前前前 | 영 front 중 前 qián 일 ゼン(まえ) |

| 燈 (灯) 등잔 등 | 燈燈燈燈燈燈燈燈燈燈燈燈燈燈燈燈 | 영 lamp 중 灯 dēng 일 灯 トウ(ひ) |

| 火 불 화 | 火火火火 | 영 fire 중 火 huǒ 일 カ(ひ) |

4급 皮骨相接 피골상접

살가죽과 뼈가 맞붙을 정도로 몹시 마름을 뜻함.

㊬ 피골상련(皮骨相連), 훼척골립(毀瘠骨立)

| 皮 가죽 피 | 皮皮皮皮皮 | 영 skin 중 皮 pí 일 ヒ(かわ) |

| 骨 뼈 골 | 骨骨骨骨骨骨骨骨骨 | 영 bone 중 骨 gǔ 일 コツ(ほね) |

| 相 서로 상 | 相相相相相相相相 | 영 mutually 중 相 xiàng 일 ショウ(あい) |

| 接 이을 접 | 接接接接接接接接接 | 영 associate 중 接 jiē 일 セツ(まじわる) |

3II급 學如不及 학여불급
배움은 미치지 못하는 것같이 해야 한다는 뜻으로 배움이란 모자라는 듯이 열심히 해야 한다.

學 / 배울 학 — 영 learn 중 学 xué 일 学 ガク(まなぶ)

如 / 같을 여 — 영 same 중 如 rú 일 ジョ·ニョ(ごとし)

不 / 아닐 불 — 영 not 중 不 bù 일 フ·ブ

及 / 미칠 급 — 영 reach 중 及 jí 일 キユウ(およぶ)

4II급 漢江投石 한강투석
한강에 돌 던지기라는 뜻으로, 아무리 해도 헛될 일을 하는 어리석은 행동을 가리킴.
유 홍로점설(紅爐點雪), 배수거신(杯水車薪)

漢 / 한수 한 — 영 name of a river 중 汉 hàn 일 カソ(かん)

江 / 강 강 — 영 river 중 江 jiāng 일 コウ(え)

投 / 던질 투 — 영 throw 중 投 tóu 일 トウ(なげる)

石 / 돌 석 — 영 stone 중 石 shí 일 セキ(いし)

螢雪之功 형설지공 [2급]

반딧불과 눈[雪] 빛으로 공부한 공이라는 뜻으로, 온갖 고생을 하며 공부해서 얻은 성공을 일컫는 말.
㈜ 손강영설(孫康映雪), 차윤성형(車胤盛螢)

螢 반딧불 형 (蛍)
螢螢螢螢螢螢螢螢螢螢螢螢 영firefly 중萤 yíng 일蛍 ケイ(ほたる)

雪 눈 설
雪雪雪雪雪雪雪雪雪雪雪 영snow 중雪 xuě 일セツ(ゆき)

之 갈 지
之之之之 영go 중之 zhì 일シ(ゆく·これ)

功 공 공
功功功功功 영merits 중功 gōng 일コウ(いさお)

兄弟投金 형제투금 [4급]

형제가 금을 (강에) 던졌다는 뜻으로 갑자기 생긴 금으로 인해 형제끼리 싸우게 되자 그 금을 강물에 던져버렸다.

兄 맏 형
兄兄兄兄兄 영eldest brother 중兄 xiōng 일ケイ(あに)

弟 아우 제
弟弟弟弟弟弟弟 영younger brother 중弟 dì 일テイ(おとうと)

投 던질 투
投投投投投投投 영throw 중投 tóu 일トウ(なげる)

金 쇠 금
金金金金金金金金 영gold 중金 jīn 일キン(かな)

중학 교육용 고사성어 | **287**

6급 形形色色 **형형색색**

모양의 종류가 다른 여러 가지라는 뜻으로, 다채롭고 다양한 모양을 가리킴.

㈜ 각양각색(各樣各色), 다종다양(多種多樣)

| 形 형상 형 | 形形形形形形形 形 形 形 形 形 | 영 form 중 形 xíng 일 ケイ(かたち) |

| 形 형상 형 | 形形形形形形形 形 形 形 形 形 | 영 form 중 形 xíng 일 ケイ(かたち) |

| 色 빛 색 | 色色色色色色 色 色 色 色 色 | 영 color 중 色 sè 일 ショク(いろ) |

| 色 빛 색 | 色色色色色色 色 色 色 色 色 | 영 color 중 色 sè 일 ショク(いろ) |

1급 狐假虎威 **호가호위**

여우가 호랑이의 위엄을 빌어 제 위엄으로 삼는다는 뜻으로, 남의 힘에 의지해 위세를 부린다는 말.

㈜ 가호위호(假虎爲狐), 차호위호(借虎威狐)

| 狐 여우 호 | 狐狐狐狐狐狐狐狐 狐 狐 狐 狐 狐 | 영 fox 중 hú 일 コ(きつね) |

| 假(仮) 빌릴 가 | 假假假假假假假假假 假 假 假 假 假 | 영 borrow 중 假 jiǎ 일 仮 カ·ケ(かり) |

| 虎 범 호 | 虎虎虎虎虎虎虎虎 虎 虎 虎 虎 虎 | 영 tiger 중 虎 hǔ 일 コ(とら) |

| 威 위엄 위 | 威威威威威威威威威 威 威 威 威 威 | 영 dignity 중 威 wēi 일 イ(たけし) |

1급 畫龍點睛 화룡(용)점정

용을 그리고 나서 마지막으로 눈동자를 그려 완성한다는 뜻으로, 가장 중요한 부분을 마무리함으로써 일을 완성시키고 일자체가 돋보이는 것을 비유한 말.

畫(画) 그림 화	畫畫畫畫畫畫畫畫畫畫畫畫 영 picture 중 画 huà 일 画 ガ·カク(えがく)
龍(竜) 용 룡(용)	龍龍龍龍龍龍龍龍龍龍龍龍 영 dragon 중 龙 lóng 일 竜 リュウ
點(点) 점 점	點點點點點點點點點點點點 영 dot 중 点 diǎn 일 点 テン(てん)
睛 눈동자 정	睛睛睛睛睛睛睛睛睛睛 영 pupil 중 睛 jīng 일 セイ(ひとみ)

4급 花朝月夕 화조월석

꽃 피는 아침과 달 밝은 밤이라는 뜻으로, 경치가 좋은 시절을 이르는 말.
⑪ 조화월석(朝花月夕)

花 꽃 화	花花花花花花花花 영 flower 중 花 huā 일 カ(はな)
朝 아침 조	朝朝朝朝朝朝朝朝朝朝 영 morning 중 朝 zhāo 일 チョウ(あさ)
月 달 월	月月月月 영 moon 중 月 yuè 일 ゲツ(つき)
夕 저녁 석	夕夕夕 영 evening 중 夕 xī 일 セキ(ゆう)

會者定離 회자정리 [3II급]

만나는 사람은 반드시 헤어질 운명에 있다는 뜻으로, 인생의 무상함을 일컫는 말.

반 거자필반(去者必反), 유 생자필멸(生者必滅)

| 會 모일 회 | 會會會會會會會會會會會會會 | 영 gather 중 会 huì 일 会 カイ(あう) |

| 者 놈 자 | 者者者者者者者者者 | 영 person, man 중 者 zhě 일 シャ(もの) |

| 定 반드시 정 | 定定定定定定定定 | 영 settle 중 定 dìng 일 テイ(さだめる) |

| 離 떠날 리 | 離離離離離離離離離離離 | 영 surely 중 离 lí 일 リ(はなれる) |

後生可畏 후생가외 [2급]

젊은 후배들은 두려워할 만하다는 뜻으로, 젊은이는 장차 얼마나 큰 역량을 나타낼지 모르기 때문에 함부로 대하기가 어렵다는 말.

| 後 뒤 후 | 後後後後後後後後 | 영 back 중 后 hòu 일 コウ(あと) |

| 生 날 생 | 生生生生生 | 영 born 중 生 shēng 일 セイ(なま) |

| 可 옳을 가 | 可可可可可 | 영 right 중 可 kě 일 カ(よい) |

| 畏 두려울 외 | 畏畏畏畏畏畏畏畏畏 | 영 fear 중 畏 wèi 일 イ(おそれる) |

興亡盛衰 흥망성쇠

흥하고 망하고 성하고 쇠한다는 뜻으로, 사람의 운수는 돌고 돌아 늘 변한다는 말.
유 영고성쇠(榮枯盛衰)

- 興 흥할 흥 — rise / 兴 xīng / コウ(おこる)
- 亡 망할 망 — be ruined / 亡 wáng / ボウ(ほろぶ)
- 盛 성할 성 — thriving / 盛 shèng / セイ(さかり)
- 衰 쇠할 쇠 — decline / 衰 shuāi / スイ(おとろえる)

興盡悲來 흥진비래

즐거운 일이 다하고 슬픈 일이 닥쳐온다는 뜻으로, 세상이 돌고 돌아 순환됨을 가리키는 말.
반 고진감래(苦盡甘來)

- 興 흥할 흥 — cheerful / 兴 xīng / コウ(おこる)
- 盡 다할 진 — exhaust / 尽 jìn / ジン(つまる)
- 悲 슬플 비 — sad / 悲 bēi / ヒ(かなしい)
- 來 올 래 — come / 来 lái / ライ(きたる)

喜怒哀樂 희로애락

기쁨, 성냄, 슬픔, 즐거움이라는 뜻으로, 인간이 살아가면서 느끼는 온갖 감정을 가리킴.

㊠ 환락애정(歡樂哀情)

| 喜 기쁠 희 | 喜喜喜喜喜喜喜喜喜喜喜
喜 喜 喜 喜 喜 | 영 glad 중 喜 xǐ 일 キ(よろこぶ) |

| 怒 성낼 로 | 怒怒怒怒怒怒怒怒怒
怒 怒 怒 怒 怒 | 영 angry 중 怒 nù 일 ド(いかる) |

| 哀 슬플 애 | 哀哀哀哀哀哀哀哀
哀 哀 哀 哀 哀 | 영 sad 중 哀 āi 일 アイ(あわれ) |

| 樂(楽) 즐길 락 | 樂樂樂樂樂樂樂樂樂樂樂
樂 樂 樂 樂 樂 | 영 pleasure 중 乐 lè 일 楽 ラク(たのしい) |

중학 교육용 한자 900 + 고사성어(故事成語) 쓰기교본

부록

- 부수(部首)일람표
- 두음법칙(頭音法則) 한자
- 동자이음(同字異音) 한자
- 약자(略字)·속자(俗字)
- 찾아보기(색인)

부수(部首) 일람표

一 [한 일]	가로의 한 획으로 수(數)의 '하나'의 뜻을 나타냄 (지사자)
丨 [뚫을 곤]	세로의 한 획으로, 상하(上下)로 통하는 뜻을 지님 (지사자)
丶 [점 주(점)]	불타고 있어 움직이지 않는 불꽃을 본뜬 모양 (지사자)
丿 [삐칠 별(삐침)]	오른쪽에서 왼쪽으로 삐쳐 나간 모습을 그린 글자 (상형자)
乙(乚) [새 을]	갈지자형을 본떠, 사물이 원활히 나아가지 않는 상태를 나타냄 (상형자)
亅 [갈고리 궐]	거꾸로 휘어진 갈고리 모양을 본뜬 글자 (상형자)
二 [두 이]	두 개의 가로획으로 수사(數詞)의 '둘'의 뜻을 나타냄 (상형자)
亠 [머리 두(돼지해머리)]	亥에서 亠을 따 왔기 때문에 돼지해밑이라고 함 (상형자)
人(亻) [사람 인(인변)]	사람, 백성 등이 팔을 뻗쳐 서있는 것을 옆에서 본 모양 (상형자)
儿 [어진사람 인]	사람 두 다리를 뻗치고 서있는 모습 (상형자)
入 [들 입]	하나의 줄기가 갈라져 땅속으로 들어가는 모양 (상형자)
八 [여덟 팔]	사물이 둘로 나뉘어 등지고 있는 모습 (지사자)
冂 [멀 경(멀경몸)]	세로의 두 줄에 가로 줄을 그어, 멀리 떨어진 막다른 곳을 뜻함 (상형자)
冖 [덮을 멱(민갓머리)]	집 또는 지붕을 본떠 그린 글자 (상형자)
冫 [얼음 빙(이수변)]	얼음이 언 모양을 그린 글자 (상형자)
几 [안석 궤(책상궤)]	발이 붙어 있는 대의 모양 (상형자)
凵 [입벌릴 감(위터진입구)]	땅이 움푹 들어간 모양 (상형자)
刀(刂) [칼 도]	날이 구부정하게 굽은 칼 모양 (상형자)
力 [힘 력]	팔이 힘을 주었을 때 근육이 불거진 모습 (상형자)
勹 [쌀 포]	사람이 몸을 구부리고 보따리를 싸서 안고 있는 모양 (상형자)
匕 [비수 비]	끝이 뾰족한 숟가락 모양 (상형자)
匚 [상자 방(터진입구)]	네모난 상자의 모양을 본뜸 (상형자)
匸 [감출 혜(터진에운담)]	물건을 넣고 뚜껑을 덮어 가린다는 뜻 (회의자)
十 [열 십]	동서남북이 모두 추어진 모양
卜 [점 복]	점을 치기 위하여 소뼈나 거북의 등딱지를 태워서 갈라진 모양

卩(㔾) [병부 절]	사람이 무릎을 꿇은 모양을 본떠, '무릎 관절'의 뜻을 나타냄 (상형자)
厂 [굴바위 엄(민엄호)]	언덕의 위부분이 튀어나와 그 밑에서 사람이 살 수 있는 곳 (상형자)
厶 [사사로울 사(마늘모)]	자신의 소유품을 묶어 싸놓고 있음을 본뜸 (지사자)
又 [또 우]	오른손의 옆모습을 본뜬 글자 (상형자)
口 [입 구]	사람의 입모양을 나타냄 (상형자)
囗 [에울 위(큰입구)]	둘레를 에워싼 선에서, '에워싸다', '두루다'의 뜻을 나타냄 (지사자)
土 [흙 토]	초목의 새싹이 땅 위로 솟아오르며 자라는 모양을 본뜬 글자 (상형자)
士 [선비 사]	一에서 十까지의 기수(基數)로 선비가 학업에 입문하는 것 (상형자)
夂 [뒤져올 치]	아래를 향한 발의 상형으로, '내려가다'의 뜻을 나타냄 (상형자)
夊 [천천히걸을 쇠]	아래를 향한 발자국의 모양으로, 가파른 언덕을 머뭇거리며 내려가다는 뜻을 나타냄 (상형자)
夕 [저녁 석]	달이 반쯤 보이기 시작할 때 즉 황혼 무렵의 저녁을 말함 (상형자)
大 [큰 대]	정면에서 바라 본 사람의 머리, 팔, 머리를 본뜸 (상형자)
女 [계집 녀]	여자가 무릎을 굽히고 얌전히 앉아 있는 모습 (상형자)
子 [아들 자]	사람의 머리와 수족을 본뜸 (상형자)
宀 [집 면(갓머리)]	지붕이 사방으로 둘러싸인 집 (상형자)
寸 [마디 촌]	손가락 하나 굵기의 폭 (지사자)
小 [작을 소]	작은 점의 상형으로 '작다'의 뜻 (상형자)
尢(尣) [절름발이 왕]	한쪽 정강이뼈가 굽은 모양을 본뜸 (상형자)
尸 [주검 시]	사람이 배를 깔고 드러누운 모양 (상형자)
屮(艸) [싹날 철]	풀의 싹이 튼 모양을 본뜸 (상형자)
山 [메 산]	산모양을 본떠, '산'의 뜻을 나타냄 (상형자)
巜(川) [개미허리(내 천)]	물이 굽이쳐 흐르는 모양 (상형자)
工 [장인 공]	천지 사이에 대목이 먹줄로 줄을 튕기고 있는 모습 (상형자)
己 [몸 기]	사람이 자기 몸을 굽히고 있는 모양을 본뜬 글자 (상형자)
巾 [수건 건]	허리띠에 천을 드리우고 있는 모양 (상형자)
干 [방패 간]	끝이 쌍갈래진 무기의 상형으로, '범하다', '막다'의 뜻을 나타냄 (상형자)
幺 [작을 요]	갓 태어난 아이를 본뜸 (상형자)

广 [집 엄(엄호)]	가옥의 덮개에 상당하는 지붕의 모습을 본뜸 (상형자)
廴 [길게 걸을 인(민책받침)]	길게 뻗은 길을 간다는 뜻 (지사자)
廾 [손맞잡을 공(밑스물입)]	두 손으로 받들 공 왼손과 오른손을 모아 떠받들고 있는 모습 (회의자)
弋 [주살 익]	작은 가지에 지주(支柱)를 바친 모양 (상형자)
弓 [활 궁]	화살을 먹이지 않은 활의 모양을 본뜸 (상형자)
彐(彑) [돼지머리 계(터진가로왈)]	돼지머리의 모양을 본뜬 모양 (상형자)
彡 [터럭 삼(삐친석삼)]	터럭을 빗질하여 놓은 모양 (상형자)
彳 [조금걸을 척(중인변)]	넓적다리, 정강이, 발의 세 부분을 그려서 처음 걷기 시작함을 나타냄 (상형자)
心(忄·㣺) [마음 심(심방 변)]	사람의 심장의 모양을 본뜬 모양 (상형자)
戈 [창 과]	주살 익(弋)에 一을 덧붙인 날이 옆에 있는 주살 (상형자)
戶 [지게 호]	지게문의 상형으로, '문', '가옥'의 뜻을 지님 (상형자)
手(扌) [손 수(재방변)]	다섯 손가락을 펼치고 있는 손의 모양 (상형자)
支 [지탱할 지]	대나무의 한 쪽 가지를 나누어 손으로 쥐고 있는 모양 (상형자)
攴(攵) [칠 복(등글월문)]	손으로 북소리가 나게 두드린다는 뜻 (상형자)
文 [글월 문]	사람의 가슴을 열어, 거기에 먹으로 표시한 모양 (상형자)
斗 [말 두]	자루가 달린 용량을 계측하는 말을 본뜸 (상형자)
斤 [도끼 근(날근)]	날이 선, 자루가 달린 도끼로 그 밑에 놓인 물건을 자르려는 모양 (상형자)
方 [모 방]	두 척의 조각배를 나란히 하여 놓고 그 이름을 붙여 놓은 모양 (상형자)
无(旡) [없을 무(이미기방)]	사람의 머리 위에 一의 부호를 더하여 머리를 보이지 않게 한 것 (지사자)
日 [날 일]	태양의 모양을 본뜸 (상형자)
曰 [가로 왈]	입과 날숨을 본뜸 (상형자)
月 [달 월]	달의 모양을 본뜸 (상형자)
木 [나무 목]	나무의 줄기와 가지와 뿌리가 있는 서 있는 나무를 본뜸 (상형자)
欠 [하품 흠]	사람의 립에서 입김이 나오는 모양 (상형자)
止 [그칠 지]	초목에서 싹이 돋아날 무렵의 뿌리 부분의 모양 (상형자)
歹(歺) [뼈앙상할 알(죽을 사변)]	살이 깎여 없어진 사람의 백골 시체의 모양 (상형자)
殳 [칠 수(갖은등글월문)]	오른손에 들고 있는 긴 막대기의 무기 모양 (상형자)
毋 [말 무]	毋말무 여자를 함부로 범하지 못하도록 막아 지킨다는 뜻 (상형자)

比 [견줄 비]	人을 반대 방향으로 나란히 세워 놓은 모양 (상형자)
毛 [터럭 모]	사람이나 짐승의 머리털을 본뜸 (상형자)
氏 [각시 씨]	산기슭에 튀어나와 있는 허물어져가는 언덕의 모양 (상형자)
气 [기운 기]	구름이 피어오르는 모양. 또는 김이 곡선을 그으면서 솟아오르는 모양 (상형자)
水(氵) [물 수(삼수변)]	물이 끊임없이 흐르는 모양 (상형자)
火(灬) [불 화]	불이 활활 타오르는 모양 (상형자)
爪(爫) [손톱 조]	손으로 아래쪽의 물건을 집으려는 모양 (상형자)
父 [아비 부]	손으로 채찍을 들고 가족을 거느리며 가르친다는 뜻 (상형자)
爻 [점괘 효]	육효(六爻)의 머리가 엇갈린 모양을 본뜸 (상형자)
爿 [조각널 장(장수장변)]	나무의 한 가운데를 세로로 자른 그 왼쪽 반의 모양 (상형자)
片 [조각 편]	나무의 한 가운데를 세로로 자른 그 오른 쪽 반의 모양 (상형·지사자)
牙 [어금니 아]	입을 다물었을 때 아래 위의 어금니가 맞닿은 모양 (상형자)
牛(牜) [소 우]	머리와 두 뿔이 솟고, 꼬리를 늘어뜨리고 있는 소의 모양 (상형자)
犬(犭) [개 견]	개가 옆으로 보고 있는 모양 (상형자)
老(耂) [늙을 로]	늙어서 머리털이 변한 모양 (상형자)
玉(王) [구슬 옥]	가로 획은 세 개의 옥돌, 세로 획은 옥 줄을 꿴 끈을 뜻함 (상형자)
艸(艹) [풀 초(초두)]	초목이 처음 돋아나오는 모양 (상형자)
辵(辶) [쉬엄쉬엄갈 착 (책받침)]	가다가는 쉬고 쉬다가는 간다는 뜻 (회의자)
玄 [검을 현]	'亠'과 '幺'이 합하여 그윽하고 멀다는 의미를 지님 (상형자)
瓜 [오이 과]	'八'는 오이의 덩굴을, 'ム'는 오이의 열매를 본뜸 (상형자)
瓦 [기와 와]	진흙으로 구운 질그릇의 모양 (상형자)
甘 [달 감]	'口'와 '一'을 합한 것으로 입 안에 맛있는 것이 들어있음을 뜻함 (지사자)
生 [날 생]	초목이 나고 차츰 자라서 땅 위에 나온 모양 (상형자)
田 [밭 전]	'口'은 사방의 경계선을 '十'은 동서남북으로 통하는 길을 본뜸 (상형자)
疋 [필 필]	무릎 아래의 다리 모양 (상형자)
疒 [병들 녁(병질엄)]	사람이 병들어 침대에 기댄 모양 (회의자)
癶 [걸을 발(필발머리)]	두 다리를 뻗친 모양 (상형자)
白 [흰 백]	저녁의 어스레한 물색을 희다고 본데서 '희다'의 뜻을 나타냄 (상형자)

皮 [가죽 피]	손으로 가죽을 벗기는 모습 (상형자)
皿 [그릇 명]	그릇의 모양 (상형자)
目(罒) [눈 목]	사람의 눈의 모양 (상형자)
矛 [창 모]	병거(兵車)에 세우는 장식이 달리고 자루가 긴 창의 모양 (상형자)
矢 [화살 시]	화살의 모양 (상형자)
石 [돌 석]	언덕 아래 굴러있는 돌멩이 모양 (상형자)
示(礻) [보일 시]	인간에게 길흉을 보여 알림을 뜻함 (상형자)
禸 [짐승발자국 유]	짐승의 뒷발이 땅을 밟고 있는 모양 (상형자)
禾 [벼 화]	줄기와 이삭이 드리워진 모양 (상형자)
穴 [구멍 혈]	움을 파서 그 속에서 살 혈거주택을 본 뜬 모양 (상형자)
立 [설 립]	사람이 땅 위에 서 있는 모양 (상형자)
衣(衤) [옷 의]	사람의 윗도리를 가리는 옷이라는 뜻 (상형자)
竹 [대 죽]	대나무의 줄기와 대나무의 잎이 아래로 드리워진 모양 (상형자)
米 [쌀 미]	네 개의 점은 낟알을 뜻하고 十은 낟알이 따로따로 있음을 뜻함 (상형자)
糸 [실 사]	실타래를 본뜬 모양 (상형자)
缶 [장군 부]	장군을 본뜬 모양 (상형자)
网(罓·罒) [그물 망]	그물을 본뜬 모양 (상형자)
羊 [양 양]	양의 뿔과 네 다리를 나타낸 모양 (상형자)
羽 [깃 우]	새의 날개를 본뜬 모양 (상형자)
而 [말이을 이]	코 밑 수염을 본뜬 모양 (상형자)
耒 [쟁기 뢰]	우거진 풀을 나무로 만든 연장으로 갈아 넘긴다는 뜻으로 쟁기를 의미함 (상형자)
耳 [귀 이]	귀를 본뜬 모양 (상형자)
聿 [붓 율]	대쪽에 재빠르게 쓰는 물건 곧 붓을 뜻함 (상형자)
肉(月) [고기 육(육달월변)]	잘라낸 고기 덩어리를 본뜬 모양 (상형자)
臣 [신하 신]	임금 앞에 굴복하고 있는 모양 (상형자)
自 [스스로 자]	코를 본뜬 모양 (상형자)
至 [이를 지]	새가 날아 내려 땅에 닿음을 나타냄 (지사자)
臼 [절구 구(확구)]	확을 본뜬 모양 (상형자)

舌 [혀 설]	口와 干을 합하여 혀를 나타냄 (상형자)
舛(舜) [어그러질 천]	사람과 사람이 서로 등지고 반대 된다는 뜻 (상형·회의자)
舟 [배 주]	배의 모양을 본뜬 모양 (상형자)
艮 [그칠 간]	눈이 나란하여 서로 물러섬이 없다는 뜻 (회의자)
色 [빛 색]	사람의 심정이 얼굴빛에 나타난 모양 (회의자)
虍 [범의문채 호(범호)]	호피의 무늬를 본뜬 모양 (상형자)
虫 [벌레 충(훼)]	살무사가 몸을 도사리고 있는 모양 (상형자)
血 [피 혈]	제기에 담아서 신에게 바치는 희생의 피를 나타냄 (상형자)
行 [다닐 행]	좌우의 발을 차례로 옮겨 걸어감을 의미함 (상형자)
襾 [덮을 아]	그릇의 뚜껑을 본뜬 모양 (지사자)
見 [볼 견]	사람이 눈으로 보는 것을 뜻함 (회의자)
角 [뿔 각]	짐승의 뿔을 본뜬 모양 (상형자)
言 [말씀 언]	불신(不信)이 있을 대는 죄를 받을 것을 맹세한다는 뜻
谷 [골 곡]	샘물이 솟아 산 사이를 지나 바다에 흘러들어 가기까지의 사이를 뜻함 (회의자)
豆 [콩 두]	굽이 높은 제기를 본뜬 모양 (상형자)
豕 [돼지 시]	돼지가 꼬리를 흔드는 모양 (상형자)
豸 [발없는벌레 치(갖은돼지시변)]	짐승이 먹이를 노려 몸을 낮추어 이제 곧 덮치려 하고 있는 모양 (상형자)
貝 [조개 패]	조개를 본뜬 모양 (상형자)
赤 [붉을 적]	불타 밝은데서 밝게 드러낸다는 뜻 (회의자)
走 [달아날 주]	사람이 다리를 굽혔다 폈다 하면서 달리는 모양 (회의자)
足 [발 족]	무릎부터 다리까지를 본뜬 모양 (상형자)
身 [몸 신]	아이가 뱃속에서 움직이는 모양 (상형자)
車 [수레 거]	외바퀴차를 본뜬 모양 (상형자)
辛 [매울 신]	문신을 하기 위한 바늘을 본뜬 모양 (상형자)
辰 [별 진]	조개가 조가비를 벌리고 살을 내놓은 모양 (상형자)
邑(阝) [고을 읍(우부방)]	사람이 모여 사는 마을을 뜻함 (회의자)
酉 [닭 유]	술두루미를 본뜬 모양 (상형자)
釆 [분별할 변]	짐승의 발톱이 갈라져 있는 모양 (상형자)

里 [마을 리]	밭도 있고 흙도 있어서 사람이 살만한 곳을 뜻함 (회의자)
金 [쇠 금]	땅 속에 묻혔으면서 빛을 가진 광석에서 가장 귀한 것을 뜻함 (상형·형성자)
長(镸) [길 장]	사람의 긴 머리를 본뜬 모양 (상형자)
門 [문 문]	두 개의 문짝을 달아놓은 모양 (상형자)
阜(阝) [언덕 부(좌부방)]	층이 진 흙산을 본뜬 모양 (상형자)
隶 [미칠 이]	손으로 꼬리를 붙잡기 위해 뒤에서 미친다는 뜻 (회의자)
隹 [새 추]	꽁지가 짧은 새를 본뜬 모양 (상형자)
雨 [비 우]	하늘의 구름에서 물방울이 뚝뚝 떨어지는 모양 (상형자)
靑 [푸를 청]	싹도 우물물도 맑은 푸른빛을 뜻함 (형성자)
非 [아닐 비]	새가 날아 내릴 때 날개를 좌우로 날아 드리운 모양 (상형자)
面 [낯 면]	사람의 머리에 얼굴의 윤곽을 본뜬 모양 (지사자)
革 [가죽 혁]	두 손으로 짐승의 털을 뽑는 모양 (상형자)
韋 [다룸가죽 위]	어떤 장소에서 다른 방향으로 발걸음을 내디디는 모양 (회의자)
韭 [부추 구]	땅 위에 무리지어 나있는 부추의 모양 (상형자)
音 [소리 음]	말이 입 밖에 나올 때 성대를 울려 가락이 있는 소리를 내는 모양 (지사자)
頁 [머리 혈]	사람의 머리를 강조한 모양 (상형자)
風 [바람 풍]	공기가 널리 퍼져 움직임을 따라 동물이 깨어나 움직인다는 뜻 (상형·형성자)
飛 [날 비]	새가 하늘을 날 때 양쪽 날개를 쭉 펴고 있는 모양 (상형자)
食 [밥 식(변)]	식기에 음식을 담고 뚜껑을 덮은 모양 (상형자)
首 [머리 수]	머리털이 나있는 머리를 본뜬 모양 (상형자)
香 [향기 향]	기장을 잘 익혔을 때 나는 냄새를 뜻함 (회의자)
馬 [말 마]	말을 본뜬 모양 (상형자)
骨 [뼈 골]	고기에서 살을 발라내고 남은 뼈를 뜻함 (회의자)
高 [높을 고]	출입문 보다 누대는 엄청 높다는 뜻 (상형자)
髟 [머리털늘어질 표(터럭발)]	긴 머리털을 뜻함 (회의자)
鬥 [싸울 투]	두 사람이 손에 병장기를 들고 서로 대항하는 모양 (상형자)
鬯 [술 창]	곡식의 낟알이 그릇에 담겨 괴어 액체가 된 것을 숟가락으로 뜬다는 뜻 (회의자)
鬲 [솥 력]	솥과 비슷한 다리 굽은 솥의 모양 (상형자)

鬼 [귀신 귀]	사람을 해치는 망령 곧 귀신을 뜻함 (상형자)
魚 [물고기 어]	물고기를 본뜬 모양 (상형자)
鳥 [새 조]	새를 본뜬 모양 (상형자)
鹵 [소금밭 로]	서쪽의 소금밭을 가리킴 (상형자)
鹿 [사슴 록]	사슴의 머리, 뿔, 네 발을 본뜬 모양 (상형자)
麥 [보리 맥]	겨울에 뿌리가 땅속에 깊이 박힌 모양 (회의자)
麻 [삼 마]	삼의 껍질을 가늘게 삼은 것을 뜻함 (회의자)
黃 [누를 황]	밭의 색은 황토색이기 때문에 '노랗다'는 것을 뜻함 (상형자)
黍 [기장 서]	술의 재료로 알맞은 기장을 뜻함 (상형·회의자)
黑 [검을 흑]	불이 활활 타올라 나가는 창인 검은 굴뚝을 뜻함 (상형자)
黹 [바느질할 치]	바늘에 꿴 실로서 수를 놓는 옷감을 그린 모양 (상형자)
黽 [맹꽁이 맹]	맹꽁이를 본뜬 모양 (상형자)
鼎 [솥 정]	발이 세 개, 귀가 두개인 솥의 모양 (상형자)
鼓 [북 고]	장식이 달린 아기를 오른손으로 친다는 뜻 (회의자)
鼠 [쥐 서]	쥐의 이와 배, 발톱과 꼬리의 모양 (상형자)
鼻 [코 비]	공기를 통하는 '코'를 뜻함 (회의·형성자)
齊 [가지런할 제]	곡식의 이삭이 피어 끝이 가지런한 모양 (상형자)
齒 [이 치]	이가 나란히 서 있는 모양
龍 [용 룡]	끝이 뾰족한 뿔과 입을 벌린 기다란 몸뚱이를 가진 용의 모양 (상형자)
龜 [거북 귀(구)]	거북이를 본뜬 모양 (상형자)
龠 [피리 약]	부는 구멍이 있는 관(管)을 나란히 엮은 모양 (상형자)

두음법칙(頭音法則) 한자

한자음에서 첫머리나 음절의 첫소리에서 발음되는 것을 피하기 위해 다른 소리로 바꾸어 발음하는 것으로 즉, 'ㅣ, ㅑ, ㅕ, ㅛ, ㅠ' 앞에서 'ㄹ과 ㄴ'이 'ㅇ'이 되고, 'ㅏ, ㅓ, ㅗ, ㅜ, ㅡ, ㅐ, ㅔ, ㅚ' 앞의 'ㄹ'은 'ㄴ'으로 변하는 것을 말한다.

ㄴ→ㅇ로 발음

尿(뇨)	뇨-糖尿病(당뇨병) 요-尿素肥料(요소비료)	尼(니)	니-比丘尼(비구니) 이-尼僧(이승)	泥(니)	니-雲泥(운니) 이-泥土(이토)
溺(닉)	닉-眈溺(탐닉) 익-溺死(익사)	女(녀)	여-女子(여자) 녀-小女(소녀)	匿(닉)	닉-隱匿(은닉) 익-匿名(익명)
紐(뉴)	뉴-結紐(결뉴) 유-紐帶(유대)	念(념)	념-理念(이념) 염-念佛(염불)	年(년)	년-數十年(수십년) 연-年代(연대)

ㄹ→ㄴ, ㅇ로 발음

洛(락)	락-京洛(경락) 낙-洛東江(낙동강)	蘭(란)	란-香蘭(향란) 난-蘭草(난초)	欄(란)	란-空欄(공란) 난-欄干(난간)
藍(람)	람-甘藍(감람) 남-藍色(남색)	濫(람)	람-氾濫(범람) 남-濫發(남발)	拉(랍)	랍-被拉(피랍) 납-拉致(납치)
浪(랑)	랑-放浪(방랑) 낭-浪說(낭설)	廊(랑)	랑-舍廊(사랑) 낭-廊下(낭하)	涼(량)	량-淸涼里(청량리) 양-涼秋(양추)
諒(량)	량-海諒(해량) 양-諒解(양해)	慮(려)	려-憂慮(우려) 여-慮外(여외)	勵(려)	려-獎勵(장려) 여-勵行(여행)
曆(력)	력-陽曆(양력) 역-曆書(역서)	蓮(련)	련-水蓮(수련) 연-蓮根(연근)	戀(련)	련-悲戀(비련) 연-戀情(연정)
劣(렬)	렬-拙劣(졸렬) 열-劣等(열등)	廉(렴)	렴-淸廉(청렴) 염-廉恥(염치)	嶺(령)	령-大關嶺(대관령) 영-嶺東(영동)

동자이음(同字異音) 한자

降	내릴 항복할	강 항	降雨(강우) 降伏(항복)	更	다시 고칠	갱 경	갱생(更生) 경장(更張)
車	수레 수레	거 차	車馬(거마) 車票(차표)	乾	하늘, 마를 마를	건 간	乾燥(건조) 乾物(간물)
見	볼 나타날, 뵐	견 현	見聞(견문) 謁見(알현)	串	버릇 땅이름	관 곶	串童(관동) 甲串(갑곶)
告	알릴 뵙고청할	고 곡	告示(고시) 告寧(곡녕)	奈	나락 어찌	나 내	奈落(나락) 奈何(내하)
帑	처자 나라곳집	노 탕	妻帑(처노) 帑庫(탕고)	茶	차 차	다 차	茶菓(다과) 茶禮(차례)
宅	댁 집	댁 택	宅內(댁내) 宅地(택지)	度	법도 헤아릴	도 탁	度數(도수) 忖度(촌탁)
讀	읽을 구절	독 두	讀書(독서) 吏讀(이두)	洞	마을 통할	동 통	洞里(동리) 洞察(통찰)
屯	모일 어려울	둔 준	屯田(둔전) 屯困(준곤)	反	돌이킬 뒤집을	반 번	反亂(반란) 反田(번전)
魄	넋 넋잃을	백 탁/박	魂魄(혼백) 落魄(낙탁)	便	똥오줌 편할	변 편	便所(변소) 便利(편리)
復	회복할 다시	복 부	復歸(복귀) 復活(부활)	父	아비 남자미칭	부 보	父母(부모) 尙父(상보)
否	아닐 막힐	부 비	否決(부결) 否塞(비색)	北	북녘 달아날	북 패	北進(북진) 敗北(패배)
分	나눌 단위	분 푼	分裂(분열) 分錢(푼전)	不	아니 아닐	불 부	不能(불능) 不在(부재)
沸	끓을 물용솟음칠	비 불	沸騰(비등) 沸水(불수)	寺	절 내시, 관청	사 시	寺刹(사찰) 寺人(시인)
殺	죽일 감할	살 쇄	殺生(살생) 殺到(쇄도)	狀	모양 문서	상 장	狀況(상황) 狀啓(장계)

索	찾을 쓸쓸할	색 삭	索引(색인) 索莫(삭막)	塞	막을 변방	색 새	塞源(색원) 要塞(요새)
說	말씀 달랠 기뻐할	설 세 열	說得(설득) 說客(세객) 說喜(열희)	省	살필 덜	성 생	省墓(성묘) 省略(생략)
率	거느릴 비율	솔 률/율	率先(솔선) 率身(율신)	衰	쇠할 상복	쇠 최	衰退(쇠퇴) 衰服(최복)
數	셀 자주 촘촘할	수 삭 촉	數學(수학) 數窮(삭궁) 數罟(촉고)	宿	잘 별	숙 수	宿泊(숙박) 宿曜(수요)
拾	주울 열	습 십	拾得(습득) 拾萬(십만)	瑟	악기이름 악기이름	슬 실	瑟居(슬거) 琴瑟(금실)
食	밥 먹일	식 사	食堂(식당) 簞食(단사)	識	알 기록할	식 지	識見(식견) 標識(표지)
什	열사람 세간	십 집	什長(십장) 什器(집기)	十	열	십 시	十干(십간) 十月(시월)
惡	악할 미워할	악 오	惡漢(악한) 惡寒(오한)	樂	풍류 즐길 좋아할	악 낙/락 요	樂聖(악성) 樂園(낙원) 樂山樂水(요산요수)
若	만약 반야	약 야	若干(약간) 般若(반야)	於	어조사 탄식할	어 오	於是乎(어시호) 於兎(오토)
厭	싫어할 누를	염 엽	厭世(염세) 厭然(엽연)	葉	잎 성씨	엽 섭	葉書(엽서) 葉氏(섭씨)
六	여섯 여섯	육/륙 유/뉴	六年(육년) 六月(유월)	易	쉬울 바꿀, 주역	이 역	易慢(이만) 易學(역학)
咽	목구멍 목멜	인 열	咽喉(인후) 嗚咽(오열)	刺	찌를 수라 찌를	자 라 척	刺戟(자극) 水刺(수라) 刺殺(척살)
炙	구울 고기구이	자 적	炙背(자배) 炙鐵(적철)	著	지을 붙을	저 착	著述(저술) 著近(착근)
抵	막을 칠	저 지	抵抗(저항) 抵掌(지장)	切	끊을 모두	절 체	切迫(절박) 一切(일체)

한자	훈	음	예	한자	훈	음	예
提	끌 보리수 떼지어날	제 리 시	提携(제휴) 菩提樹(보리수) 提提(시시)	辰	지지 일월성	진 신	辰時(진시) 生辰(생신)
斟	술따를 짐작할	짐 침	斟酌(짐작) 斟量(침량)	徵	부를 음률이름	징 치	徵兵(징병)
差	어긋날 층질	차 치	差別(차별) 參差(참치)	帖	문서 체지	첩 체	帖着(첩착) 帖文(체문)
諦	살필 울	체 제	諦念(체념) 眞諦(진제)	丑	소 이름	축 추	丑時(축시) 公孫丑(공손추)
則	법 곧	칙 즉	則效(칙효) 然則(연즉)	沈	가라앉을 성씨	침 심	沈沒(침몰) 沈氏(심씨)
拓	박을 넓힐	탁 척	拓本(탁본) 拓殖(척식)	罷	그만둘 고달플	파 피	罷業(파업) 罷勞(피로)
編	엮을 땋을	편 변	編輯(편집) 編髮(변발)	布	베 베풀	포 보	布木(포목) 布施(보시)
暴	사나울 사나울	폭 포	暴動(폭동) 暴惡(포악)	曝	볕쬘 볕쬘	폭 포	曝衣(폭의) 曝白(포백)
皮	가죽 가죽	피 비	皮革(피혁) 鹿皮(녹비)	行	다닐 항렬·줄	행 항	行樂(행락) 行列(항렬)
陝	좁을 땅이름	협 합	陝隘(협애) 陝川(합천)	滑	미끄러울 어지러울	활 골	滑降(활강) 滑稽(골계)

약자(略字) · 속자(俗字)

假=仮 (거짓 가)
價=価 (값 가)
覺=覚 (깨달을 각)
擧=挙 (들 거)
據=拠 (의지할 거)
輕=軽 (가벼울 경)
經=経 (경서 경)
徑=徑 (지름길 경)
鷄=雞 (닭 계)
繼=継 (이를 계)
館=舘 (집 관)
關=関 (빗장 관)
廣=広 (넓을 광)
敎=教 (가르칠 교)
區=区 (구역 구)
舊=旧 (예 구)
驅=駆 (몰 구)
國=国 (나라 국)
權=権 (권세 권)
勸=勧 (권할 권)
龜=亀 (거북 귀)
氣=気 (기운 기)
旣=既 (이미 기)
內=内 (안 내)
單=単 (홀 단)
團=団 (둥글 단)
斷=断 (끊을 단)
擔=担 (멜 담)
當=当 (당할 당)
黨=党 (무리 당)
對=対 (대할 대)
德=徳 (큰 덕)
圖=図 (그림 도)
讀=読 (읽을 독)
獨=独 (홀로 독)
樂=楽 (즐길 락)
亂=乱 (어지러울 란)
覽=覧 (볼 람)
來=来 (올 래)
兩=両 (두 량)
凉=凉 (서늘할 량)
勵=励 (힘쓸 려)
歷=歴 (지날 력)
練=練 (익힐 련)
戀=恋 (사모할 련)

靈=灵 (신령 령)
禮=礼 (예도 례)
勞=労 (수고로울 로)
爐=炉 (화로 로)
綠=緑 (푸를 록)
賴=頼 (의지할 뢰)
龍=竜 (용 룡)
樓=楼 (다락 루)
稟=禀 (삼갈·사뢸 품)
萬=万 (일만 만)
滿=満 (찰 만)
蠻=蛮 (오랑캐 만)
賣=売 (팔 매)
麥=麦 (보리 맥)
半=半 (반 반)
發=発 (필 발)
拜=拝 (절 배)
變=変 (변할 변)
辯=弁 (말잘할 변)
邊=辺 (가 변)
竝=並 (아우를 병)
寶=宝 (보배 보)
拂=払 (떨칠 불)
佛=仏 (부처 불)
冰=氷 (어름 빙)
絲=糸 (실 사)
寫=写 (베낄 사)
辭=辞 (말씀 사)
雙=双 (짝 쌍)
敍=叙 (펼 서)
潟=舄 (개펄 석)
釋=釈 (풀 석)
聲=声 (소리 성)
續=続 (이을 속)
屬=属 (붙을 속)
收=収 (거둘 수)
數=数 (수 수)
輸=輸 (보낼 수)
肅=粛 (삼갈 숙)
濕=湿 (젖을 습)
乘=乗 (탈 승)
實=実 (열매 실)
兒=児 (아이 아)
亞=亜 (버금 아)
惡=悪 (악할 악)

嚴=岩 (바위 암)
壓=圧 (누를 압)
藥=薬 (약 약)
讓=譲 (사양할 양)
嚴=厳 (엄할 엄)
餘=余 (남을 여)
與=与 (줄 여)
驛=駅 (정거장 역)
譯=訳 (통역할 역)
鹽=塩 (소금 염)
榮=栄 (영화 영)
豫=予 (미리 예)
藝=芸 (재주 예)
溫=温 (따뜻할 온)
圓=円 (둥글 원)
圍=囲 (둘레 위)
爲=為 (하 위)
陰=陰 (그늘 음)
應=応 (응할 응)
醫=医 (의원 의)
貳=弐 (두 이)
壹=壱 (하나 일)
姊=姉 (누이 자)
殘=残 (남을 잔)
潛=潜 (잠길 잠)
雜=雑 (섞일 잡)
壯=壮 (씩씩할 장)
莊=庄 (별장 장)
爭=争 (다툴 쟁)
戰=戦 (싸움 전)
錢=銭 (돈 전)
傳=伝 (전할 전)
轉=転 (구를 전)
點=点 (점 점)
靜=静 (고요 정)
淨=浄 (깨끗할 정)
濟=済 (건널 제)
齊=斉 (다스릴 제)
條=条 (가지 조)
弔=吊 (조상할 조)
從=従 (쫓을 종)
晝=昼 (낮 주)
卽=即 (곧 즉)
增=増 (더할 증)
證=証 (증거 증)

眞=真 (참 진)
盡=尽 (다할 진)
晉=晋 (나라 진)
贊=賛 (찬성할 찬)
讚=讃 (칭찬할 찬)
參=参 (참여할 참)
冊=册 (책 책)
處=処 (곳 처)
淺=浅 (얕을 천)
鐵=鉄 (쇠 철)
廳=庁 (관청 청)
體=体 (몸 체)
觸=触 (닿을 촉)
總=総 (다 총)
蟲=虫 (벌레 충)
齒=歯 (이 치)
恥=耻 (부끄러울 치)
稱=称 (일컬을 칭)
彈=弾 (탄할 탄)
澤=沢 (못 택)
擇=択 (가릴 택)
廢=廃 (폐할 폐)
豐=豊 (풍성할 풍)
學=学 (배울 학)
解=鮮 (풀 해)
鄕=郷 (고을 향)
虛=虚 (빌 허)
獻=献 (드릴 헌)
驗=験 (증험할 험)
顯=顕 (나타날 현)
螢=蛍 (반딧불 형)
號=号 (부르짖을 호)
畫=画 (그림 화)
擴=拡 (늘릴 확)
歡=歓 (기쁠 환)
黃=黄 (누를 황)
會=会 (모을 회)
回=囘 (돌아올 회)
效=効 (본받을 효)
黑=黒 (검을 흑)
戱=戯 (희롱할 희)

Index
찾아보기

중학 한자 색인

ㄱ

5급 可(가) 14
5급 加(가) 14
3II급 佳(가) 14
7급 家(가) 14
4II급 假(가) 14
4II급 街(가) 15
7급 歌(가) 15
5급 價(가) 15
6급 各(각) 15
6급 角(각) 15
3II급 脚(각) 16
4급 干(간) 16
4급 看(간) 16
7급 間(간) 16
3급 渴(갈) 16
4급 甘(감) 17
4급 敢(감) 17
4II급 減(감) 17
6급 感(감) 17
4급 甲(갑) 17
7급 江(강) 18
4급 降(강) 18
6급 強(강) 18
4II급 講(강) 18
5급 改(개) 18
3급 皆(개) 19
4II급 個(개) 19
6급 開(개) 19
5급 客(객) 19

4급 更(갱) 19
4급 巨(거) 20
5급 去(거) 20
7급 車(거) 20
4급 居(거) 20
5급 擧(거) 20
5급 建(건) 21
3II급 乾(건) 21
4급 犬(견) 21
5급 見(견) 21
4급 堅(견) 21
5급 決(결) 22
5급 結(결) 22
4II급 潔(결) 22
6급 京(경) 22
3급 庚(경) 22
3II급 耕(경) 23
5급 景(경) 23
4II급 經(경) 23
5급 敬(경) 23
5급 輕(경) 23
4II급 慶(경) 24
5급 競(경) 24
4급 驚(경) 24
4급 季(계) 24
6급 計(계) 24
3급 癸(계) 25
6급 界(계) 25
3II급 溪(계) 25
4급 鷄(계) 25
6급 古(고) 25
5급 考(고) 26

5급 告(고) 26
5급 固(고) 26
4II급 故(고) 26
6급 苦(고) 26
6급 高(고) 27
5급 曲(곡) 27
3II급 谷(곡) 27
4급 穀(곡) 27
4급 困(곤) 27
3급 坤(곤) 28
4급 骨(골) 28
7급 工(공) 28
6급 公(공) 28
6급 功(공) 28
6급 共(공) 29
7급 空(공) 29
6급 果(과) 29
6급 科(과) 29
5급 過(과) 29
5급 課(과) 30
4II급 官(관) 30
5급 關(관) 30
5급 觀(관) 30
6급 光(광) 30
5급 廣(광) 31
6급 交(교) 31
8급 校(교) 31
8급 敎(교) 31
5급 橋(교) 31
8급 九(구) 32
7급 口(구) 32
3II급 久(구) 32

4II급 句(구) 32
4II급 究(구) 32
4II급 求(구) 33
5급 救(구) 33
5급 舊(구) 33
8급 國(국) 33
4급 君(군) 33
8급 軍(군) 34
6급 郡(군) 34
3II급 弓(궁) 34
4급 卷(권) 34
4급 勸(권) 34
4II급 權(권) 35
5급 貴(귀) 35
4급 歸(귀) 35
4급 均(균) 35
4II급 極(극) 35
6급 近(근) 36
6급 根(근) 36
4급 勤(근) 36
6급 今(금) 36
8급 金(금) 36
4II급 禁(금) 37
3II급 及(급) 37
6급 急(급) 37
5급 給(급) 37
5급 己(기) 37
5급 技(기) 38
3II급 其(기) 38
4II급 起(기) 38
7급 記(기) 38
7급 氣(기) 38

3급 旣(기) 39
5급 基(기) 39
5급 期(기) 39
3급 幾(기) 39
5급 吉(길) 39

ㄴ

4II급 暖(난) 40
4II급 難(난) 40
7급 男(남) 40
8급 南(남) 40
3급 乃(내) 40
7급 內(내) 41
8급 女(녀(여)) 41
8급 年(년(연)) 41
5급 念(념(염)) 41
4II급 怒(노) 41
7급 農(농) 42
5급 能(능) 42

ㄷ

6급 多(다) 42
3II급 丹(단) 42
3II급 但(단) 42
4II급 單(단) 43
6급 短(단) 43
4II급 端(단) 43
4II급 達(달) 43
5급 談(담) 43
7급 答(답) 44
6급 堂(당) 44
5급 當(당) 44

8급 大(대) 44
6급 代(대) 44
6급 待(대) 45
6급 對(대) 45
5급 德(덕) 45
3II급 刀(도) 45
5급 到(도) 45
6급 度(도) 46
5급 島(도) 46
4급 徒(도) 46
5급 都(도) 46
7급 道(도) 46
6급 圖(도) 47
5급 獨(독) 47
6급 讀(독) 47
7급 冬(동) 47
7급 同(동) 47
8급 東(동) 48
7급 洞(동) 48
7급 動(동) 48
6급 童(동) 48
4II급 斗(두) 48
4II급 豆(두) 49
6급 頭(두) 49
4II급 得(득) 49
7급 登(등) 49
6급 等(등) 49
4II급 燈(등) 50

ㄹ

5급 落(락(낙)) 50
6급 樂(락(낙)) 50

4급 卵(란) 50
3Ⅱ급 浪(랑) 50
3Ⅱ급 郞(랑) 51
7급 來(래(내)) 51
5급 冷(랭(냉)) 51
5급 良(량(양)) 51
4Ⅱ급 兩(량(양)) 51
3Ⅱ급 涼(량(양)) 52
5급 量(량(양)) 52
5급 旅(려(여)) 52
7급 力(력(역)) 52
5급 歷(력(역)) 52
4Ⅱ급 連(련(연)) 53
5급 練(련(연)) 53
4Ⅱ급 列(렬(열)) 53
4급 烈(렬(열)) 53
5급 令(령(영)) 53
5급 領(령(영)) 54
6급 例(례(예)) 54
6급 禮(례(예)) 54
7급 老(로(노)) 54
5급 勞(로(노)) 54
6급 路(로(노)) 55
3Ⅱ급 露(로(노)) 55
6급 綠(록(녹)) 55
4Ⅱ급 論(론(논)) 55
5급 料(료(요)) 55
4급 柳(류(유)) 56
5급 流(류(유)) 56
4Ⅱ급 留(류(유)) 56
8급 六(륙(육)) 56
5급 陸(륙(육)) 56

3Ⅱ급 倫(륜(윤)) 57
4Ⅱ급 律(률(율)) 57
6급 利(리(이)) 57
6급 李(리(이)) 57
7급 里(리(이)) 57
6급 理(리(이)) 58
7급 林(림(임)) 58
7급 立(립(입)) 58

ㅁ

5급 馬(마) 58
3Ⅱ급 莫(막) 58
3급 晩(만) 59
8급 萬(만) 59
4Ⅱ급 滿(만) 59
5급 末(말) 59
5급 亡(망) 59
3급 忙(망) 60
3급 忘(망) 60
5급 望(망) 60
7급 每(매) 60
4급 妹(매) 60
5급 買(매) 61
5급 賣(매) 61
3급 麥(맥) 61
3급 免(면) 61
4급 勉(면) 61
7급 面(면) 62
3Ⅱ급 眠(면) 62
7급 名(명) 62
7급 命(명) 62
6급 明(명) 62

4급 鳴(명) 63
4Ⅱ급 毛(모) 63
8급 母(모) 63
3급 暮(모) 63
8급 木(목) 63
6급 目(목) 64
3급 卯(묘) 64
4급 妙(묘) 64
3급 戊(무) 64
4Ⅱ급 武(무) 64
3Ⅱ급 茂(무) 65
4Ⅱ급 務(무) 65
5급 無(무) 65
4급 舞(무) 65
3Ⅱ급 墨(묵) 65
7급 文(문) 66
8급 門(문) 66
7급 問(문) 66
6급 聞(문) 66
3Ⅱ급 勿(물) 66
7급 物(물) 67
4Ⅱ급 未(미) 67
6급 米(미) 67
3급 尾(미) 67
4Ⅱ급 味(미) 67
6급 美(미) 68
8급 民(민) 68
4Ⅱ급 密(밀) 68

ㅂ

6급 朴(박) 68
6급 反(반) 68

6급 半(반) 69
3II급 飯(반) 69
6급 發(발) 69
7급 方(방) 69
4II급 防(방) 69
6급 放(방) 70
4II급 房(방) 70
4II급 訪(방) 70
3급 杯(배) 70
4II급 拜(배) 70
8급 白(백) 71
7급 百(백) 71
6급 番(번) 71
4II급 伐(벌) 71
3II급 凡(범) 71
5급 法(법) 72
5급 變(변) 72
6급 別(별) 72
3II급 丙(병) 72
5급 兵(병) 72
6급 病(병) 73
4II급 步(보) 73
4II급 保(보) 73
4II급 報(보) 73
4급 伏(복) 73
6급 服(복) 74
4II급 復(복) 74
5급 福(복) 74
6급 本(본) 74
5급 奉(봉) 74
3II급 逢(봉) 75
8급 父(부) 75

7급 夫(부) 75
3II급 扶(부) 75
4급 否(부) 75
3II급 浮(부) 76
4II급 婦(부) 76
6급 部(부) 76
4II급 富(부) 76
8급 北(북) 76
6급 分(분) 77
7급 不(불) 77
4II급 佛(불) 77
3급 朋(붕) 77
5급 比(비) 77
4II급 非(비) 78
4II급 飛(비) 78
4II급 備(비) 78
4II급 悲(비) 78
5급 鼻(비) 78
4II급 貧(빈) 79
5급 氷(빙) 79

人

3급 巳(사) 79
5급 士(사) 79
5급 仕(사) 79
5급 史(사) 80
8급 四(사) 80
6급 死(사) 80
4II급 寺(사) 80
4급 私(사) 80
6급 使(사) 81
4II급 舍(사) 81

7급 事(사) 81
5급 思(사) 81
4급 射(사) 81
4급 師(사) 82
4급 絲(사) 82
4II급 謝(사) 82
8급 山(산) 82
5급 産(산) 82
4급 散(산) 83
7급 算(산) 83
4II급 殺(살) 83
8급 三(삼) 83
7급 上(상) 83
3II급 尙(상) 84
5급 相(상) 84
4II급 常(상) 84
5급 商(상) 84
3II급 喪(상) 84
4II급 想(상) 85
4급 傷(상) 85
5급 賞(상) 85
3II급 霜(상) 85
7급 色(색) 85
8급 生(생) 86
8급 西(서) 86
5급 序(서) 86
6급 書(서) 86
3급 暑(서) 86
7급 夕(석) 87
6급 石(석) 87
3급 昔(석) 87
6급 席(석) 87

3II급 惜(석) 87	6급 消(소) 94	6급 習(습) 100
5급 仙(선) 88	4II급 素(소) 94	4II급 承(승) 100
8급 先(선) 88	4II급 俗(속) 94	3II급 乘(승) 101
5급 船(선) 88	6급 速(속) 94	6급 勝(승) 101
5급 善(선) 88	4II급 續(속) 95	5급 示(시) 101
6급 線(선) 88	6급 孫(손) 95	7급 市(시) 101
5급 選(선) 89	4급 松(송) 95	6급 始(시) 101
5급 鮮(선) 89	4II급 送(송) 95	4II급 是(시) 102
4급 舌(설) 89	8급 水(수) 95	4II급 施(시) 102
6급 雪(설) 89	7급 手(수) 96	7급 時(시) 102
4II급 設(설) 89	4II급 守(수) 96	4II급 視(시) 102
5급 說(설) 90	4II급 收(수) 96	4II급 試(시) 102
6급 成(성) 90	4급 秀(수) 96	4II급 詩(시) 103
7급 姓(성) 90	4II급 受(수) 96	6급 式(식) 103
5급 性(성) 90	5급 首(수) 97	7급 食(식) 103
4II급 星(성) 90	4II급 修(수) 97	7급 植(식) 103
6급 省(성/생) 91	4II급 授(수) 97	5급 識(식) 103
4II급 城(성) 91	3급 須(수) 97	4II급 申(신) 104
4II급 盛(성) 91	3II급 愁(수) 97	5급 臣(신) 104
4II급 聖(성) 91	3II급 壽(수) 98	3급 辛(신) 104
4II급 誠(성) 91	3급 誰(수) 98	6급 身(신) 104
4II급 聲(성) 92	7급 數(수) 98	6급 信(신) 104
7급 世(세) 92	6급 樹(수) 98	6급 神(신) 105
5급 洗(세) 92	3급 雖(수) 98	6급 新(신) 105
4II급 細(세) 92	4급 叔(숙) 99	6급 失(실) 105
4II급 稅(세) 92	3II급 淑(숙) 99	8급 室(실) 105
4II급 勢(세) 93	5급 宿(숙) 99	5급 實(실) 105
5급 歲(세) 93	4II급 純(순) 99	7급 心(심) 106
8급 小(소) 93	5급 順(순) 99	3II급 甚(심) 106
7급 少(소) 93	3급 戌(술) 100	4II급 深(심) 106
7급 所(소) 93	4급 崇(숭) 100	8급 十(십) 106
4II급 笑(소) 94	3II급 拾(습) 100	4급 氏(씨) 106

ㅇ

3II급 我(아) 107
5급 兒(아) 107
5급 惡(악) 107
7급 安(안) 107
5급 案(안) 107
4II급 眼(안) 108
3II급 顔(안) 108
4II급 暗(암) 108
3II급 巖(암) 108
3II급 仰(앙) 108
3II급 哀(애) 109
6급 愛(애) 109
3급 也(야) 109
6급 夜(야) 109
6급 野(야) 109
5급 約(약) 110
3II급 若(약) 110
6급 弱(약) 110
6급 藥(약) 110
4II급 羊(양) 110
6급 洋(양) 111
6급 陽(양) 111
3II급 揚(양) 111
5급 養(양) 111
3II급 讓(양) 111
3급 於(어) 112
5급 魚(어) 112
5급 漁(어) 112
7급 語(어) 112
5급 億(억) 112
3II급 憶(억) 113

6급 言(언) 113
4급 嚴(엄) 113
6급 業(업) 113
3급 汝(여) 113
4II급 如(여) 114
3급 余(여) 114
4급 與(여) 114
4II급 餘(여) 114
3II급 亦(역) 114
4급 易(역) 115
4II급 逆(역) 115
4II급 研(연) 115
7급 然(연) 115
4II급 煙(연) 115
3II급 悅(열) 116
5급 熱(열) 116
3급 炎(염) 116
5급 葉(엽) 116
6급 永(영) 116
4급 迎(영) 117
6급 英(영) 117
4II급 榮(영) 117
4II급 藝(예) 117
8급 五(오) 117
7급 午(오) 118
3급 吾(오) 118
3II급 烏(오) 118
3II급 悟(오) 118
4II급 誤(오) 118
4II급 玉(옥) 119
5급 屋(옥) 119
6급 溫(온) 119

3급 瓦(와) 119
3급 臥(와) 119
5급 完(완) 120
3급 曰(왈) 120
8급 王(왕) 120
4II급 往(왕) 120
8급 外(외) 120
5급 要(요) 121
5급 浴(욕) 121
3II급 欲(욕) 121
6급 用(용) 121
6급 勇(용) 121
4II급 容(용) 122
3급 又(우) 122
3급 于(우) 122
5급 牛(우) 122
5급 友(우) 122
3급 尤(우) 123
7급 右(우) 123
3II급 宇(우) 123
5급 雨(우) 123
4급 遇(우) 123
3II급 憂(우) 124
3급 云(운) 124
5급 雲(운) 124
6급 運(운) 124
5급 雄(웅) 124
5급 元(원) 125
4급 怨(원) 125
5급 原(원) 125
4II급 圓(원) 125
4II급 園(원) 125

6급 遠(원) 126	4급 依(의) 132	3Ⅱ급 慈(자) 138
5급 願(원) 126	6급 意(의) 132	6급 作(작) 138
8급 月(월) 126	4Ⅱ급 義(의) 132	6급 昨(작) 138
4급 危(위) 126	6급 醫(의) 133	4급 壯(장) 139
5급 位(위) 126	4Ⅱ급 議(의) 133	8급 長(장) 139
4급 威(위) 127	8급 二(이) 133	4Ⅱ급 將(장) 139
5급 偉(위) 127	3Ⅱ급 已(이) 133	6급 章(장) 139
4Ⅱ급 爲(위) 127	5급 以(이) 133	7급 場(장) 139
6급 由(유) 127	5급 耳(이) 134	6급 才(재) 140
3Ⅱ급 幼(유) 127	3급 而(이) 134	5급 再(재) 140
7급 有(유) 128	4Ⅱ급 移(이) 134	6급 在(재) 140
3급 酉(유) 128	4급 異(이) 134	5급 材(재) 140
6급 油(유) 128	4Ⅱ급 益(익) 134	3급 哉(재) 140
3Ⅱ급 柔(유) 128	8급 人(인) 135	3Ⅱ급 栽(재) 141
3급 唯(유) 128	4Ⅱ급 引(인) 135	5급 財(재) 141
3Ⅱ급 猶(유) 129	4급 仁(인) 135	5급 爭(쟁) 141
4급 遊(유) 129	5급 因(인) 135	4Ⅱ급 低(저) 141
4급 遺(유) 129	4Ⅱ급 印(인) 135	5급 貯(저) 141
4Ⅱ급 肉(육) 129	3Ⅱ급 忍(인) 136	3Ⅱ급 著(저) 142
7급 育(육) 129	3급 寅(인) 136	5급 赤(적) 142
4Ⅱ급 恩(은) 130	4Ⅱ급 認(인) 136	5급 的(적) 142
6급 銀(은) 130	8급 一(일) 136	4급 適(적) 142
3Ⅱ급 乙(을) 130	8급 日(일) 136	4Ⅱ급 敵(적) 142
3급 吟(음) 130	3Ⅱ급 壬(임) 137	4Ⅱ급 田(전) 143
6급 音(음) 130	7급 入(입) 137	7급 全(전) 143
4Ⅱ급 陰(음) 131		5급 典(전) 143
6급 飮(음) 131	**ㅈ**	7급 前(전) 143
7급 邑(읍) 131	7급 子(자) 137	5급 展(전) 143
3급 泣(읍) 131	7급 字(자) 137	7급 電(전) 144
4Ⅱ급 應(응) 131	7급 自(자) 137	5급 傳(전) 144
6급 衣(의) 132	4급 姉(자) 138	6급 戰(전) 144
3급 矣(의) 132	6급 者(자) 138	4급 錢(전) 144

4II급 絶(절) 144
5급 節(절) 145
5급 店(점) 145
4II급 接(접) 145
4급 丁(정) 145
3II급 井(정) 145
7급 正(정) 146
4II급 政(정) 146
6급 定(정) 146
3II급 貞(정) 146
6급 庭(정) 146
3II급 淨(정) 147
5급 情(정) 147
5급 停(정) 147
3II급 頂(정) 147
4II급 精(정) 147
4급 靜(정) 148
8급 弟(제) 148
4급 帝(제) 148
4II급 除(제) 148
6급 第(제) 148
4II급 祭(제) 149
4II급 製(제) 149
3II급 諸(제) 149
6급 題(제) 149
3II급 兆(조) 149
4II급 早(조) 150
4II급 助(조) 150
7급 祖(조) 150
4II급 鳥(조) 150
4II급 造(조) 150
6급 朝(조) 151

5급 調(조) 151
7급 足(족) 151
6급 族(족) 151
4급 存(존) 151
4II급 尊(존) 152
5급 卒(졸) 152
4II급 宗(종) 152
5급 終(종) 152
4급 從(종) 152
5급 種(종) 153
4급 鐘(종) 153
7급 左(좌) 153
3II급 坐(좌) 153
5급 罪(죄) 153
7급 主(주) 154
4급 朱(주) 154
7급 住(주) 154
4II급 走(주) 154
3II급 宙(주) 154
6급 注(주) 155
6급 晝(주) 155
4급 酒(주) 155
4II급 竹(죽) 155
8급 中(중) 155
7급 重(중) 156
4II급 衆(중) 156
3II급 卽(즉) 156
3II급 曾(증) 156
4II급 增(증) 156
4급 證(증) 157
5급 止(지) 157
3II급 之(지) 157

4II급 支(지) 157
3급 只(지) 157
7급 地(지) 158
4II급 至(지) 158
4II급 志(지) 158
3급 枝(지) 158
5급 知(지) 158
4급 持(지) 159
4II급 指(지) 159
7급 紙(지) 159
7급 直(직) 159
3II급 辰(진) 159
4II급 眞(진) 160
4II급 進(진) 160
4급 盡(진) 160
5급 質(질) 160
3II급 執(집) 160
6급 集(집) 161

ㅊ

3급 且(차) 161
3II급 此(차) 161
4II급 次(차) 161
3급 借(차) 161
5급 着(착) 162
4II급 察(찰) 162
5급 參(참) 162
3II급 昌(창) 162
5급 唱(창) 162
6급 窓(창) 163
4급 採(채) 163
3II급 菜(채) 163

4급 冊(책) 163	4Ⅱ급 蟲(충) 170	8급 八(팔) 175
5급 責(책) 163	3Ⅱ급 吹(취) 170	3급 貝(패) 175
3Ⅱ급 妻(처) 164	4Ⅱ급 取(취) 170	5급 敗(패) 176
4Ⅱ급 處(처) 164	4급 就(취) 170	3Ⅱ급 片(편) 176
3Ⅱ급 尺(척) 164	4Ⅱ급 治(치) 170	7급 便(편) 176
7급 千(천) 164	5급 致(치) 171	4급 篇(편) 176
7급 川(천) 164	4Ⅱ급 齒(치) 171	7급 平(평) 176
7급 天(천) 165	5급 則(칙) 171	4급 閉(폐) 177
4급 泉(천) 165	6급 親(친) 171	4Ⅱ급 布(포) 177
3Ⅱ급 淺(천) 165	8급 七(칠) 171	3급 抱(포) 177
5급 鐵(철) 165	4급 針(침) 172	4Ⅱ급 暴(폭) 177
8급 靑(청) 165		6급 表(표) 177
6급 淸(청) 166	**ㅋ·ㅌ**	5급 品(품) 178
3급 晴(청) 166	4Ⅱ급 快(쾌) 172	6급 風(풍) 178
4Ⅱ급 請(청) 166	5급 他(타) 172	4Ⅱ급 豊(풍) 178
4급 聽(청) 166	5급 打(타) 172	3Ⅱ급 皮(피) 178
6급 體(체) 166	4급 脫(탈) 172	3Ⅱ급 彼(피) 178
5급 初(초) 167	4급 探(탐) 173	3급 匹(필) 179
4급 招(초) 167	6급 太(태) 173	5급 必(필) 179
7급 草(초) 167	3Ⅱ급 泰(태) 173	5급 筆(필) 179
8급 寸(촌) 167	5급 宅(택) 173	
7급 村(촌) 167	8급 土(토) 173	**ㅎ**
5급 最(최) 168	6급 通(통) 174	7급 下(하) 179
7급 秋(추) 168	4Ⅱ급 統(통) 174	3Ⅱ급 何(하) 179
3Ⅱ급 追(추) 168	4Ⅱ급 退(퇴) 174	5급 河(하) 180
4급 推(추) 168	4급 投(투) 174	7급 夏(하) 180
3급 丑(축) 168	6급 特(특) 174	3Ⅱ급 賀(하) 180
5급 祝(축) 169		8급 學(학) 180
7급 春(춘) 169	**ㅍ**	4급 恨(한) 180
7급 出(출) 169	4Ⅱ급 波(파) 175	4Ⅱ급 限(한) 181
5급 充(충) 169	4Ⅱ급 破(파) 175	4급 閑(한) 181
4Ⅱ급 忠(충) 169	4급 判(판) 175	5급 寒(한) 181

7급 漢(한)　181
8급 韓(한)　181
6급 合(합)　182
3Ⅱ급 恒(항)　182
3급 亥(해)　182
7급 海(해)　182
5급 害(해)　182
4Ⅱ급 解(해)　183
6급 行(행)　183
6급 幸(행)　183
6급 向(향)　183
4Ⅱ급 香(향)　183
4Ⅱ급 鄕(향)　184
5급 許(허)　184
4Ⅱ급 虛(허)　184
4급 革(혁)　184
6급 現(현)　184
4Ⅱ급 賢(현)　185
4Ⅱ급 血(혈)　185
4Ⅱ급 協(협)　185
8급 兄(형)　185
4급 刑(형)　185
6급 形(형)　186
4Ⅱ급 惠(혜)　186
4Ⅱ급 戶(호)　186
3급 乎(호)　186
4Ⅱ급 好(호)　186
4Ⅱ급 呼(호)　187
3Ⅱ급 虎(호)　187
5급 湖(호)　187
6급 號(호)　187
4급 或(혹)　187

4급 混(혼)　188
4급 婚(혼)　188
4급 紅(홍)　188
5급 化(화)　188
8급 火(화)　188
7급 花(화)　189
6급 和(화)　189
4Ⅱ급 貨(화)　189
4급 華(화)　189
6급 畵(화)　189
7급 話(화)　190
5급 患(환)　190
4급 歡(환)　190
7급 活(활)　190
3Ⅱ급 皇(황)　190
6급 黃(황)　191
4Ⅱ급 回(회)　191
6급 會(회)　191
7급 孝(효)　191
5급 效(효)　191
4급 厚(후)　192
7급 後(후)　192
6급 訓(훈)　192
7급 休(휴)　192
5급 凶(흉)　192
3급 胸(흉)　193
5급 黑(흑)　193
4Ⅱ급 興(흥)　193
4Ⅱ급 希(희)　193
4급 喜(희)　193

고사성어 색인

ㄱ

家家戶戶(가가호호)　196
刻舟求劍(각주구검)　196
乾坤一色(건곤일색)　197
建陽多慶(건양다경)　197
見利思義(견리사의)　198
犬馬之誠(견마지성)　198
結者解之(결자해지)　199
結草報恩(결초보은)　199
鷄卵有骨(계란유골)　200
苦盡甘來(고진감래)　200
公平無私(공평무사)　201
過猶不及(과유불급)　201
管鮑之交(관포지교)　202
交友以信(교우이신)　202
敎學相長(교학상장)　203
句句節節(구구절절)　203
九死一生(구사일생)　204
群鷄一鶴(군계일학)　204
君臣有義(군신유의)　205
君爲臣綱(군위신강)　205
勸善懲惡(권선징악)　206
金蘭之交(금란지교)　206
今昔之感(금석지감)　207
金石之交(금석지교)　207
金枝玉葉(금지옥엽)　208
起死回生(기사회생)　208
杞人之憂(기인지우)　209

ㄴ·ㄷ

難兄難弟(난형난제)　209
男女老少(남녀노소)　210
多多益善(다다익선)　210
單刀直入(단도직입)　211
大器晚成(대기만성)　211
讀書亡羊(독서망양)　212
冬去春來(동거춘래)　212
東問西答(동문서답)　213
燈下不明(등하불명)　213
燈火可親(등화가친)　214

ㅁ

馬耳東風(마이동풍)　214
莫逆之友(막역지우)　215
望雲之情(망운지정)　215
亡子計齒(망자계치)　216
梅蘭菊竹(매란국죽)　216
麥秀之嘆(맥수지탄)　217
明明白白(명명백백)　217
名山大川(명산대천)　218
明若觀火(명약관화)　218
目不識丁(목불식정)　219
文房四友(문방사우)　219
聞一知十(문일지십)　220
尾生之信(미생지신)　220

ㅂ

反哺之孝(반포지효)　221
拔本塞源(발본색원)　221
蚌鷸之爭(방휼지쟁)　222
背水之陣(배수지진)　222

百年大計(백년대계)　223
百年河淸(백년하청)　223
步武堂堂(보무당당)　224
夫婦有別(부부유별)　224
夫爲婦綱(부위부강)　225
父爲子綱(부위자강)　225
父子有親(부자유친)　226
朋友有信(붕우유신)　226
非一非再(비일비재)　227

ㅅ

舍己從人(사기종인)　227
砂上樓閣(사상누각)　228
師弟同行(사제동행)　228
事親以孝(사친이효)　229
事必歸正(사필귀정)　229
山高水長(산고수장)　230
殺身成仁(살신성인)　230
三馬太守(삼마태수)　231
三三五五(삼삼오오)　231
三人成虎(삼인성호)　232
三日天下(삼일천하)　232
三尺童子(삼척동자)　233
三遷之敎(삼천지교)　233
塞翁之馬(새옹지마)　234
先見之明(선견지명)　234
先公後私(선공후사)　235
雪膚花容(설부화용)　235
雪上加霜(설상가상)　236
送舊迎新(송구영신)　236
手不釋卷(수불석권)　237
水魚之交(수어지교)　237

守株待兎(수주대토)　238
脣亡齒寒(순망치한)　238
是是非非(시시비비)　239
始終如一(시종여일)　239
身言書判(신언서판)　240
十中八九(십중팔구)　240

ㅇ

我田引水(아전인수)　241
安貧樂道(안빈낙도)　241
眼下無人(안하무인)　242
愛人如己(애인여기)　242
愛之重之(애지중지)　243
藥房甘草(약방감초)　243
漁夫之利(어부지리)　244
言中有骨(언중유골)　244
易地思之(역지사지)　245
年年歲歲(연년세세)　245
榮枯盛衰(영고성쇠)　246
五里霧中(오리무중)　246
吾鼻三尺(오비삼척)　247
烏飛梨落(오비이락)　247
五十步百步(오십보백보)　248
烏合之卒(오합지졸)　248
溫故知新(온고지신)　249
臥薪嘗膽(와신상담)　249
王兄佛兄(왕형불형)　250
外柔內剛(외유내강)　250
樂山樂水(요산요수)　251
欲速不達(욕속부달)　251
龍頭蛇尾(용두사미)　252
牛耳讀經(우이독경)　252

衛正斥邪(위정척사) 253
韋編三絶(위편삼절) 253
有口無言(유구무언) 254
有名無實(유명무실) 254
有備無患(유비무환) 255
柳暗花明(유암화명) 255
唯一無二(유일무이) 256
有害無益(유해무익) 256
陰德陽報(음덕양보) 257
意氣揚揚(의기양양) 257
以德服人(이덕복인) 258
以心傳心(이심전심) 258
以熱治熱(이열치열) 259
利害得失(이해득실) 259
人之常情(인지상정) 260
一擧兩得(일거양득) 260
一石二鳥(일석이조) 261
一進一退(일진일퇴) 261
日就月將(일취월장) 262
一片丹心(일편단심) 262
立身揚名(입신양명) 263

ㅈ

自强不息(자강불식) 263
子子孫孫(자자손손) 264
作心三日(작심삼일) 264
長幼有序(장유유서) 265
前途有望(전도유망) 265
切磋琢磨(절차탁마) 266
頂門一針(정문일침) 266
正正堂堂(정정당당) 267
朝令暮改(조령모개) 267
朝變夕改(조변석개) 268
朝三暮四(조삼모사) 268
坐不安席(좌불안석) 269
坐井觀天(좌정관천) 269
左衝右突(좌충우돌) 270
晝耕夜讀(주경야독) 270
走馬看山(주마간산) 271
酒池肉林(주지육림) 271
竹馬故友(죽마고우) 272
衆口難防(중구난방) 272
知己之友(지기지우) 273
指東指西(지동지서) 273
芝蘭之交(지란지교) 274
指鹿爲馬(지록위마) 274
知彼知己(지피지기) 275
紙筆硯墨(지필연묵) 275
知行合一(지행합일) 276
集小成大(집소성대) 276

ㅊ

天長地久(천장지구) 277
千篇一律(천편일률) 277
晴耕雨讀(청경우독) 278
靑松綠竹(청송녹죽) 278
靑雲之志(청운지지) 279
靑出於藍6(청출어람) 279
淸風明月(청풍명월) 280
草綠同色(초록동색) 280
初志不變(초지불변) 281
推己及人(추기급인) 281
追遠報本(추원보본) 282
秋風落葉(추풍낙엽) 282

ㅌ·ㅍ

他山之石(타산지석) 283
泰山北斗(태산북두) 283
破竹之勢(파죽지세) 284
風樹之嘆(풍수지탄) 284
風前燈火(풍전등화) 285
皮骨相接(피골상접) 285

ㅎ

學如不及(학여불급) 286
漢江投石(한강투석) 286
螢雪之功(형설지공) 287
兄弟投金(형제투금) 287
形形色色(형형색색) 288
狐假虎威(호가호위) 288
畵龍點睛(화룡용점정) 289
花朝月夕(화조월석) 289
會者定離(회자정리) 290
後生可畏(후생가외) 290
興亡盛衰(흥망성쇠) 291
興盡悲來(흥진비래) 291
喜怒哀樂(희로애락) 292

부수명칭(部首名稱)

1 획
一	한 일
丨	뚫을 곤
丶	점 주(점)
丿	삐칠 별(삐침)
乙(乚)	새 을
亅	갈고리 궐

2 획
二	두 이
亠	머리 두(돼지해머리)
人(亻)	사람 인(인변)
儿	어진사람 인
入	들 입
八	여덟 팔
冂	멀 경(멀경몸)
冖	덮을 멱(민갓머리)
冫	얼음 빙(이수변)
几	안석 궤(책상궤)
凵	입벌릴 감 (위터진입구)
刀(刂)	칼 도
力	힘 력
勹	쌀 포
匕	비수 비
匚	상자 방(터진입구)
匸	감출 혜(터진에운담)
十	열 십
卜	점 복
卩(㔾)	병부 절
厂	굴바위 엄(민엄호)
厶	사사로울 사(마늘모)
又	또 우

3 획
口	입 구
囗	에울 위(큰입구)
土	흙 토
士	선비 사
夂	뒤져올 치
夊	천천히걸을 쇠
夕	저녁 석
大	큰 대
女	계집 녀
子	아들 자
宀	집 면(갓머리)
寸	마디 촌
小	작을 소
尢(尣)	절름발이 왕
尸	주검 시
屮(艸)	싹날 철
山	메 산
巛(川)	개미허리(내 천)
工	장인 공
己	몸 기
巾	수건 건
干	방패 간
幺	작을 요
广	집 엄(엄호)
廴	길게걸을 인(민책받침)
廾	손맞잡을 공(밑스물입)
弋	주살 익
弓	활 궁
彐(彑)	돼지머리 계(터진가로왈)
彡	터럭 삼(삐친석삼)
彳	조금걸을 척(중인변)

4 획
心(忄·㣺)	마음 심(심방변)
戈	창 과
戶	지게 호
手(扌)	손 수(재방변)
支	지탱할 지
攴(攵)	칠 복 (등글월문)
文	글월 문
斗	말 두
斤	도끼 근(날근)
方	모 방
无(旡)	없을 무(이미기방)
日	날 일
曰	가로 왈
月	달 월
木	나무 목
欠	하품 흠
止	그칠 지
歹(歺)	뼈앙상할 알(죽을사변)
殳	칠 수 (갖은등글월문)
毋	말 무
比	견줄 비
毛	터럭 모
氏	각시 씨
气	기운 기
水(氵)	물 수(삼수변)
火(灬)	불 화
爪(爫)	손톱 조
父	아비 부
爻	점괘 효
爿	조각널 장(장수장변)
片	조각 편
牙	어금니 아
牛(牜)	소 우
犬(犭)	개 견

5 획
玄	검을 현
玉(王)	구슬 옥
瓜	오이 과
瓦	기와 와
甘	달 감
生	날 생
用	쓸 용
田	밭 전
疋	필 필
疒	병들 녁(병질엄)
癶	걸을 발(필발머리)
白	흰 백
皮	가죽 피
皿	그릇 명
目(罒)	눈 목
矛	창 모
矢	화살 시
石	돌 석

示(礻)	보일 시	谷	골 곡			10 획	
禸	짐승발자국 유	豆	콩 두		馬	말 마	
禾	벼 화	豕	돼지 시		骨	뼈 골	
穴	구멍 혈	豸	발없는벌레 치(갖은돼지시변)		高	높을 고	
立	설 립	貝	조개 패		髟	머리털늘어질 표(터럭발)	
6 획		赤	붉을 적		鬥	싸울 투	
竹	대 죽	走	달아날 주		鬯	술 창	
米	쌀 미	足(𧾷)	발 족		鬲	솥 력	
糸	실 사	身	몸 신		鬼	귀신 귀	
缶	장군 부	車	수레 거		11 획		
网(罓·罒)	그물 망	辛	매울 신		魚	물고기 어	
羊	양 양	辰	별 진		鳥	새 조	
羽	깃 우	辶(辶)	쉬엄쉬엄갈 착(책받침)		鹵	소금밭 로	
老(耂)	늙을 로	邑(阝)	고을 읍(우부방)		鹿	사슴 록	
而	말이을 이	酉	닭 유		麥	보리 맥	
耒	쟁기 뢰	釆	분별할 변		麻	삼 마	
耳	귀 이	里	마을 리		12 획		
聿	붓 율	8 획			黃	누를 황	
肉(月)	고기 육(육달월변)	金	쇠 금		黍	기장 서	
臣	신하 신	長(镸)	길 장		黑	검을 흑	
自	스스로 자	門	문 문		黹	바느질할 치	
至	이를 지	阜(阝)	언덕 부(좌부방)		13 획		
臼	절구 구(확구)	隶	미칠 이		黽	맹꽁이 맹	
舌	혀 설	隹	새 추		鼎	솥 정	
舛(𣥂)	어그러질 천	雨	비 우		鼓	북 고	
舟	배 주	靑	푸를 청		鼠	쥐 서	
艮	그칠 간	非	아닐 비		14 획		
色	빛 색	9 획			鼻	코 비	
艸(艹)	풀 초(초두)	面	낯 면		齊	가지런할 제	
虍	범의문채 호(범호)	革	가죽 혁		15 획		
虫	벌레 충(훼)	韋	다룸가죽 위		齒	이 치	
血	피 혈	韭	부추 구		16 획		
行	다닐 행	音	소리 음		龍	용 룡	
衣(衤)	옷 의	頁	머리 혈		龜	거북 귀(구)	
襾	덮을 아	風	바람 풍		17 획		
7 획		飛	날 비		龠	피리 약변	
見	볼 견	食(飠)	밥 식(변)		*는	*忄 심방(변) *扌 재방(변)	
角	뿔 각	首	머리 수		부수의	*氵삼수(변) *犭개사슴록(변)	
言	말씀 언	香	향기 향		변형글자	*阝(邑) 우부(방) *阝(阜) 좌부(변)	